逃離東京審判

甲級戰犯大川周明的瘋狂人生

A Curious Madness

An American Combat Psychiatrist, a Japanese War Crimes Suspect, and an Unsolved Mystery from World War II

Eric Jaffe

艾瑞克・賈菲——著 梁東屏——譯

一位美國戰爭心理學家，一位日本戰犯嫌疑人，一個二次大戰至今未解的迷團

獻給哈瑞・賈菲（1876-1936）（For Harry Jaffe, 1876-1936）

推薦序

美日關係史的透視：大川周明的瘋狂人生與大國的狂飆

何思慎
天主教輔仁大學日文系教授兼日本研究中心主任
國立臺灣大學日文系兼任教授

大川周明為遠東裁判中唯一列名甲級戰犯的平民，亦因精神鑑定逃過審判，於一九四八年底東條英機等七名戰犯在巢鴨監獄以絞刑結束一生後，獲釋返家。被盟軍視為該為二戰日本的犯行負責的大川周明，在昭和前期，於亞洲現代化的思辨中，走上「大日本主義」，對其後日本的亞洲侵略戰爭起到推波助瀾作用，亦為鼓動日本社會走上軍國主義的主要旗手，美國媒體將之稱為「意識形態的挑撥者」，《紐約時報》更將大川定位為揭開「十五年戰爭」之「九一八事變」的「民間頭腦」。

本書作者艾瑞克・賈菲（Eric Jaffe）的祖父丹尼爾・賈菲（Daniel Jaffe）為美軍的戰地

精神科醫師，他判定大川周明精神失能，無法繼續受審。丹尼爾・賈菲醫師對大川周明的精神鑑定成為近代歷史的爭議，亦聯結兩人的生命，作者為一窺其祖父謎樣的人生，同時跨入大川周明的瘋狂世界，自此開啟他引領讀者理解近代日本之窗，探索怎樣的社會集體意識將日本人推向侵略戰爭的不歸路。

大川周明對日本與亞洲近代的思考不同於主張以歐洲做為方法的福澤諭吉，回到武士道去尋求解藥對大川周明而言極具魅力。他認為，「日本性」是亞洲重回「亞洲人的亞洲」之精神動力，此應為岡倉天心《東洋理想》的啟示，亦為南戰爭主事者西鄉隆盛精神的承繼。盟軍的備忘錄將大川描述為「推動『亞洲人的亞洲』最堅定又最具說服力的人」。

一戰後世界經濟大恐慌下的日本何去何從，大川周明登高一呼，師法維新志士，主張進行全面徹底翻修日本的「昭和維新」，匡正「大正民主」衍生的議會政治敗壞。大川心儀幕府的傳統，倡議組建以軍方為核心的內閣。

大川周明的思想在政治光譜上無疑被定位在極右翼，亦即「基本教義右派」，其表現在對外政策上即「反美」。大川周明認為，美國意欲將勢力伸入東亞，日本必須使美國瞭解，對方將無法遂行此野心。大川敏銳的嗅覺聞到美、日終將對決的空氣，此亦為大川及其思想追隨者所揭櫫之救贖東亞的必經之路。一九二五年，大川即在NHK廣播中即預言，美、日終將為全球控制權決一死戰，大川指控美國為東亞的入侵者，細數近代以來美國對東亞的進犯，大川認為不擺正一八五三年「黑船事件」以來遭扭曲的美日關係，日本難以引領亞洲走向近代。

然而，大川對日本必將贏得「解放亞洲之戰」的預判未成為歷史，日本戰敗後，大川周明雖為一介平民，但被視為「侵略戰爭的共謀者」淪為「戰犯嫌疑人」，此不因精神鑑定的結果而取消，直至一九五七年聖誕夜大川生命的最後。對大川的審判終究留待天主。誠如書中所言，東方是東方，西方是西方，兩者絕不相會，直到天地交於天主的聖座前，那裡既非東亦非西。

大川周明為何在遭眾人質疑「裝瘋」的情形下，於東京大審中全身而退？大川認為，這或許因為檢方擔心他在法庭上戳破「盟國（美國）的錯處」。作者則主張，大川周明若繼續受審，將當庭舉出美國在東亞侵略歷史的例證。

其實，冷戰後，大川周明是否仍持「大亞洲主義」已無關重要，因太平洋戰爭被美國降服的日本在美日同盟下，成為美國在東亞圍堵蘇聯及中國大陸的最佳拍檔，未被定罪的十九名甲級戰犯皆獲釋，其中岸信介——現任首相安倍晉三的外祖父——更出任日本首相，成為美國反共的堅實盟友。美國對日本的戰後處理亦留下日本與東亞鄰邦間的「歷史認識問題」。

東條英機的孫女東條由布子接受作者訪談時仍堅稱日本乃為自衛才參戰，東條由布子認為應重新檢討東京大審的判決，修正日本教科書內容，以反映日本對戰爭歷史的詮釋。東條由布子的史觀與自民黨保守派的「歷史修正主義」不謀而合。渠等試圖為「侵略」的歷史翻案，將太平洋戰爭詮釋為日本突破「資源封鎖」，避免淪為「殖民地」的必要手段。戰時日本在經濟上與他國斷交，生存受到威脅，很多人認為當時的國家意志是「自存自衛」，因此投入戰爭。

安倍首相亦反對將太平洋戰爭定調為日本對東亞「侵略」的見解。安倍首相認為，「侵略」一詞在學界及國際間並無定論。在二戰結束七十年的「安倍談話」中，言及日俄戰爭鼓舞殖民統治下的亞洲和非洲的人民，以此隱喻近代日本發動對外戰爭非屬「侵略」，而是為了解放置於白人殖民主義下之亞洲的「義戰」，與大川周明的「亞洲論」遙相呼應。

在二戰結束七十年之際，安倍首相試圖翻轉「村山談話」將太平洋戰爭定調為「侵略」的態度，溢於言表。然而，美國在支持日本自衛隊轉型，可「隨時隨地」協同美軍行動的同時，仍不容安倍首相為二戰的「侵略」歷史翻案，以避免美國陷入二戰中與日本軍國主義兵戎相見的歷史尷尬。美國前駐日大使希弗（Thomas Schieffer）更認為日本在「歷史認識問題」上做文章係不智之舉，將損及美日關係，因美國認為此為攸關人權價值的問題，而非歷史詮釋的角度問題。惟希弗大使的「人權價值論」難以彌平「真正的歷史亦或是你想要的歷史」之悖論。

透過艾瑞克·賈菲在其祖父及大川周明間的穿針引線與爬梳，讀者應可理解日本為何在太平洋與美國對決，以及大川所代表的「大亞洲主義」。回顧此時期歷史，讀者不難體察現實與歷史竟如此相像，而歷史為解開當前全球化下政經秩序重構謎團的鑰匙。在美、中貿易戰方興未艾之際，此書提供始終站在東亞大國博弈浪頭上之臺灣極具意義的歷史思考。

目次

第一章

震驚全球的巴掌

「甲級戰犯—判定精神正常—所謂精神錯亂乃係偽裝」

——美國中央情報局有關大川周明的個人記錄，一九五八年七月二十五日。

大川周明在一九四六年五月三日被帶到法院提審時，完全就是個瘋子的模樣。從巢鴨監獄載運犯人的囚車於當天早上八時三十分抵達，大川進入法庭時，足登傳統的「下駄」(日式木屐)，庭警要求他脫下那雙有點聒噪的木屐，他索性連身上穿著的黑色短外套也脫下，露出裡面看來像是睡衣、皺巴巴的淺藍色衣衫。大川周明坐在兩排被告席後排靠中間的位子，正對面則是國際法官席。他的前方坐著東條英機[1]。東條英機招牌式的禿頂和圓框眼鏡異常顯眼，他穿著繫腰帶的棉布短外套，面露一臉聽天由命的嚴肅表情。所有被告中，只有大川周明與眾不同，完全沒有那種場合該有的拘謹，他穿著寬鬆睡衣的模樣，甚至讓人覺得好笑，就像一個夢遊者不小心走入一場肅穆的葬禮，或者是個小丑闖入教堂的景況。

一般人都把二次大戰後遠東國際軍事法庭對戰犯的審判稱為「東京大審」，也有人將之稱為「日本的紐倫堡大審」[2]。不管稱之為何，其目的都如同紐倫堡大審為納粹德國拉下帷幕一般，也要為帝國日本拉下法律跟道德的帷幕。

當時盟軍將二十八名最需要為二次大戰侵略行為負責的日本人以戰犯名義起訴，其中在日本於一九四一年十二月偷襲美國珍珠港時擔任內閣總理大臣的東條英機為眾所矚目的首要戰犯。其他同時列為戰犯的包括三位前任內閣總理大臣，幾位陸軍大將、海軍大將、陸軍大臣、海軍大臣及其他內閣成員，另外還有兩名駐外大使、一名天皇御前顧問。東京大審把前述這些人稱作「軍國主義犯罪集團」。

除了穿著睡衣外，大川周明在這個「集團」中亦顯得有些格格不入，他是整個集團中唯一的平民，既無政治職務也不曾在軍中服務。當時，盟軍檢控團隊中的部分人認為，大川周明是為整個日本帝國主義穿針引線的靈魂人物，他們正企圖證明大川是這麼一個人。其中一位檢控官將大川周明描述為「激發所有（日本帝國主義）陰謀的火星塞，他從頭到尾牽涉在內，時間上也貫穿了涵蓋本案的整個時期」。

東京大審正式開始前，還有一位派駐日本的情報人員指出，他認為大川比東條更

1 譯註：第四十任日本內閣總理大臣兼陸軍大臣，日本軍國主義代表人物。
2 譯註：紐倫堡大審為二次大戰歐洲戰場的戰犯審判。

應該被起訴，「他（大川）才是真正的核心」。大川確實被視為日本軍國主義的頂級智囊，亦即他才是真正指導日本意志的那個人。

國際軍事戰犯法庭設在東京都市谷區近郊，那裡是個高地，可以俯瞰被炸成廢墟的東京市區。這座三層樓的建築在戰爭期間是日本陸軍總部，有趣的是，它的外觀看起來還真像一座碉堡。當時工人花了幾個月的時間進行審判前準備工作，法庭大堂裡鋪上木質板壁，室內照明全部重新安裝，大堂裡的包廂改裝成容納傳譯員的玻璃封閉空間。室內共有一千個座位，每個座位都連結上三個頻道的翻譯系統，有英語、日語、俄羅斯語供選擇。

一九四六年五月三日上午十一時十三分，法庭大堂的木門關閉，宣告審判程序開始的鈴聲接著響起。主審法官威廉·韋伯（William Webb）似乎想讓東京大審擺脫紐倫堡大審的陰影，並且能夠擁有自己的光芒，他在宣讀開審宣告時說道，「這是一次歷史上最重要的罪犯審判」。

由於尚有兩位被告未到庭，韋伯宣布開審之後隨即休庭。當天下午二時二十分，兩名被告終於到了，法庭正式宣讀起訴書並宣告審判將如何進行。帶著白色頭盔的憲兵在法庭四周戒備，他們的指揮官奧伯瑞·肯沃西（Aubrey Kenworthy）站立在被告席的正後方。就在法庭書記官複誦那長達五十五條的起訴狀時，大川周明開始顯得有些焦躁，在椅子上坐立不安，不時低聲嘟囔一些胡言亂語，並且騷擾坐在他右邊的另一被告松井石根[3]，以及左邊的平沼騏一郎[4]。之後大川周明解開「睡衣」的鈕釦，露出瘦骨嶙峋的胸膛，並不斷翻動滑下肩膀的衣角。他不時雙手緊握，好像是在禱告，但突然又鬆開，就這樣不斷重複這兩個動作。

當天下午三時三十分左右，書記官唸到第二十二條訴狀，大川突然起身半立，臉上帶著事後某些記者在報導中所描述的「邪惡笑容」，伸出他那瘦長的臂膀，往前方東條英機的禿頂上沒頭沒腦地拍了一巴掌。原本低頭專心細讀起訴狀的東條大吃一驚，轉過頭來看到肯沃西上校已經壓制住大川周明瘦削的肩膀。主審法官見此情況，立即宣布休庭十五分鐘，新聞影片攝影記者威廉・卡提（William Carty）立即趨前拍攝東條英機當時的狀況。也就在這個當下，大川周明掙脫了肯沃西的掌握，於鏡頭前又往東條的頭上呼了一巴掌。

3 譯註：日本帝國陸軍大將，南京大屠殺主要責任人之一，遠東國際軍事法庭裁定為乙級戰犯，戰後被處以絞刑。

4 譯註：前日本內閣總理大臣，被定為甲級戰犯判處終身監禁。

這個突發事件，立刻在法庭內引起騷動及竊竊私語。主審法官韋伯敲槌下令法庭肅靜。當時在場的人事後指出，當戴著白色頭盔的憲兵把大川周明拖出的時候，他仍然喧鬧不休。另一些人則指出，大川周明當時很明確地喊道，「這是鬧劇的第一場次！」，似乎他是在對一場精心謀劃的審判鬧劇進行抗議。若干年之後，大川周明回顧當時場景時表示，他對旁聽者把一場審判秀當作一件公義之事相當惱火，一時衝動就往東條英機的腦袋上呼巴掌，藉以粉碎法庭內那種可笑的肅穆。

只不過當天再度開庭時，大川周明的表現完全不像他自己口中描述的那般冷靜計算抗議動作。他光著腳，一個人被安置在距離東條和其他被告有段距離的椅子上，骨瘦如柴的身軀上還是穿著那件邋遢的睡衣，上面隨便披著一件同樣邋遢的外套。整個下午的庭訊過程，大川周明都用手帕掩著口低聲啜泣，讓肯沃西上校忍不住輕拍他的肩膀，試圖給予安慰。

第二天早上庭訊時，主審法官韋伯就諭令讓大川進行心理檢測，同時請憲兵帶他離開法庭，以利庭訊順利進行。大川周明在等待室中的表現，讓現場採訪的媒體記者搞不清楚他究竟是真瘋還是故意裝瘋賣傻。他像先前對付東條英機一樣，在一位來自美國俄亥俄州的公關人員頭上呼了一巴掌，還說他想為了國家殺死東條。他用近乎完美的英語說道，自己一點都不喜歡美國，因為美國就是個「民主瘋國」[5]。然後又說他和「快樂的錢德勒」是好朋友[6]，還說因為發現從空氣中攝取營養的方法，所以已經七十二天沒有進食。接著，他跟媒體記者討了根香菸。

大川周明這些令人發噱的滑稽言行，讓媒體如獲至寶，用了很大篇幅報導，結果在東京大審中受命為大川周明進行心理檢測的兩名心理醫生反而受到忽視。當時代表被告方的是日本醫師內村，代表檢控方的則是一位被紐約太陽報稱為「布魯克林佬」的丹尼爾・賈菲少校（Daniel S. Jaffe）。

嚴格說來，我的祖父丹尼爾・賈菲在一九四六年五月其實並不算是「布魯克林佬」。他確實出生於一九一四年的美國紐約市布魯克林區，並在該區成長，但他一九三四年時就離家去就讀醫學院，之後被任命為美國陸軍軍醫時，實際上是個「華盛頓特區人」[7]。一九四二年十月被軍方徵調時，他是華府聖伊莉莎白醫院（St.

5 譯註：Demo-crazy 和 Democracy 諧音。

6 譯註：艾爾伯特・班傑明・錢德勒（Albert Benjamin Chandler），一九四五年到一九五一年擔任第二任美國棒球大聯盟執行長。

7 譯註：華盛頓特區是美國首都，一般稱做「華府」。

Elizabeth's Hospital）的駐院心理醫師。我的祖父身高僅五呎六吋，眉毛濃重粗黑，鼻子和耳朵都有些尖尖的，唇上一小撮鬍鬚，才使得他看起來不太孩子氣。

祖父在二戰期間並未經歷多少戰役，卻走過很長的路。他先是在南卡羅萊納州的史塔克總醫院（Stark General Hospital）擔任心理醫師，幾個月之後，被調往賓夕法尼亞州的佛吉谷總醫院（Valley Forge General Hospital）。一九四三年晚期，他進入駐紮於路易斯安那州的第九十七步兵師醫療營，又到加州一帶接受兩棲特訓。其後盟軍在歐洲戰場突出部之役蒙受重大損失之際亟需增援[8]，第九十七步兵師於是橫越美國兼程趕往紐約，乘軍艦穿過大西洋直達法國港口，再橫越魯爾河將納粹軍隊驅趕至捷克境內，正式結束了歐洲戰場戰事。

二次大戰歐戰勝利紀念日過後，第九十七步兵師回防紐約，接著到北卡羅萊納州集結整編，再次橫越美國前往華盛頓州西雅圖的勞敦堡基地，從那邊出發，開始參與原先就計畫交給他們的太平洋島鍊戰爭任務。然而還在趕赴戰場的半途，日本已經正式宣佈投降，因此第九十七步兵師的任務改為前往日本負責佔領。總的來說，第九十七步兵師是美國陸軍在戰時跋涉路途最長的部隊，水路陸路總計三萬五千英哩，也是僅有兩支在歐洲及太平洋戰場都曾作戰的美國部隊。

一九四六年祖父從戰場回來，但從不願意再談戰爭之事。祖父原本就不是喜歡說話的人。他的個性就是如此，沈默寡言，而且我相信即使他喜歡說話，也可能避談戰爭期間的事，事實上在他有生之年，確實是如此。

祖父這個克制不說的事實，說起來有些遺憾，因為我後來發現他在當時部隊裡扮演了相當特別的角色。他那時是師部裡的神經精神病理師，要知道，戰時的陸軍動輒百萬人，但神經精神病理軍醫還不到一百人。戰爭初期，美國軍方認為可以在徵召時就過濾掉精神心理上有缺陷的人，但在經過兩年的戰事後，他們發現戰士中出現精神問題的情況相對頗高，因此得到一個結論，就是在兩軍交戰中，所有的戰士都會在一定程度的壓力下產生不同程度的心理崩潰。

因此在一九四三年十一月，美國陸軍決定於每一個作戰師中都配置一名心理醫師，負責維護部隊人員的心理健康，在訓練營內幫助提升士氣，上前線時，則負責為發生問題的戰士進行心理治療。一般來說，一個師的兵員有一萬五千人，就只有這麼

8 譯註：突出部之役發生於一九四四年十二月十六日到一九四五年一月二十五日，是納粹德國於二戰末期在歐洲西線戰場比利時瓦隆的亞爾丁地區發動的最後一次主要攻勢。

一個人負責整個部隊的心理維護及治療。

交戰時，離前線數英哩的地方會設置臨時醫療中心，心理治療師就在這個地方照顧發生問題的兵員。心理治療師的主要工作是減輕患者的「戰爭疲乏」，也就是在第一次大戰時所稱的「炮彈休克症」（Shell Shock）[9]。不管是哪種名稱，指的就是耳聞砲彈爆裂聲、眼見砲彈碎片、聞到血腥味以及事後對前述種種的記憶，致使身體產生感官訊號擾亂了神經。如果對這種現象不加注意，會導致一個人變得極度衰弱，最後常常必須撤回到美國本土的醫院接受治療。二次大戰時的作法則是在戰場附近就立即處理，給患者服用強力鎮定劑並給予精神上的鼓舞，經過立即處理之後的康復率相當高，很多士兵都能在幾天之內再上戰場。因此，師部心理治療師的任務就是在戰場附近立即處理「戰爭疲乏」。

一九四六年三月，美國陸軍解編第九十七步兵師，許多兵員橫越太平洋回到美國家鄉，我的祖父當時被留在東京佔領區內的第三六一駐地軍醫院，擔任神經精神病主治醫師。他在那邊一直待到春天，其實並沒有什麼事好做，就只是為那些遠離家鄉、有太多閒暇時間放蕩的年輕大兵治療盛行的性病而已。他當時為了想和家人團聚以及開展自己的未來，曾經多次申請從軍中解職，但都未獲准，也因此對陸軍不讓他退役非常不滿，甚至晚上睡覺時經常會有可能永遠被困在日本的夢魘。也就是在那個時候，他接到為大川周明作精神心理評估以決定其後是否能繼續接受審判的命令。

大川周明當時在法庭突然爆發的事件成了全球媒體的頭條新聞。「美聯社」發了名為「震驚法庭」的報導，幾乎全美的主要報紙都採用了。《時代》雜誌則在報導中寫道，東京大審一開場就有「維多利亞時代喜劇」的味道。有一位通訊記者寫道，他很懷疑若干年後，除了大川周明拍打東條英機光頭的事件外，有誰還會記得東京大審的其他細節。《華盛頓郵報》則刊出威廉．卡提所拍攝一組題為「大川周明大出風頭」的新聞照片。第一張是大川周明舉臂朝向前方毫不知情的東條英機，第二張顯示出大川周明已經拍擊了東條英機的腦袋而肯沃西少校抓住了大川的衣領，第三張是東條英機轉回頭，面露一種十分勉強的笑容，第四張則是大川周明被肯沃西壓制住肩膀坐在地上，兩眼茫然地投向遠方。

當年大川周明還差半年就六十歲，他身高大約六呎，長得比大多數日本人都高，可是相當瘦弱。他有次還形容自己的瘦長身材是「一個簡陋的破寮棚」。一般來說，

9 譯註：士兵因久戰而患的神經精神病。

大川周明的服飾相當講究，有點貴族氣息，使得他天生條件欠佳的身材添增了一點帶有專業意味的尊貴。但他的牙齒長得參差不齊，耳朵過大，臉孔瘦削更顯憔悴，以致於有位美國人曾經形容他「外表完全無任何吸引力」。就算是日本人，也都會覺得大川周明的五官不太像日本人。他戴著圓框眼鏡，藏在很厚鏡片後面的深邃兩眼，有時顯得充滿智慧，有時又有點狂野不羈。

大川周明在外表上也許無甚出色之處，但他的神經原卻不簡單。從很早期的時候，他就是位多產作家，觸及的主題也十分廣泛，他曾經費勁完成對西方殖民主義的分析，對日本兩千六百年歷史的調查以及可蘭經的翻譯。他曾經寫過長達六百頁的自傳，後來也許是出於對自身認知的自滿，又出人意外地把整部作品毀掉。他對康德、柏拉圖、孔子、孟子的學說都有研究，至少嫻熟從英語到梵文的八種語言，不潛心著作的時候，他就以教授的身份在學校授課，兩者都不做的時候，他就在日本一個最重要的智庫擔任經濟研究分析的工作。或者，他就在各處組織激進行動團體，企圖讓自己的想法於日本社會中造成一些衝擊。

年復一年，他們也確實做出些成果。一九二〇年中期至晚期，大川周明用著作和演說敦促日本出面聯合東亞，對西方的全球霸權進行挑戰。現在對大川周明進行起訴者，認為那些作為已經證明大川周明從那時起就積極努力，希望讓日本人民為走上戰場做好「心理準備」。一九三〇年代早期，大川周明曾經資助一次社會起義，結果導致當時的日本內閣總理大臣遇刺。根據一些歷史學者的看法，那次的事件是日本對民主的渴望已經開始落入軍方掌控的轉折點。

一九四一年晚期，日本偷襲珍珠港之後幾天，大川周明做了一系列當時頗受歡迎的廣播，內容是關於西方政治侵略的歷史，同時提醒聽眾注意他曾經做出的預言：日本和美國為了世界秩序「終需進行一場你死我活的戰爭」，而且日本會獲得最終的勝利。

大川周明有十分出色的智能，但脾氣卻十分暴烈，因此贏得了類如「充滿怒火的知識份子」、「傑出的瘋子」……等綽號。一位當代評論家就指出，大川周明學識廣博到難以成為激情的愛國者，脾氣又壞到無法成為優秀的學者。大川周明曾經兩度入獄，他一直很積極地經營自己跟軍方的關係，也很愛好冶遊歡場甚至造訪藝伎屋尋歡，最後還娶了一位名為兼子的藝伎為妻。他因為意識形態的堅定而被人稱為「日本的戈培爾」[10]，他也因經常有令人發噱的動作而被稱為「東方唐吉訶德」。有位心理

10 譯註：保羅．約瑟夫．戈培爾（Paul Joseph Goebbels）曾擔任納粹德國時期的國民教育與宣傳部部長，被稱為「宣傳的天才」，以鐵腕捍衛希特勒政權和維持第三帝國體制而知名。

學家曾經這樣描述大川周明，「他天性挑剔又極重方法，既神經質又充滿熱情」。只不過大川周明頗為好酒，又是一位非常糟糕的酒鬼，常常使得他的「熱情」蓋過「方法」，酒後往往變得很粗魯、喋喋不休又惹人生厭。

他常常光顧的藝伎屋老闆娘就曾指出，大川周明喝醉之後簡直就像變成了另一個人，就像「日本版的變身怪醫」(Jekyll and Hyde)[11]，在那種狀態下，大川周明出手拍打另一個人的腦袋，並不算出奇。

大川周明在法庭上拍打東條英機事件發生之後不到幾天，我的祖父就在東京的三六一駐地軍醫院為他做了心理精神檢測，那個時候，大川周明的表現跟他過去簡直天差地別。我的祖父隨即以大川周明「無法區分對錯，也無能力為自己辯護」的檢測結果，向法庭建議大川周明可免於審判。至於日本方面的醫師內村的檢測結果，也與我的祖父不謀而合。大川周明於是從巢鴨監獄被移往東京大學附屬醫院，然後又轉移至松澤精神病院。審判方原先寄望大川周明可以在痊癒後繼續受審，因此在審判程序進入一九四七年之際，韋伯法官下令再為大川做新的檢測。這一次，內村醫師仍然認為大川無法接受審判，但兩位新的美國醫師——那時我的祖父已經回美——相信大川周明當時的狀況可以受審。

那時候，其實所有的人都已經對東京大審感到厭倦，只希望它早日結束。主審法官韋伯對前述互相抵觸評估報告所做出的反應，就是讓大川周明免於當前的審判，但保留控方未來再以同樣理由起訴他的可能。東京大審終於在一九四八年晚期宣告結束，不久之後，對大川周明的控案也告撤消。當時這個決定讓一些日本人大惑不解，他們對美國記者表示，大川周明根本就是個「意識形態的挑撥者」，因此是所有被告中的「最大罪犯」。

一九四八年十二月二十三日，東條英機和其他六名被告在巢鴨監獄外走上絞刑台。其他的被告，除了兩位在審判期間就已死亡之外，都開始服短則七年長則終身的刑期。一星期之後，大川周明離開醫院，回到他位在東京西南邊的寧靜家園。這時的大川周明已經完全復原，美聯社當時發出一篇報導，指稱他是「二十八名日本頂級戰犯中唯一獲得自由者」。

如果大川周明當時仍然有資格受審，他毫無疑問地會受到嚴厲懲罰。譬如說在紐

11 譯註：「變身怪醫」的故事是優雅紳士亨利．傑基爾醫生喝了自己配製的藥劑而人格分裂成邪惡的海德先生，後來「Jekyll and Hyde」一詞成為心理學「雙重人格」的代稱。

倫堡大審中和他相當的艾佛瑞德・羅森伯格（Alfred Rosenberg）就被判處絞刑[12]。東京大審期間，有些西方記者在記者室中立起了一個非正式計分板，對所有被告進行評估，他們認為根據審判初期所呈堂的證據，顯示出有十名被告罪證最為充分。最後，其中五名被處死，四名遭判終身監禁，第十名就是最終獲得自由的大川周明。

對於所有認識祖父的人來說，他們都不會訝異於祖父從來不提他在服役期間的事。他天生就沈默寡言，還是小孩子的時候，他有次在晚餐前偶然發言，竟然使得正在廚房忙碌的曾祖母停下手中工作，興奮地驚呼，「嗨，你們聽到嘛。這孩子會說話呢！」。他幼時也曾因為連續二十四小時不說話而贏得美國童子軍徽章。這個測驗是專門設計來讓青少年自我控制意志力，然而對我的祖父來說，根本就跟繫鞋帶一樣容易。成年之後，他培養出許多不需說話的嗜好，釣魚、攝影（他還設立了自己的暗房）、園藝、觀察大自然（他在廚房內張貼了一張鳥類圖鑑）、西洋棋、古典音樂和獨酌馬丁尼酒（每天晚上六時整）。每次看完電影，他的影評只有三句話。譬如說〈戰略迷魂〉（The Manchurian Candidate）吧，他的評語就是「國家對抗個人主義」（Country VS Individualism）而已。

他甚至因為不喜歡說話而走上心理分析師之路。他就像一些爵士樂大師一樣：你需要傾聽「他所沒有說的部分」來徹底瞭解他所說的話。他晚年時常常引用馬克・吐溫的話說，「情願把嘴巴閉起來而被人當作笨蛋，也不要聒聒噪噪而被人看穿」。

可能是為了要補償他的不愛說話，上天賦予他驚人的記憶力。他自己設計出一套記憶美國歷屆總統名字的助記方法，他編的那個故事起頭就是「一個醋勁頗大的人做了蘋果醬」（When[13] a jealous man makes apple jam[14]）。所以，你如果問他美國第十五任總統是誰，他就會開始重述這個「一個醋勁頗大的人」的故事，一直說到「法國派烘焙者」，然後告訴你第十五任總統是「詹姆斯・布坎南」（James Buchanan）。又如你們在一起品嚐精美點心，如果他聽到你對食物的讚美，他就會複誦一遍莎士比亞名劇〈暴風雨〉中普洛斯佩羅的演說。

我的祖父跟祖母有次談到十五年前收到的一份禮物，立刻很明確地說出那不是一般的柴可夫斯基唱片，而是他的「曼弗雷德交響曲」。他也可以僅憑葉片就說出是什麼樹，聽到鳥鳴就知道是什麼鳥，如果看到一隻鳥，他也可以馬上用口哨模仿那種鳥的鳴聲。如果他今天還活著，完全可以變成一組 iPhone 的應用程式。

12 譯註：羅森伯格是第二次世界大戰中納粹德國的一名重要成員，為納粹黨內的思想領袖。
13 譯註：W代表華盛頓，美國第一任總統。
14 譯註：J代表傑克森，美國第二任總統。

他所擁有的就像是人們所提及的「照相記憶」。我的一位表兄弟有次提起他在我祖父的書房隨意從書架上取下一本書，結果正在看電視「傑作劇場」的祖父幾乎只瞥了一眼，就說出對那本書的讚揚之詞。我的那位表兄弟向來很淘氣，就故意隨便說了一個頁數來挑戰祖父，那裡知道祖父幾乎是馬上就說出那頁面上所寫的一句話，就好像他本人捧著書在讀似的。祖父還洋洋自得地露出一個微笑，然後又無事般回頭去看他的電視了。我的表兄弟說，「我真希望能看到自己當時的表情」。

當然啦，我的表兄弟確實是個小壞蛋，他的故事可能也有杜撰的成分，但所有知道我祖父的人都對這個故事深信不疑，也說明了我祖父真有那個能力。所以，他有個經常超時工作的腦袋，以及不太使用的嘴巴。那是一種心智上的儲藏系統，大量的吸收，然後除了有時不小心洩露出一點見解跟智慧，基本上很少外顯。

他在一九四六年從日本返回，似乎比以前更加沈默。他的幼妹也就是我的姑婆有次告訴我，「我並不是說他以前有多聒噪，而是他在戰後變得更加安靜了」。我祖父在服役時每天都給祖母寫信，我祖母有次說那些信就是她的「關於那場戰爭的完整記錄」。她把那些信件收藏在閣樓裡長達四十年。後來他們準備離開住了大半輩子的地方，祖父發現了那批信件，立刻要求把它們全數燒毀。很顯然地，他在戰爭中經歷了一些事情，讓他決定把不那麼嚴肅甚至於與戰爭無關的事也一併塵封起來，於是儘管祖母極力反對，祖父還是把它們都燒毀了。

我們永遠無法得知那些信件裡究竟有些什麼內容，但我祖父晚年時終於打破沉默，寫了一本名為《戰地心理醫師回憶錄》的手稿，這份手稿證明了即便祖父晚年苦於老年癡呆症，他對過往所發生事情的記憶力仍然十分驚人。就在祖父去世前不久，姑姑有次問他當天午餐吃了什麼？祖父完全記不起來，但這個問題卻讓他想起十多年前的一樁軼事，然後一五一十地說出來。

姑姑說，「爸爸，你怎麼可以記得十五年前的事，卻記不得今天午餐吃了什麼？」。祖父的回答是，「如果妳真的想知道我午餐吃了什麼，等十五年之後再來問我」。

祖父手稿中的客觀事實想必十分可靠，那本回憶錄也可以說是不經意洩露出了祖父較隱私的部分。不管是什麼心理上的緣由促使祖父銷毀了那些戰時信件，這本《戰地心理醫師回憶錄》無疑反映出他終究還是謹慎地審查了過去種種，還是有話要說。就如同我所遇到過的許多退伍軍人一樣，我的祖父應該也是認為他在戰時的作為不值得細述。他用很平舖直敘的方式來描述，其實有點像「壕溝戰」的概念，注意力短暫地暴露在戰事中，心情上卻是躲在壕溝裡。

唯一的例外就是敘述到他為大川周明下了精神失常判斷的部分，他對自己所做認定的強烈堅持態度，似乎讓他失去了一貫的冷靜、客觀，反而充滿激情。祖父這種少見的反常情緒，很可能是因為不是所有關注東京大審的人都同意他對大川周明做出的評估。

一九九〇年代晚期，祖父正在積極進行他的回憶錄寫作，祖母無意間翻到一本前《時代》雜誌記者大衛．貝爾加米尼（David Bergamini）所著、厚達一千六百頁有關帝國日本的大部頭書。這本書因為獨樹一幟宣稱昭和（裕仁）天皇應該為日本的（戰爭）行為承擔大部分責任而引起國際矚目（東京大審主審法官韋伯也為該書寫了長篇大論的引介文）。我的祖父讀了那本書，但關注的並不是作者前述那個逆向操作的立場（裕仁天皇部分），而是作者也質疑我祖父對大川周明的精神評估結果。貝爾加米尼相信當初大川周明在法庭的表現以及後來的奇怪行為都是刻意表演。一言以蔽之，他的精神錯亂根本就是假的。

這麼一來，就使得馬克．吐溫那句名言尷尬地體現在我的祖父身上：這麼多年來他一直閉口不言，結果別人真把他當成一個蠢蛋了。

一方面是因為不敢讓他覺得我冒犯了他的智慧，一方面也是因為總覺得以後還會有適當的機會，我一直沒有就祖父為大川周明做精神檢測的事問過他。但在他過世後不久，也許是出於一種罪惡感，我開始對這件事產生了感覺上不太健康的興趣。

那時我經常到國家檔案局做些研究，就特意撥出一些時間來檢視二次大戰時的研究指引，後來發現了一些有關大川周明的解禁情報資料。美國在二〇〇〇年頒佈日本帝國政府解密法案，自此之後有關東京大審後的所有機密檔案都宣告公開，可以由研究者檢視。二〇〇九年春天的一個暖洋洋日子，我開始了一個發現之旅，想去找出我祖父一生歷史中的一個相對脆弱、易受人攻擊的部分，究竟是怎麼一回事。

二次大戰的資料庫主要儲藏在華府環城高速公路旁馬利蘭州大學公園的國家檔案館，一般都將之稱為第二檔案館，以示與位於市區的總館有別。不像許多研究歷史的場所總給人地下墓穴那種陰深黑暗的感覺，第二檔案館很潔淨、明亮、現代化，然而雖然外表很吸引人，但找起資料來卻有如進入迷宮，簡直就在測試人的耐性極限。

到那邊之後的第一件事，就是要在停車大樓外向警衛通報到訪的目的，你必須遵照告示牌上的規定，與正在通報的前車保持一定的距離，輪到你時才能趨前通報，假定前車還未通報完而你又不小心超過該停的位置，警衛就會擺出一種帶有威脅的表情，揮手要你退後。如果你停的太後面而前車又已經通報完，警衛就會不耐煩地揮手，表示你把後面的車都擋住了。

進入檔案館之後，訪客必須把所攜帶物品放上安檢輸送帶，同時拿出研究員的證件接受檢查。沒有證件的人必須在現場的電腦上填寫一份研究注意事項，同時拍照存檔。電子設備──文件掃描器、數碼相機、電腦──都必須符合館內規定的標準，也都必須在接待處登記、編號。禁止帶入研究區的物品，包括外套、筆、記事本、都必須寄放在地下室的投幣儲物間。沒有零錢的話，可以到櫃臺去換，如果沒有鈔票，那邊也有自動提款機。一切就緒後，還要通過另一道安檢，警衛會幫你刷研究員卡，然後詢問你剛才所登記的設備編號，再跟你手上的登記清單核實號碼。你必須把手提電腦掀開，顯示沒有夾帶任何紙張，紙張必須事先蓋上紅色印章認證，並由檔案館人員簽字放行，不能夾藏闖關。

主研究區的後面有個小房間，擺滿了一排排的資料夾，都是第二檔案館的資料索引，但你可能要有圖書館系的高級學位，才能很順利地搜尋所要的資訊。索引中有對所收藏文件的簡短介紹，也有編號以利於找到各文件盒。找到號碼後要用鉛筆力透紙背填寫一份四式申請取件單。然後，由於你根本不知如何下手，所以必須請檔案館的助理人員幫忙，可是助理人員顯然人手不足，多數的時候又正好在協助其他的研究人員，你就必須耐心等候。助理人員其實都很能幹，可惜人員編制實在太少。唯一可以寄望的是，你想要找的資料已經由專業的檔案員做成電子資料檔，那麼你可以在去檔案館之前就上網下載檔案索引，花幾天時間甚至雇用研究實習生來預先做好準備。要知道，單單日本戰爭罪行指引就長達一千七百頁。而且，花費這麼大的力氣，找到的可能只是一個單薄的資料夾，整個過程就好像是讀一整套百科全書，只為了要找一張便條紙。

然而有時候還是值得的。我就在解密文件中找到一張美國中央情報局有關大川周明的文件。這是個記錄於一九五八年所做的概要，時間大約是在大川周明死後不久，可以說是中央情報局在戰後對大川周明事件長期追蹤後的最後一次官方評價。上面寫著：「甲級戰犯—判定精神正常—所謂精神錯亂乃係偽裝」。

我每次去華府拜訪雙親時，總習慣於在我父親的私室中工作。小室中書桌後方掛著我祖父晚年的照片，穿著剪裁合身的西服，唇上一撮招牌的稀薄摻白鬍鬚。旁邊另一張照片是我祖父和他最小的兒子也就是我父親坐在大峽谷峭壁邊突出的岩石上。他們背對著相機鏡頭面朝深谷，兩人都戴著西部牛仔帽，好像面對著雄偉的景象不由得陷入沈思。再過去一張是十多年後我父親和他最小的兒子——我的弟弟——坐在同樣的位置，同樣也是背對鏡頭、戴著牛仔帽陷入沈思，顯然是刻意要模仿前一張。

小室內有幾個從地板直達天花板的書架，一個書架最下面兩層是我祖父那些積滿灰塵的古典音樂唱片收藏，另一個書架的較高兩層是我祖父那些同樣積著灰塵的心理學書籍，其中包括了奧地利心理學家芬尼謝爾（Fenichel）的《精神官能症心理分析原理》（The Psychoanalytic Theory of Neurosis）、雷伊克（Reik）的《用第三隻耳傾聽》（Listening with the Third Ear）、李茲（Lidz）的《精神分裂症的起源及治療》（The Origin and Treatment of Schizophrenic Disorders）……等等。書架之間的小吧台上放著祖父從日本帶回的武士刀，在天花板室燈照耀下閃著寒光的武士刀及刀鞘上下兩層擱在刀架上。旁邊有個內裝二戰時期祖父照片的黃銅色相框。蓄著唇鬚露出微笑的祖父穿著軍醫的制服。那時的祖父略顯清瘦，但精神奕奕。

這間小室其實就是個小小神社。

我從小受到的教導就是祖父不可能出錯。大衛．貝爾加米尼也許是個陰謀論者——有位歷史學者確曾嘲笑他採用的研究方法及結論——但中央情報局的那個文件，卻是對我祖父的當頭棒喝，等於是對我祖父為大川周明所做檢測的國家級否定。我其實也見過其他的質疑。譬如說大川周明拍打東條英機腦袋的第二天，一個通訊社發出的報導就指出，法庭內有些人認為大川周明「根本就是在表演」；東京大審的一位辯護律師也相信大川周明那樣做的目的，「就是企圖逃避對他而言苦能帶來危險（被判刑）的審判」。另有些人則認為，大川周明突然發瘋的時機太過湊巧，只能合理解釋為故意。一本相當有可靠性的書引述東京大審荷蘭籍法官伯納．羅林（B.V.A. Röling）的話指出，他相信大川周明騙過了法庭跟心理醫師。最後一個則是已經復原並且過著平靜生活的大川周明在一九五二年親自接受東京每日新聞記者採訪時說，「我的精神根本沒有什麼大問題」。

在這種情況下，我決定進行一個為我祖父辯護的任務，不容任何事損及他的尊嚴。當我把中央情報局的文件內容告訴我的叔叔時，他立刻略帶輕蔑地說，「我這輩子碰過的人，都問我究竟知不知道我的父親多傑出，沒有病人能騙過他」。

有一天，我在小室中翻找一個資料櫃，無意中找到祖父發給新英格蘭醫學期刊編輯的信，信中內容是有關大川周明精神分裂的詳細科學論證，以及他後來復原的情況。

他是在一九九六年完成回憶錄不久之後寫的信。沒有人知道他為什麼要寫那封信，為什麼在親手銷毀戰時信函的五十年之後，他突然變成二戰的說故事大王。又或者，為什麼他在回憶錄中用了幾乎與所有歐洲戰事加起來的同樣篇幅，來敘述大川周明的故事。唯一的解釋就是，如果他錯過了為自己辯解的機會，恐怕死也不會瞑目。

我書寫祖父最大的問題在於，我根本不瞭解他。他這輩子很少與人分享自己的事，晚輩更是對他所知有限。我的唯一選項就是從外殼一點一點往裡剝——想辦法去分析一個心理分析師。我從祖父的回憶錄中找名字，然後通過Google過濾成可資具體搜尋的對象。我在美國各地旅行，去找當年與祖父同在醫療營，至今尚在世的退伍軍醫。我也回到第二檔案館，從一些舊的布魯克林檔案中去挖掘有關這位「布魯克林佬」的種種記錄。

偶而，一些發現也會讓我產生似乎有些荒誕的想法。譬如說幻想他把收藏在閣樓裡的信件燒掉，燒信過程裡散發出的氧氣瀰漫在我小時候常去的地方，也許我吸進了一些，又或許這些氣體進入我的神經系統，引導著我的本能去進一步發掘祖父的過去。我想我可以給那些尊敬他的家人因為他的沉默而無法獲得的東西：也就是他刻意塵封在記憶中的某些內容或精神。

當然，為了公平起見，我也應該對大川周明多做一些瞭解。我讀了在英文文獻中所能找到的所有資料，譬如說東京大審檢控團隊所編撰長達數千頁的文件。感謝網路上許多人同心協力製作出的圖像互換格式資料，使得我可以反覆檢視當初所拍攝的大川周明拍打東條英機腦袋影片。

我同時通過研究去瞭解究竟是怎麼樣的社會、政治以及歷史的心理狀態，會導致一個亞洲小國家（日本）去攻擊美國。也是通過這些，我才知道自己雖然讀了不少書，卻沒有真正瞭解過這一部份的歷史。

我在日本待了六個星期，特意會晤了每年到大川周明家鄉紀念館聚會紀念他的一些人。我也去拜訪那些奉獻一生鑽研大川周明思想的學者，甚至還拜訪了東條英機的孫女東條由布子，她到今天都還認為大川周明拍打東條英機腦袋這件事十分好笑。我遇到的這些人當中，有些堅定相信大川周明當年確實是假瘋，但都搞不清他為什麼要那樣做。

那段期間中，我也不時回到父母家中那間如神社般的小室，在房內踱步沈思，偶而抬頭看看小吧台上的武士刀，天花板上照下來的白色燈光，在銳利的刀鋒上前後遊走，竟然讓人感覺有點像是坐立不安的遊魂。

第二章

年輕的哲學家—愛國者

「生命是什麼？」

——大川周明日記，一九〇四年一月十二日。

大川周明從來就不想走他父親當年希望成為醫生老路，但也花了很多年才找到自己想走的路。

大川周明出生於一八八六年十二月六日，也就是日本的明治十九年。大川家位在本州島北端、山形縣靠近日本海濱的酒田市。大川家族幾代以來一直是個醫生世家，他們在幕府封建時代為領主服務，現在則是為鄉民服務。然而在大川周明出生之後，大川家族的地位開始中落，家產也不如過去豐厚。儘管大川周明本人並不想承續從醫的家族傳統，但從一開始，長輩就打定主意要他也成為一個醫生。

大川周明的父親大川周賢在家鄉可是個名人，主要是因為他每次出診，都騎著一匹阿拉伯駿馬。大川周賢本人是眼科出身，但在醫師缺乏的鄉下，他其實是一位家庭綜合醫師。他在當地相當受尊重，也表現得很有同情心，遇有窮苦的病患，不管對方拿什麼抵付醫藥費，他都欣然接受，唯一不好的就是他好酒，酒醉之後就會有些令人厭惡的行為，有時會假裝人不在辦公室，有時碰到他不想治療的病人，就不假詞色把人趕走。他這種陰晴不定的個性，和他的夫人多代女的嫻靜成了強烈對比。大川周明有次把他的母親比擬為能把騷亂化為平靜的觀世音菩薩，他只要在生活上遇到困擾、困難，總是會回到母親身邊尋求慰藉。

年少時的大川周明就表現出前述兩種分別來自父母的基因經常在他的身上互相競爭。他的個性既固執又有些情緒化，經常也顯得坐立不安有些喧鬧。這種任性導致他在年輕時從一棵樹上摔下來，結果使得他的視力受到永久性傷害，自後就一直戴著厚鏡片眼鏡，再加上他異於常人的身高，就成了最容易辨認他的招牌。

大川周明十分好學，在別的孩子著迷於漫畫書的時候，他就已經專注於中國古典文學、外國語文、哲學及宗教書籍。那時去他家的人要不是看到他沈浸於書本中，就是看到他和兩個弟弟在家裡跑來跑去玩打仗的遊戲。終其一生，大川周明在個性上所表現出來的，就是這種既熱情又有忍耐力的奇怪組合。

大川周賢似乎並不太關注自己的孩子。從好的一面來說，也許是因為他希望孩子能獨立自主，但也許也是因為他根本就不關心。不管是哪種情況，大川周明有次回顧他在獄中的生活時指出，他的父親從來不曾給過他任何知識上的指引或是道德上的忠告。青年大川周明反而是在心目中偉大的英雄西鄉隆盛身上找到了嚮往的模範。現代的美國人也許只是從湯姆・克魯斯主演的電影《最後的武士》(The Last Sumarai)得知西鄉隆盛的故事。但在十九世紀晚期的酒田市，日本年輕人是在課室中把西鄉隆盛當作一個武士的典範來學習。大川周明還是初中生的時候，就已經把西鄉隆盛的一個教條奉為聖典：敬天愛民。他把這句話銘記在心，甚至在四十年後也以此教導自己的學生。

西鄉隆盛所代表的是強韌與體貼兼具的武士精神，是一種心靈與行動的完美結合，也就是兼具愛國情懷的哲學家。

儘管他的父親距他頗有一段距離，但大川周明從小就知道他「應該」要跟隨家族的專業腳步。日本長久以來約定成俗的思維，就是傳統的責任壓過個人的私心慾望，幾世紀以來，每個人將來會成為什麼，幾乎是在出生時便已決定。武士的孩子將來就成為武士，農民階層者的孩子變成農夫，至於町人階級，就變成商人。因此，大川家族的人就要成為醫生，沒什麼好說的。然而，大川周明對自己的命運思考得愈多，就產生了愈多的疑問，再說他的視力根本已接近半盲，也不可能追隨父親成為眼科醫師。與此同時，他對基督教產生了興趣，因此除了對一個人的身體健康提供幫助之外，他也認為對別人的心智提供幫助也是同等重要的事。然而在走上另一條新路之前，他必須先獲得父親的同意。

大概在大川周明十七歲生日前後，他決定要成為一位教育家，於是寫了一封長達十頁的信給他的父親大川周賢。那封信顯示出大川周明確實思慮周密、邏輯清楚，其中包括了做出選擇的原因（自己視力欠佳）、道德上的說理（教育可以提升個人行為，因此有助於提升整個社會）、達成願望的計畫（他會在東京先打好基礎，然後再到美國的大學去完成學業）。哪裡知道大川周賢像拒絕治療許多病人般一口回絕，同時在回答時下了最後通牒：如果大川周明不接受承繼家族的專業（醫生），就將被逐出家門。那次的交手，讓大川周明心裡受到極大創傷。

一九〇四年一月十二日，大川周明在日記中寫道，「生命究竟是什麼？除非我能解決這個困擾我心底的問題，我將永遠不會釋懷。現在的我充滿了悲傷、痛苦及憤怒」。

從某一層意義上來說，日本在明治年代所遭逢的危機，在本質上與大川周明所遭逢的危機是一樣的。從一六〇三年到一八六八年，日本是處在德川（江戶）幕府的統治之下。當時的日本徹底閉關自守：與世隔絕的農業經濟，而且有意識地忽視正在全球大行其道的科學技術，直到這些技術開始侵門踏戶。

一八五三年七月，馬修．培里船長率領四艘美國艦隊長驅直入江戶灣——江戶是東京舊名——培里所獲得的指令就是打開日本門戶，強迫日本接受對外貿易。五年之後，日本簽署了門戶開放條約，但那時的日本已經陷入地方紛爭的內戰之中。最後，西鄉隆盛率領的叛軍擊潰幕府並重新擁立明治天皇。日本的新領導層開始把注意力轉向國家不確定的未來，開始問他們自己：生命是什麼？

他們的答案是照搬西方文明。首先，日本把封建領地全改為對中央權威效忠的都道府縣。其次，慢慢建立起一個新的社會架構。很快地，日本人就捨棄了陰曆紀事而改採陽曆，採用電報、信件及鐵路運輸，讓孩子接受全面的人文、科學教育。振興經濟方面，開始採行稅法、設立銀行及工業。日本人開始住進西式住宅，服裝上也開始西化，他們吃牛肉、喝啤酒甚至也開始理髮。一位日本官員就在一八七四年說道，「現在所有的一切都仿效西方」。

幕府倒台之後，日本的政治、社會架構進行了快速又徹底大翻修，並且制訂了融合日本固有價值與西方理想的新憲法。一方面，天皇被尊稱為「神聖不可侵犯」，另一方面，則建立起議會體制。因此，天皇依然是日本高高在上的的太陽，但內閣總理、內閣以及上、下兩院的立法議會才是政府運行的軌道。

一八八九年二月十一日，明治天皇御准了日本新憲法，前述的文化大結合於焉正式全速上路。那天是日本在西元前六百六十年立國的紀念日，但天皇當天卻是穿著西式衣服，在一個仿效歐洲的接待會上接受所呈上的憲法文件。

日本快速的在發展讓全球大為驚艷，但卻有許多日本人大為不滿，譬如說武士文化就隨著幕府衰亡而消失，那些無主的武士當然也失去了過去所能得到的津貼（新政府無力負擔傳統的大米津貼），他們過去所扮演的戰士角色（一般認為徵兵制度下的軍隊較好），以及他們所代表的形象（他們被禁止像過去一樣隨身配刀）也都一去不復返。許多武士變成了流離失所的浪人，過去的農業經濟轉型為倚重於製造業，也帶來了勞工問題，對於物質的偏重造成了道德上的衝突，而當失魂落魄的浪人逐漸消失於繼起的煙囪、鐵道之際，日本的歷史也逐漸解體而進入西方式的現代化。

日本的意見領袖帶著複雜的心情看著自己的國家犧牲掉幾世紀以來所建立起的文化，來換取一個能跟全球建立起關聯的未來。一八八七年，中江兆民出版了一本帶有哲學意味，名為《三醉漢論政》有關明治時期的寓言書。就如同書名所示，三個主人翁喝了太多白蘭地之後，開始對國家應該走的路線說三道四，一個堅信日本應該全力擁抱西方的理想，一個認為應當維持日本的傳統武士價值及國家認同，第三個人則主張採取中道。只不過三個人最後把酒喝光了，也沒達到一致的共識。

青年大川周明則處在這種迷惘中痛苦掙扎。他是第一位在明治時期進入成年的大川族人，雖然他深受基督教和西方教育的薰陶，但在內心中卻渴望追求像西鄉隆盛那樣轟轟烈烈的一生。正由於他對家族的傳統有深入瞭解，所以他也知道如果想放棄，就必須先取得同意。他其實跟那時的日本有很多相似之處，也就是能力十足又充滿熱望，但是對自己的野心勃勃還是有些不確定。

最後，大川周賢終於心軟了。也許是他的感情勝過了理智，也許是大川周明的說服力太強，總而言之，大川周明立刻為自己的命運展開了新頁。

一九〇四年夏天，大川周明全力為東京地區的高中入學考做準備，而且在獲得第五高中錄取之後移居到離家千里遠的熊本縣。在那個時代，高中通常都被視作培養日本未來領袖的場所。當時的文部省（教育部）大臣就在幾年前曾經說過，高中畢業生應該成為「能夠指導大眾思想的人」。

現在無從得知大川周明當時是否已經知道這個「國家交下的任務」，但他在第五高中的三年期間，確實在努力培養自己這方面的能力。他參加了辯論隊，打磨自己既邏輯又激情的演說技巧，而且堅持必須兩者並重。舉例而言，他有次就批評隊友在進行辯論時「不具煽動性」，言下之意就是辯論不能太中規中矩，否則必定會導致失敗。有段不算長的時間，大川周明也對社會主義灌注了極大的興趣，他也利用自己擔任高中期刊主編的地位來發出社會活動家的聲音。他那時所寫的文章主要有兩個核心信念：第一，唯物主義基本上是和追求合乎道德的生活互相抵觸。第二，追求合乎道德生活的必要條件是具有基本的世俗舒適，而這個必須通過經濟平等才能達致。他也常常利用文章的標題來挑動讀者的情緒，譬如說「金錢是骯髒的嗎？」，但他的思想受政治經濟學巨擘理察・伊利（Richard T. Ely）、社會經濟學家卡爾・馬克斯（Karl Marx）以及耶穌基督影響頗巨。他也是修辭學大師，譬如說他寫道，「只要大家共同努力在根部給予重重一擊，發動一場革命，這就是改變整個制度的方法」。

這種「充滿激情的耐性」在青年大川周明的心中逐漸成熟，與此同時，他也在搜尋如何向外表達的方法，學習什麼時候該振臂奮起，什麼時候該靜下來反芻，什麼時候該激勵人心，什麼時候該下達指令。他所說的話反映出內心早有一種渴望領導的慾望，只是還缺少一個理由去實現罷了。

一九〇六年八月，理由終於有了。知名日本駐外大使栗野慎一郎的兒子獲准轉學的傳言四起，由於當年從來沒有人獲准轉學，所以顯然有家庭的影響力牽涉在內。大川周明立刻發現這是個發起行動的好機會，而且動作要快。他和幾位同學聯名寫信給學校當局，痛批前述這種優惠待遇是「明目張膽的濫用財富和權力」，因此要求校方收回成命。後來，在校方遲遲沒有行動之際，他們舉行了一場全校學生大集會，大川周明在會上發表了充滿怒火的激情演說，鼓動在場的年輕人一致起來，把堅持的原則付諸行動。他高聲喊道，「所有的人，跟我一起站起來吧！」。

怒氣衝天的學生硬是把校園封閉了兩天，最後，校長和主任教師被迫辭職，學生們並未因參加「起義」而受到懲罰。這個被稱做「栗野事件」的轟轟烈烈大事，自後許多年都在第五高中的庭廊中迴盪不已，學生都帶著虔敬的心情重複述說。這個事件，也讓大川周明聲譽鵲起，幾乎成了當地的傳奇神人。

年僅十九歲，大川周明已經證明了他有指導大眾思想的能力。他不僅影響了其他人的思想，也鼓舞了他們的精神，為他那「充滿哲學意味的愛國主義」做了活生生的見證。他知道自己擁有戰勝權威的獨特能力，如果把前一次讓他父親屈服的事情也算進去，年紀輕輕的他已經成功了兩次。他當時可能並不知道，他的一生中還會有許許多多類似的成功事件，更不會知道，這些事件會改變了日本的歷史進程。

一九〇七年秋天，大川周明獲得錄取進入東京大學。當年二十歲的大川周明個子又瘦又高，同學們給他起了「長頸鹿」的外號。大川周明就如同長頸鹿伸長脖子啃高枝一樣埋首苦讀哲學書籍，他日以繼夜苦讀還不到一年的時間，就已經耗盡精神。很快地，他出現了神經衰弱的毛病，又感染上肺結核，當時的情況糟到很多人以為他會撐不過去。

不過他還是撐過了。他前後休養了長達一年時間，再回到學校後簡直像變成了另外一個人。他在高中時曾經在心裡「為可憐的勞工大眾煎熬」，現在則是「要趕緊先救我自己」。他註冊進入學校新開的宗教系，把自己浸淫在東方思想家及德國倫理學家之中，最後集中精神在古代印度文獻，他的論文主題就是有關一位名為龍樹的佛教哲學思想家（龍樹經常被人與西方基督教神學家聖奧古斯丁相提並論）。

在課堂之外，大川周明參加了一個名為「道會」的新設學生組織。「道會」的宗旨有點像是個神學的三明治，思想取自於儒教、佛教及基督教。「道會」鼓勵其會員對事實「變換不居的追求」，而不是用「一成不變的方法」。對於大川周明而言，就算他自己可以規劃自己的命運，恐怕也找不到像「道會」所賦予的這種使命了。

一九一一年，大川周明從東京大學畢業，他多數時間都待在圖書館裡讀那些吸引他的書籍，有時是吠陀文學，有時是古典印度哲學，有時是伊斯蘭文本（一位曾經在那段時間見過大川周明的著名俳句詩人後來寫道，「此人真是病了。一個狂妄自大的人一天到晚待在圖書館裡，最後變成了默罕默德學者」）。

大川周明那時為了生活，曾經短暫地在一間中學教英文，不過，他似乎也忘了小時候的志向是要成為一個教育家，有次還拒絕了同志社大學禮聘他為宗教系教授，情願兼職幫日本陸軍翻譯德國文件維生，每次完成當天的工作後，他就一頭鑽進圖書館，把自己埋在書堆中。

一九一二年七月三十日，明治天皇駕崩，大川周明當時就是處在前述的狀況中。日本的天皇當然受人敬重，但鮮有像明治天皇那麼受敬重，日本全國大眾都為失去天皇而悲傷，報紙印行特刊詳述日本在明治天皇統治下所達致的成就。作家描寫當明治天皇的靈柩通過宮殿大門時，有「明治的驕傲」之稱的大砲聲響徹東京上空，都成了大家共同的記憶。也就是在那一刻，日本的戰爭英雄乃木希典和他的妻子端坐在明治天皇的肖像前，以舊時代日本武士對死去主子表示效忠的切腹方式，完成殉死。

明治天皇和乃木希典的死，很像是當頭一棒敲醒了大川周明。明治的駕崩，讓他再度確認了天皇在日本尋常百姓心目中的重要地位。乃木切腹時手中握的武士刀，提醒他從幼時就一直奉為典範的武士傳統。天皇駕崩，使得日本人湧現對國家的奉獻熱情，大川周明後來將這種熱情稱做「日本性」。他說，「我開始深刻體認到日本精神之偉大，也開始有日本人可以使日本繁榮強盛的想法」。他當時的感覺是，他的靈魂歷經了一段很長的旅程，現在終於回來了。

大川周明這種帶有隱喻式的回頭，在一定程度上也迫使他不得不面對當時炙手可熱的文化問題：日本在轉型為現代化國家的同時，究竟失去了什麼？大川覺得自己在日本明治時期東方藝術學者及日本文化評論家岡倉天心的文章中找到了答案。岡倉天心是當時少數能直指日本在世界中所處地位的權威作家，他一生都在西方做密集的旅遊，能說完美的英語，但卻喜歡穿著日本的傳統羽織[1]以及寬鬆的袴。他曾經在美國波士頓的美術博物館任職一年，負責照管其中的日本展品。他寫了一本內容為東方生活形態、名為《茶之書》的暢銷書，幾乎在所有美國七〇年代標榜新世紀的書店中都可以找到。他也重塑了日本在國際社會中的目標，他有次就說道，「我們之間正在進行一場偉大的戰爭……一場在東方及西方理想之間爭強奪勝的競爭」。

1　譯註：及臀短外套。

岡倉天心在他最著名的一本書《東洋的理想》(The Ideals of The East)中提出呼籲，要求亞洲國家團結起來，一致對抗西方「物質」對共有的東方「精神」進擊。(這本出版於一九〇三年的書是以英文寫就)。總的來說，岡倉天心認為英美文明的兩大支柱就是物質及軍事力量，而亞洲生活的基礎則是唯心論及道德精神。岡倉天心在《東洋的理想》一書中開宗明義就寫道「亞洲一體」(Asia is One)，充分顯現他希望東方能團結一致。他並在書的結尾呼籲亞洲國家保護及重建東方文化。他在書中寫道，如果反制西方理想的亞洲聯盟真的出現，日本就會是理所當然的領導，這是因為就算是已經達到「現代強權的地位」，日本一直還保持著「真實的亞洲靈魂」。岡倉天心是這樣描述日本必須面對的工作，「不僅僅要回歸我們過去的理想，也要讓已如一潭死水的亞洲團結再度復興。這就是我們的任務」。

一九一三年早期，大川周明聽了一系列岡倉天心在東京大學所做的演講，深深覺得自己重新發現了日本傳統價值，也覺得自己和講者產生了很強的聯繫。對大川周明而言，終其一生，岡倉天心的哲學成了他所採取路徑的指導原則：亦即在傳統和反叛之間採取中道。岡倉天心在那年九月過世，那時大川周明已經決心要成為他的思想體系傳人。他對岡倉天心思想的投入，使得他在後者三個月的演講系列結束之後就興奮地把已經翻譯好的《東方的理想》日文譯本交給了雜誌社編輯。當年年底，前述演講的記錄出版，據稱抄本底稿也都是大川周明提供。

一九一三年夏天，大川周明對個人生命意義的探索似乎告一段落，現在他所專注的就是研究東西方價值觀念的矛盾。有天他閒逛到東京都神田區神保町的舊書店街，結果某間書店櫥窗裡陳列的「新印度」吸引了他的目光。他於是走進店屋翻閱，他原先期待會讀到自己所熟悉的內容：印度是一個可以讓人獲得宗教智慧的寧靜樂園，一個值得讓佛祖選擇為家的地方。沒想到的是，書中所描寫的印度竟是一個受盡大英帝國殖民者壓迫、充滿苦難的地方。那本書的作者是在英屬印度擔任過幾十年外交官的亨利·卡騰（Henry Cotton）爵士。他當時覺察到一股蓄勢待發、就快到沸點的（印度）愛國主義，準備把印度轉化為印度人所控制的「新印度」。

卡騰很希望大英帝國能引導印度走向獨立而不是予以壓制，但他也擔心英國人那種優越的心理不可能允許那樣去做。卡騰在書中寫道，「印度的進步就像海浪一樣，不斷地衝擊著英國人的偏見防波堤」。大川周明很欣賞卡騰那種很誠心又直接的表達，但「新印度」的內容讓他覺得「驚訝、悲傷又憤怒」，驚訝於印度的真實處境，悲傷於英國統治者的壓制，對於印度的亞洲鄰邦——特別是日本——完全坐視不理，則感到無比憤怒。

大川周明當天就在書店裡讀完「新印度」，然後回到圖書館讀遍了所有有關當代印度的書籍。他後來寫道，「我在讀這些書的時候開始瞭解到，不僅僅是印度，而是亞洲大陸上所有的地方都遭白人肆意踐踏，所有的種族都被白人奴役」。

大川周明在描述這些的時候，感覺上他好像是突然得到領悟，但實際上這種改變應該是漸進的——一個人的個性不可能一夕之間轉變——不管怎麼說，自此以後他已經不再是象牙塔裡的學者，「我的內心無法再對世界事務漠不關心，我也無法再整天沈思而不行動」。種種思緒就像積聚暴風雨的烏雲在他心中成型：美好的日本歷史、東西方的文化衝突、亞洲前進的希望。他本來就具有行動和內省互相結合的不尋常哲學家——愛國者特性。現在，年已二十七歲的大川周明，終於發現了自己的生命目的。

他的父親因為從一位病患感染了斑疹傷寒，在大正三年也就是一九一四年五月三日去世。為了避免這個疾病進一步擴散，家屬立即在鳥海山對面的一個山頭將遺體火化。大川周明和母親在家裡靜坐守孝，三個星期沒出門也沒接待任何客人。大川周賢把剩下來的產業都留給了長子，而且遵守諾言讓大川周明追求自己的前程。大川周明深為感動，向父親承諾會像他一直以來支持自己一樣，支持弟弟們完成學業，他還寫了一篇把父親比擬為戰場上殉職戰士的紀念文。他認為父親在精神上就是一名武士——但並非西鄉隆盛或乃木希典那種類型——而是把個人美德置於一切之上的典型。從那時開始，大川周明也對自己做了同樣的期許。他後來寫道，「我要成為一個為復興亞洲而獻身的戰士」。

我是帶著我的翻譯——一位名叫千秋，脾氣溫和的前記者——前往酒田市去尋查大川家族的歷史，大川周明的大姪兒大川賢明是我們的嚮導。大川周明並無子嗣，所以大川賢明就成了我準備要寫的故事中的日本人原型。我們在我下榻的日本傳統旅館大廳晤面品嚐綠茶，寒暄之後，我拿出祖父對大川周明的精神評估報告給他，他只說了聲謝謝，並未對報告的結論發表任何意見。我當時決定暫時不要在這方面給他壓力，擔心一旦觸及這個主題，可能會不歡而散。

我必須承認自己確實期待在酒田市會找出一些有關此事的醜聞，特別是我已經閱讀了大量有關大川周明過去狂野日子的資料——酗酒、藝伎、好戰的傳言——與此同時，我所找到有關東京大審的文件，幾乎都一面倒地指稱他是一位戰犯嫌疑人。在這種情況下，我甚至幻想日本黑道山口組份子敲開我在酒田市居處的房門，警告我不要繼續打探有關大川周明究竟是否精神正常的事，同時當我的面切下他的小指頭。好吧，我承認這個場景不太可能發生，不過我還是感覺得到，跟大川周明親近的人不會歡迎一個西方人搭乘新幹線列車長驅直入，手中還揮舞著他的精神檢測報告。

不過事後來看，我真正應該擔心的反而是所遇到的人展現出的慷慨、大度。大川賢明是一個非常親切的居家男人，他想盡辦法幫我追索大川周明事件的謎團。他那天是請了假來見我，為了預防感染花粉熱，他來的時候戴著口罩。大川賢明年近五十，但看起來大概才三十五，長相跟大川周明的照片頗相似，唯一的差別是他蓄著長髮，戴著方框眼鏡，不像大川周明習慣戴圓框眼鏡。他告訴我近年以來，開始有很多日本作家來尋找有關大川周明的資料，他也覺得有責任提供正確的資料，我則是第一個外國人，「二戰結束六十年了，人們突然開始對他（大川周明）感到興趣，我們也因此必須常常接待訪客」。

第二天早上，大川周賢帶我去參訪安置在日枝神社入口處的大川周明紀念石。日枝神社以巨大的紅門而著名，據稱神社的提名出自西鄉隆盛之手。巨大的紀念石呈橢圓形，寬十呎、高五呎，是從位在附近的鳥取山運來，石面上鐫刻了古典中文詩句，讚揚大川周明為重建亞洲榮光而戰。詩句中描述他雖然身在牢獄中，但從未放棄宣揚理念，並把他稱為社會的一股清新氣息。那天，日本海也吹來一股清新微風，使得樹枝及青草都略略倒向紀念石，好像是也在贊同詩句中的說法。

之後我們回到大川賢明的家進午餐，大家圍坐在一張西式的餐桌吃壽司。他們因為知道美國人無法像日本人一樣長時間跪坐，所以特別做出這樣的安排。餐室隔壁房間裡擺了一座小型武士塑像，上方掛著一個鏡框，裡面裝的就是紀念石上那首詩的印本。紀念石及鐫刻在上面的詩，都是由一個名為大川周明顯彰會的全國性團體負責建立。當我問起「顯彰會」是什麼意思的時候，他們都笑起來了。如果翻譯成英文，最接近的可能是「粉絲俱樂部」（Fan Club），但我認為也有點追捧受崇拜者的意味。每年十月，他們都會到酒田市聚集，到紀念石前祝禱，然後一起去喝酒，互相交換各自所知的大川周明故事。

當天我們也見了一位名為加藤憲史郎的顯彰會成員。他生得個子矮小，也許是地球上唯一一位蓄著帽帶鬍的九十歲老人。加藤在一九三〇年代曾是大川周明的學生，當時大川周明開設了一間名為「大川塾」的學院，專門教導、宣揚亞細亞主義。加藤提到大川周明時仍然尊稱他為「先生」，他的名片上也印有「大川塾」的字樣，好像昨天才畢業。

加藤在午餐桌上說道，「大川先生告誡學生一定要誠實、仁厚」。他也說這些教訓原先是來自於西鄉隆盛，「誠實意味著對人、對己、對天，仁厚則意味著真誠、仁慈」。

大川賢明說他從未見過他那有名的伯父，但他的父親一直告訴他大川周明是個「了不起的人」。他自己的名字「賢明」就是來自於大川周賢和大川周明名字的末一字。大川賢明顯然對這個相當自得。

大川賢明那八歲大兒子在旁邊發出興奮的喧嘩玩電動遊戲，他一面輕拍兒子的頭一面說，「從小，我就經常看到顯彰會的人來我們的家。從前，大家只記得大川周明在東京大審時拍打東條英機光頭這件滑稽的事，但現在，人們開始對他有不同的看法了」。

我問大川賢明有關大川周明的事件是否在他的成長期造成任何影響。他說在小學五年級時，老師曾經在班上表示他的親戚（指大川周明）曾經促成日本對外侵略。（在旁一直未曾發言的大川賢明的母親此時插進來指出，她還記得那位老師的名字）。大川賢明說，「我回家之後跟父親說了這件事，他說，『我認為那個老師錯了』」。

我們接著談了一些跟東京大審無關的事，然後我又有了一個機會，於是開口問賢明他對大川周明裝瘋的看法。

大川賢明表示，「人們一直還在那麼說，但那是因為大川周明拍打東條英機腦袋的時機，我認為其實存屬巧合。他後來也通過科學檢測，包括你的祖父所做的檢測。所以，我不認為有什麼值得懷疑之處」。

佐藤也同意這個看法，「我們，包括酒田市的人，都相信大川周明願意參加東京大審，以便能對日本參戰之事做出解釋。我不認為他會是利用裝瘋來躲避審判的那種人」。

當天傍晚，大川賢明駕車帶我們到山丘上的家庭墓園。大川周明的骨灰有一部份是葬在那兒，就在他的父親大川周賢的墳墓旁邊。大川賢明放了一些鮮花在花瓶裡，然後點香，按照佛教習俗在墓碑上澆水。然後我們下山去另一個神社。這時天已經黑了，颳著風，相當冷。當我們脫下鞋子進入神社踩在地板上，就覺得更冷了。

大川賢明說掛在天花板上的神社名字，就是出自大川周明的手筆。我可以感覺到，大川周賢很在意讓我看到所有的這些東西，讓我看到大川周明的精神層面，看到那些盟國文件根本毫無興趣的一面。他們對於大川周明精神失常這件事的深信不疑，確實讓我有些訝異。對於賢明和佐藤來說，大川周明根本不需要裝瘋來躲過審判——你只有在做錯事時，才會想去躲避法庭，然而對他們來說，大川周明根本沒做錯事。我們在那個神社裡又多站了幾分鐘，寒風吹得門板瑟瑟作響。那個神社裡，也供奉著他們的祖先。

千秋盡了相當大的努力，確認佐藤昭一來的時候，大川賢明不會在場。很明顯的，這兩個人相處不來。佐藤是大川周明顯彰會的執行委員，而且實際上掌理顯彰會的酒田市辦公室。這兩個人住在同個城市，又都崇拜同一個故去的歷史人物，理當相處融洽才對。但顯然不是這樣，應該是他們之間發生了一些事。不過我是隔天才知道是怎麼回事。

佐藤顯然跟我原先預期會見到的顯彰會成員有些差異。這麼說吧，他似乎顯得有些精神失調，而且好像餓了很久。他進到我所住宿旅店的時候，身上穿著一條骯髒的褲子，頭上歪戴著一頂頗怪異的鴨舌帽，帽子上有「戰鬥機員」幾個大字，嘴裡有一排五顆大暴牙。他當年七十一歲，不像我所遇到的許多日本人，他的年紀跟外表頗為一致。當天下著雨，他沒有帶雨傘，就這樣全身濕答答地進來，弄得到處都是水。我看那個旅店老闆娘的臉色，要不是因為他是來見我，她一定不會准他進門。

佐藤說，「如果是二十五年前，你來酒田市拜訪大川家，警察會把你放在監視名單上。就算是現在，因為我是顯彰會成員，警察還是常常會找上我，但我並沒有任何帶危險性的思想」。

佐藤從他的擋風夾克中摸出幾本他最喜歡的、跟大川周明的關的書籍和文件，他雖然自己全身都濕了，這些書籍和文件卻是用塑膠膜包得好好的。

佐藤說，「我們所做的一切就是紀念大川周明，我們可不想搞政變」。

我邀請佐藤一起進餐，我們三個就走下大廳進入旅館的餐廳。餐廳的帶位員看到佐藤之後，臉上的表情跟她的老闆娘一個樣。她把我們的位子安排在餐廳後方。我們點好菜之後，佐藤說他過去跟大川家相處得還不錯，但現在就不行了。

他說，「賢明雖然資質一般，但還算是有普通常識，大川家的其他人就不行了，譬如他的爸爸跟祖父，我很知道他們」。佐藤停了一下又說，「賢明也許認為我很不正常」。

「他們是怎麼樣的人？」，我問道。

「賢明的父親就是你告訴他應該右轉，他卻偏偏要左轉的那種人，就像大川周明一樣」。然後他調整了一下頭上的「戰鬥機員」帽。現在，帽子戴得更歪了。

第二天上午，佐藤帶我們徒步漫遊了一下城區。他還是戴著那頂「戰鬥機員」帽，只不過現在是反著戴。酒田市過去相當繁榮，但現在似乎那種熱鬧已經不復存在。我們經過的一家店面掛著一個牌子，上面用英文寫著「抱歉，營業中」，就說明了一些酒田市的現況。

佐藤是在二戰結束後不久和母親搬遷到酒田市。他說他的父親是在日本投降前大約一個月，在一艘海軍艦艇上殉職。他對酒田市有相當的認識——事實上，他也是酒田市的歷史學家——但他似乎並不特別關心這個城市。當我問他為什麼會成為一個自己所不喜歡城市的歷史學家，他的回答是，「打發時間」。大概中午的時候，佐藤帶我們去到一個私人住所，那邊存放了一個曾經屬於大川周明所有的小阿彌陀佛塑像。他說那座小佛像是唯一一個在酒田市而大川賢明無法帶我們去看的東西。

一對長得很好看的男女帶我們進入一個鋪有榻榻米的房間，並在一個矮桌上為我們奉上茶（他們說我可以不用跪坐，然後眾人就開始討論美國人跪坐會出現的問題）。那個塑像裝在一個玻璃盒子裡，大概一呎高，立在一個平台上。當佐藤向那個佛像走去時，他脫下了帽子。

佐藤說大川周明當時寫了本暢銷書，但跟出版商說他不需要追加的版稅，出版商就送了那尊佛像給他。當佐藤說這件事的時候，我幾乎有點懷疑我從東京大審所獲得有關大川周明的資料是不是遭扭曲了，因為我從西方所得到有關這個「壞蛋」印象是，他不會眼睜睜地看著鈔票從眼前滑過。

我們坐在那邊欣賞那尊佛像，一邊聽佐藤興致勃勃地談有關那佛像的種種。他提及當初如何帶那尊佛像到東京國家博物館進行鑑定，如何時時刻刻小心看管，甚至上廁所都帶著，還有那尊佛像曾有一段時間是放在大川家，直到他去把它取回。

他說，「大川家族很想要這尊佛像，但是我認為真正應該擁有它的是顯彰會。這就是我們後來處不好的原因之一」。

在我們走回旅店的路上，佐藤說有時候到酒田市來對大川周明作研究的人並不會找他，只會去找大川賢明。我可以理解大川家族為什麼要那麼做，賢明很用心地維護他大伯的乾淨形象，但佐藤卻是一位相對粗糙的人。在一定程度上，佐藤似乎比較具有大川周明的雙重性格，但這恰是大川家族不太願意讓人覺察到的一面：舉例來說，佐藤一方面對那尊佛像很有崇敬之心，但另一方面卻又可以漫不經心地動手把它偷走。我們在酒田市街上行走時，他提到他經常接到年輕右翼人士提出進入顯彰會的申請，但他都拒絕了，因為他認為這些人並不真的瞭解大川周明的完整特質。

他說，「這些人只知道行動，腦袋不怎麼會思考」。

回到旅店之後，我問佐藤對有關大川周明在東京大審時是裝瘋的傳言有何看法。他說他從未懷疑大川周明是真的瘋了，那些懷疑他是裝瘋的人，主要是受到過去封建時代有些武士故意裝瘋，以便能脫離領主那種事件的影響而認為大川周明是模仿他們。那麼，為什麼很難做出是真是假的判別呢？佐藤表示，那是因為大川周明自己也常常改變說法、作法，也就是當別人以為他應該往右走的時候，他卻經常往左走。

「別人也常常問我這個問題」，佐藤說道，「我們那時在為立紀念石籌款，那些故事就跑出來了」。他暫停了一下等候千秋翻譯，或者也是因為他想思考一下吧，然後接著說，「一個宗教的天才或是一位作家，經常離精神失常也僅僅是一步之遙」。

第三章

蘭姆大道上的屋子

「收拾晚餐餐盤時，我聽到她以幾乎聽不見的聲音，低聲地哼著曲子。我問她是否在哼歌？她說每當心中煩憂的時候，她就會哼曲子給自己聽。這件事並非那麼清晰，但潛意識裡一直存在我心中」

——丹尼爾·賈菲在《精神分析季刊》裡描述某次探望母親的情景（一九八三）。

就我祖父對於曾祖母一生的認識，她一直就是神經兮兮。曾祖母名叫伊瑟·札克曼（Esther Zuckerman），一八八四年出生於明斯克的一個小鎮。今天，明斯克屬於白俄羅斯，然而在十九世紀晚期，它是俄羅斯帝國西部邊緣一個被稱為「灰白屯墾區」（pale of settlement）的狹長地帶，當地人口中有百分之九十似是猶太人，但都擠聚在僅佔百分之五的土地上。在「灰白屯墾區」裡的猶太人經常受到暴力對待甚至制度性屠殺。當時也住在明斯克的一位名為寶琳·溫格洛夫（Pauline Wengeroff）的女子就在她所著，有關猶太人在俄羅斯悲慘遭遇的書中寫道，「空氣中充滿了恐懼」。在那種狀態下，根本就不適合養育家庭，所以在伊瑟還是孩童的時候，札克曼家族就離開了冰冷又看不到前程的明斯克，前往溫暖的美國海岸。

他們在紐約市的布魯克林區待了相當短的時間，高祖母因難產而死在當地。那時有五、六個孩子要撫養——沒有人知道能否順利養大——伊瑟的父親別無選擇，只好再婚。他選了一位可怕又潑辣的女人，直到現在，家族都還稱她為「邪惡的繼母」。

這個「邪惡的繼母」在伊瑟還在讀小學時，就讓她輟學去做人造花賺錢。當時人造紙花是所謂的「茅屋工業」，相當盛行。太太們都喜歡它們比真花持久，哪裡還管這些人造花其實很多都是無薪童工做出來的。每天下午，辛勤工作的伊瑟只能羨慕地望向窗外那些放學回家的小朋友，自己疲累的小手則因為長時間接觸那些要讓紙花葉栩栩如生的化學藥劑而濕黏不堪。終其一生，她都為自己未受完教育而感到遺憾。直到已經邁入八十歲，她還去公立一〇〇小學的夜間班上課，下課回家後，吃力地用一小截鉛筆做作業。

高祖父過世後，曾祖母搬去跟被稱作「姑姑」的大姑一起住。「姑姑」是一位精明的生意女強人，但命運卻滿艱苦。她的幾個孩子都死於非命。一個是在家庭聚會時不慎摔到一堆大衣的底下，在無人發現的情況下窒息而死。一個是趕搭已經開始離開碼頭的渡輪，不慎失足落海而死。還有一個是住院時躺在病床上伸手去拿水喝，結果喝下的卻是一杯用來殺菌消毒的石碳酸。

伊瑟在剛過二十歲的那些年，一直在「姑姑」的糖果店裡工作，不知道聽了多少遍「姑姑」那段刻骨銘心的失戀故事（「姑姑」說她願意永遠等待他，所有人都認為「姑姑」發神經。結果他真的回頭來找「姑姑」時，信誓旦旦要等待他的「姑姑」卻已經結婚了）。伊瑟年輕時就經歷了許多人生的悲苦，不過對許多到店裡來的顧客而言，她看起來倒還算是正常。哈瑞．賈菲（Harry Jaffe）就是其中一位。

他們於一九〇六年八月二十五日在布魯克林結婚。兩人的匹配並不頂完美，伊瑟屬於正統猶太教派，哈瑞則無信仰但有超強個人信念，伊瑟很欣賞他的真誠。伊瑟臉蛋圓圓的頗為漂亮，一頭烏黑的齊耳捲髮，身材非常矮小，還不足五呎，老是穿著一襲棉布家常服。儘管她在生活上頗為困頓，心態上卻保持的相當愉悅，所有認識她的人都說她很甜美，她的眼睛很大但略帶灰色，總讓人感覺好像需要再多添加一點光線。

第二年，他們的第一個孩子出世了，一個名叫碧翠絲的女孩。不久之後，就在伊瑟逐漸感覺自己的狀況開始轉壞之際，伊瑟生了第二個孩子，一個取名為亞瑟的男孩。一九一〇年夏天早期，伊瑟和哈瑞在布魯克林區的布許維克地段找到了一個公寓，但由於公寓還沒有準備好，他們還是暫時住在「姑姑」的家。亞瑟在出生時就因受傷而曾暫時失去知覺，當時的狀況對伊瑟而言是個相當大的心理創傷，以致於伊瑟日後完全無法自行為孩子哺乳，而且常常感到自己「處於精神崩潰的邊緣」。「姑姑」和哈瑞帶她去看醫生，醫生跟她說一切都會好轉。伊瑟說，「我可不認為如此，但那時也無法跟他爭辯」。

這對年輕夫婦為了能讓伊瑟好好休息、恢復，於是就到洛克威海灘去做短暫休假。他們休假回來後，伊瑟似乎真的好轉了，哈瑞和「姑姑」都認為最壞的情況應該已經過去。

當年九月間的一個清晨，伊瑟在「姑姑」家的廚房加熱牛奶，她突然感覺那種顫抖的感覺又來了。一時之間，好像有一股力量湧進她的肌肉底層，她先把亞瑟一把抓起挾在腋下，然後鬆手把亞瑟從三樓的窗口丟了下去。「姑姑」在廚房對面看到這一情景，發出尖叫聲衝下到院子裡。一位鄰居聽到淒厲的叫聲，立刻掛電話呼叫救護車，但已經太晚了。第一五四分局警員川普菲勒（Trumpfeller）到達時，看到伊瑟一邊拉扯頭髮，一邊在廚房來回踱步。一位布許維克醫院的醫師在救護車上問了伊瑟一些問題，立刻宣布伊瑟是發瘋了。

當時的新聞都報導了這個事件，伊瑟也遭到起訴。伊瑟的律師在庭上要求法庭取消控罪並儘快將伊瑟送進國王公園精神療養院。他對負責起訴的地區檢察官說，面對這個案件，他自己的精神都「有些受不了了」。在法庭聽證前為伊瑟做檢查的另一名醫生說，伊瑟罹患的是帶有憂鬱症及幻想症病徵的精神失常。他在檢查報告中寫道，「她（伊瑟）的眼神呆滯，兩眼很有規律地一致左右移動」，而且心跳過速。除了說她相信有一股「力量」因為她所犯的罪而懲罰她之外，她對其他的提問很少做出反應，問她那究竟是什麼力量？她說那是「上帝」。她也說在法庭裡看到穿著紅色恤衫、已經死去的亞瑟，但亞瑟卻不認得她。

一九一〇年十月四日，法庭以精神失常為由，判定她被控二級謀殺罪名不成立。

隨著時間流逝，伊瑟一家漸漸走出事件所帶來的陰影，同時開始了新生活。哈瑞擔起教養碧翠斯的責任，伊瑟則在醫院中休養。做為丈夫，哈瑞的心中充滿悲苦，但他對伊瑟的情感絕對真誠。雖然很多人認為他簡直瘋了，但他還是堅持要等伊瑟再回家，結果伊瑟真的回來了。他們又開始重建家庭，一九一三年艾利出生，然後我的祖父丹尼爾在一九一四年出生。一九一九年，席薇亞出生。

沒有任何跡象顯示我祖父是何時或怎麼知道我曾祖母的情況，以及曾祖母的精神狀況所帶來的悲劇，但他就是知道。其實他們都知道，也許是從「姑姑」那裡聽來，因為只有她親眼見過所有的事件，而且也從不企圖粉飾。也許是從他們的出生證明，因為那顯示出「先前的孩子」比現在坐在餐桌上的要多出一位。不過這種事情從來沒有被拿來公開討論：我祖父從來不曾談過當年所發生的事件，如果他讀到我現在寫的這些，恐怕永遠也不會原諒我。他的母親確實瘋了，這個他們希望可以忘掉的事實，卻一直如影隨形的跟著家族。

在十六歲之前，我祖父常常處在四處搬遷的情況下。他出生於布魯克林區的貝德福德－斯泰弗森特地段，當地居民幾乎都是俄羅斯移民。幾年之後，哈瑞想要找份固定的工作，一家人於是再搬遷到紐澤西州的大西洋城。但在哈瑞收購了一個桌巾、床單供應生意的百分之五十股份後，他們很快地又搬回布魯克林，這次是搬到康尼島地區。在康尼島又先後搬家兩次，最後落腳在蘭姆大道。一九三〇年春天，他們已經在那裡住了三年，好像也準備就此安定下來。那時伊瑟做了子宮切除手術，以致於家庭已不可能再擴大（先前因為碧翠斯在一年前出嫁，成員已經萎縮了一些）。這時也是首次他們真正有了家的感覺。

康尼島是布魯克林南邊的一個狹長地帶，其形狀跟當地聞名遐邇的熱狗頗為相似。賈菲一家住在海門地區一棟兩層樓公寓的樓上。海門是康尼島西邊的一個半封閉的小社區，一邊被海灘圍繞，北邊是格里夫森灣，南邊是大西洋，另一邊是位在塞夫大道的入口。整個設計使得社區可以不受到整個夏天都會來海灘、著名的康尼島步道，以及魯拉．史提普尼切斯遊樂場遊玩的喧鬧群眾干擾。

我祖父那時在康尼島另一端的布萊頓海灘林肯高中就讀，放學之後也都會進行不同的活動。他常常和哥哥艾利在市郊沙地玩球，他們兄弟兩人相處融洽，但個性卻南轅北轍：艾利充滿運動細胞，個性合群。我祖父則性格內向但頭腦超群。艾利是他母親心目中的「天才男孩」，（他有次說他可以把一個兩磅重的糞袋丟到她的腳前，而曾祖母還會鼓掌叫好）。我祖父則從未得到母親如此鍾愛。對兩兄弟來說，這個差別待遇頗為明顯，不知是否跟曾祖母的第一次精神分裂有關，但也許是因為艾利是亞瑟死後來報到的第一個孩子。

除了玩耍之外，我祖父經常埋首於史提威爾大道上的圖書館。他特別對科學及自然的書籍有興趣，他在年輕時印象最深刻的書就是保羅．克魯伊夫（Paul de Kruif）所著的《微生物獵人》（Microbe Hunters）。這本書讀起來有些像偵探小說——內容包括了醫院群聚感染、炭疽病、瘧疾，書中提及的現代產科消毒法倡導者匈牙利產科醫師伊格納茲．席梅維斯（Ignaz Semmelweis）、細菌學始祖之一的德國醫師兼微生物學家羅伯．

柯許（Robert Koch）、研究瘧疾的侵入機制與治療方法的蘇格蘭醫師羅納德．羅斯（Ronald Ross），他們都是我祖父心目中的英雄。這也是因為克魯伊夫在描述相關醫學發現時，都會追溯這些發現者的個人歷史。我祖父後來也說，書中有關法國微生物學家路易斯．巴斯德（Louis Pasteur）的章節是他最喜歡的部份。克魯伊夫有關青年巴斯德因看到病狼咬傷一名農夫而發現恐水病的生動描述，在我祖父心中有不可磨滅的印象。

不管我祖父當天做了什麼事，他都必須在傍晚前趕回蘭姆大道的住家，因為晚餐是準六時開飯。那時的布魯克林區就像是把俄羅斯帝國的猶太區整個搬過來一樣，裁縫師亞伯拉罕．艾德史汀（Abraham Edelstein）、屠夫路易斯．凱茲（Lewis Katz）、藥劑師亞歷山德．史考尼克（Alexander Scolnik）、木匠莫理斯．芬克斯（Morris Finks）和他的七個兒子以及他那可憐的老婆葛希（Gussie）、猶太報紙編輯班傑明．米勒（Benjamin Miller）、住在隔壁的海曼及莫莉．席德曼（Hyman and Molly Seidman）夫妻。那個年代，大家都住在很普通的兩層樓房子，都是來自東歐、說猶太語的中年移民，也都盼望著更為光明燦爛的未來。

海門社區的居民有富人也有工人階級。賈菲一家對面就是一棟有十二間房附帶有磚砌車庫，坐落在兩萬平方呎土地上的三層樓房子。艾佛瑞德．史密斯（Alfred Smith）

州長的兒子也住在附近，有時史密斯也會來訪，就可以見到他在門廊上曬太陽，或是跟他的小孫兒戲耍，一旁還有記者圍繞。賈菲一家每個月要花八十五元的租金，才能住在這樣一個同鄉圍繞還有政治名人在附近的環境，。

賈菲一家雖然並不像艾佛瑞德·史密斯那樣富有。但哈瑞·賈菲擁有勝利毛巾供應公司半數股權並擔任總經理，所以還能為家庭提供相當不錯的生活。勝利毛巾公司的顧客大多是理髮廳，同時也為醫院供應病人的罩衫，為餐廳供應桌巾，以及為任何其他有這方面需求的顧客提供服務　賈菲的收入足以讓一家安然度過前一年十月股市大崩盤所引發的危機。

賈菲一家位於蘭姆大道的公寓有陽光房、起居間、餐室。雖然只有一間臥房，但空間很大，特別是碧翠斯出嫁之後，就顯得更大了。二樓的陽台有圍欄，進門處則是磚砌的門廊，房前有個花圃，哈瑞·賈菲經常很用心地在那邊種花蒔草。我祖父每天回家時就穿過這個花圃，結果有天回家時，他發現媽媽不見了。

當天上午，艾利和丹尼爾出門去上學之後，伊瑟的精神病又發作了。當時穿著外套的席薇亞正在廚房等著去上學，結果聽到伊瑟突然扯著喉嚨撕心裂肺地高聲唱歌。那段時間，伊瑟一直在家躺在床上做子宮切除手術後的休養，伊瑟的唱歌聲逐漸消退後，席薇亞聽到父親用低沈的聲音安慰母親，似乎要努力把伊瑟拉回現實，但顯然地，伊瑟已經完全忘情迷失在自己的歌聲中。不久之後，就來了一些人把她帶去精神病院，這是她以後所待過各處不同精神病院的第一間。

當時，我祖父並未像妹妹席薇亞親眼見到那場景，但他事後知道了，海門社區的人也都知道了，曾祖母發瘋的事就成了話柄。有一天，一位鄰居就直接問席薇亞，「妳的母親是否還在瘋人院？」。可能我的祖父和其他家人都碰過類似情況，所以賈菲一家很快地就又搬家了。搬離他們揮之不去的現實，走向難以捉摸的未來。

沒有人知道為何二十世紀初時，來到美國的移民比當地人更容易罹患精神分裂，也沒有人對這個現象進行爭論。一九〇三年時，移民僅佔總人口的百分之十三點五，但是在精神病患者中卻佔了百分之三十一。這個現象在紐約又特別嚴重。一九〇六年時，紐約州的移民佔了總人口的四分之一，但住院的精神病患中，高達一半都是移民。而在紐約州中，又以紐約市最為嚴重。

當時第一位對這種連結進行調查的是一位名為湯瑪斯．薩爾蒙（Thomas W. Salmon）的醫生。他是專門接待移民的艾利斯島心理部門主管，他當時花了一年的時間蒐集移民和精神疾病之間有所關連的資料。他在一九〇七年提出報告，指稱患有精神失常的移民都有「早發性失智」的病徵。這個病徵在今日就被稱做「精神分裂症」。

薩爾蒙也將他在這方面的發現應用在對美國新移民的判斷上。他相信許多這些移民——諸如俄羅斯人、東歐人、猶太人和義大利人——天生在精神、心智方面就較為低等，所以他們的精神病在抵達美國前就已經蓄勢待發，結果到了之後，就一如預期發作了。薩爾蒙在他的報告中特別提及猶太人，「他們特別容易發展出精神及神經方面的疾病」。

正因為當時把精神失常與種族聯繫在一起，導致全美國都出現了「優生」的呼聲。很多人都深信如果精神病都像薩爾蒙所說的來自遺傳，那麼，這些有精神病的移民的孩子，就將會「污染」美國社會。一九一二年時，紐約移民局局長就公開表示，帶有精神疾病的移民進入美國，「會留下精神脆弱的後代，同時會產生導致未來世代痛苦及失落的『毒株』」。當時就有些州通過了強制絕育法案，以免所擔心的一天真會來到。薩爾蒙自己也認為，在某些特殊的案例中，「為了一般人乃至於種族的整體利益，個人繁衍後代的權利必須受到制止」。

不過，也不是所有在精神病領域內的人都同意這個看法。這些人並不爭辯移民是精神病高發族群的事實，也不懷疑遺傳確實在精神病上扮演了一定的角色，但他們認為對於精神病的徹底討論，必須要包含生物學及社會學兩個層面，才算完整。他們指出，通常移民所過的生活都是一連串的個人掙扎以及在文化上的努力適應，這些，都會對人的精神狀態造成不正常的影響。但在新移民開始逐漸適應之後，特別是他們的下一代，精神病發作的比例會逐漸退回一般的正常值。對於環境、工作、生活各方面的熟悉度，會讓這些孩子更能夠承受其父母可能無法承受的壓力。

持這個觀點的領頭人物是紐約長島州立國王公園醫院的精神病理學家艾倫・羅山洛夫（Aaron Rosanoff）醫生。他雖然深信遺傳與精神病有所關連，但同時也認知環境扮演了重要角色。一九一五年時，他對薩爾蒙的觀點提出了一個頗為機智的反駁，指出遷移至美國西岸加州的紐約人，變成精神病人的比例要高過加州本地人。所以就如同許多人相信移民比美國本地人更容易得精神病，你也可以說紐約人比加州人更容易得精神病。或者，你也可以說一個人所處社會環境的較大改變，也會影響到他的精神健康。羅山洛夫由此得到一個結論，亦即大家所擔心的移民精神病患會威脅到美國人的精神健康，完全是一種不真實的想像。

也正是在羅山洛夫提出前述觀點之際，我祖父開始在情緒上、知識上對精神病的領域產生了興趣。精神科醫師卡爾・孟寧格（Carl Menninger）在一九三〇年初出版《人類的心靈》（The Human Mind）時，我祖父才剛剛十六歲。我祖父日後曾說《人類的心靈》是「我青年時代的重要啟發」。孟寧根在坎薩斯州的托披卡市開設了一個精神病診療所，他是真正對精神病患進行治療，而不是像當年很多精神病診療所的作法，只是把精神病患從社會隔離。

《人類的心靈》內容包括許多企圖扭轉優生學家過度簡化精神病的個案。孟寧根認為「生命中的意外」會扭曲一個人的個性，甚至可到超過其自然適應能力的程度。舉例來說，他覺得精神分裂症患者在真正發病之前，通常都在表面上相當正常，發病的過程可能很突然，也可能是一段緩慢的漸進過程，而一旦發病之後，除了有些能夠改善的個案，通常完全復原的機會很小。

讀者從那本書中可以獲得的教訓，就是能夠認知精神疾病和精神健康其實只有一線之隔。像我祖父這樣的讀者，也可以從閱讀此書瞭解到，這道分隔線並非不可逆。

曾祖母入院之後，祖父和其他家人就搬去布魯克林南邊的佛萊布許區。二十世紀初，布魯克林是住滿移民的工業區，不同文化所形成的小聚落夾雜著小造船廠、糖廠、工廠，這種種加在一起，就成了美國製造業的領頭中心之一。布魯克林已不再是布魯克林，大多數的美國人都把它視作是除了曼哈頓之外的紐約市四區之一（其他三區是皇后區、布朗克斯區及史泰登島區）。但布魯克林自有其獨立於其他各區之外的精神（就算沒別的，至少還有個道奇棒球隊），隨時可以提醒住民來自何方，乃至於將往何處去。

一九三一年秋天，我祖父高中畢業之後註冊進入布魯克林學院，因此一直還住在家裡。曾祖父當時已有兩個孩子進入大學（艾利也在魯克林學院就讀），另有一個還在小學，太太的昂貴醫藥費，自己還有生意要照顧，他也確實需要家中有一個幫手。每週有六天，他要駕車去位在威廉斯堡的勝利毛巾供應公司努力工作。每到週日，他會在家裡準備食物，然後帶到醫院裡去探望伊瑟，伊瑟老是抱怨醫院裡的食物太差，曾祖父從來沒有動過離開伊瑟，另外再找一個伴的念頭。

哈瑞．賈菲當時是位年輕的父親。他每天把烏黑發亮的短髮，從前額頭往後服服貼貼地梳整，眼鏡稍微有些前傾架在鼻梁上，鏡片後是一雙深邃的藍眼。他的個子很矮，不到五呎七吋，一次大戰時的徵兵卡上把他描述為「壯碩」（他在徵兵登記時為四十二歲，但從未曾入伍）。他一直很講究穿著，每到五月，大家都知道他一定會換下冬季的衣服跟毛呢帽，改穿淺色輕便的夏季西服以及硬頂草帽。

他能說包括猶太語在內的五種語言。就算是在自己的孩子心目中，他也是一位正直得近乎傳奇的人物。他從來不提移民到美國之前的事——甚至不告訴孩子他的生日是一八七六年四月二十六日——孩子們則是東一點、西一點零零碎碎地拼湊出有關他的故事，知道他出生於一個名為帕尼維吉（Panevezys）的立陶宛小鎮，父親是一位不苟言笑、神經緊繃的猶太學者。知道他很希望成為一位醫生，但家中只允許他閱讀托拉[1]（Torah）和塔慕德[2]（Talmud）。他們也知道他認為一個非知性的生活不值得活下去，也知道他很年輕時就逃離帕尼維吉（家族傳說是十六歲，公民歸化資料上登記的是二十二歲），前往紐約。他顯然在還住在帕尼維吉的時候就培養出一種生活道德觀念。有一度，他和一位名為查理·馬斯洛（Charlie Maslow）的親戚合作生意，但在查覺對方似乎有腐敗傾向時斷絕了合作。十幾年之後，聯邦政府以馬斯洛和其他五位合夥人意圖壟斷價值五千萬的洗衣業而予以起訴，聯邦政府最後雖然對馬斯洛僅處以輕微罰款，但這件事也突顯出我曾祖父傳奇性的道德直覺。我祖父每次重述這個故事，結尾的時候都帶著九分驕傲、一分後悔地說，「我們本來可以很有錢的」。哈瑞·賈菲無論在做生意或是對待婚姻生活的高尚情操，都讓他的子女留下不可磨滅的深刻印象。我祖父有次就說他是「我所見過最好的人」。

我祖父進入大學之前，就因對曾祖父徹底崇拜而決定要仿效他。只要是曾祖父感到興趣的，他也都有意識地去追尋：例如貝多芬的古典樂、古巴籍的西洋棋世界冠軍侯賽・卡帕布蘭卡（Jose Capablanca）。他也遵循童子軍的自我紀律要求，一直是美國童軍最高級別鷹級童軍的一員，多年之後還對當年的童軍訓練朗朗上口。他也發展出一種極端保守的性格，而且決定要「完成我父親的野心」，也就是說他決心要成為一個醫生，因為這是曾祖父想做而沒做到的事。如果我祖父必須承擔他父親壯志未成的悲哀，當然也同時要承擔他的偉大夢想。

至於我的曾祖母，我只找到一個祖父提起她的具體案例。那是我祖父在一九八六年一本精神分析季刊所發表文章的結尾。那篇文章是我祖父記述他在戰後接受精神分析師訓練時所做的一個夢。當時的精神分析師在訓練結束之前，都要對自己作一番分析，這個過程就叫做「訓練分析」。我祖父在結束訓練之前，遭逢了一些情緒突破方面的困擾，他一直不肯說是什麼樣的困擾——就算是這篇他主動撰寫、僅牽涉到私人的文章中，他也沒提——但顯然那個困擾是存在的。

在那個夢境中，他因為「心臟瓣膜毛病導致癱瘓、虛弱」而動開心手術，他當時

1 譯註：摩西五經。

2 譯註：猶太宗教法及神學書籍。

是很清醒地看著醫生動手術，並且描述醫師的技術「很高超」。祖父也在夢中對醫生進行評估，儘管他認為醫生技術高超，但真正的表現卻很狼狽，因為那位醫生並無法解決祖父的心臟問題，甚至不知道哪裡出了問題。

所以我祖父就在夢中自己伸手到胸腔裡解開心臟腱索（我祖父夢中的「字幕」是醫學上使用的拉丁文）。腱索是長條形拉住心臟瓣膜和肌肉的筋腱，有的時候也被稱做「心弦」。我祖父當時伸手把腱索一把拉出，結果立刻感覺到「奇蹟似地復原，全身充滿了活力」。

祖父在那篇文章的結尾又敘述了兩個軼事。第一個有關於他的一位病人——一個「著魔失神頗為嚴重的病患」。我祖父一直無法有效診治這位病人，直到有一天早晨起床時，口中不自覺地哼著著名美國女歌星茱蒂．葛蘭（Judy Garland）那首名曲〈咻，我的心弦飛出去了〉（Zing! Went the Strings of My Heart.），不過也許他哼的是男歌星法蘭克．辛納屈的版本，總之，那首歌的旋律讓我祖父想起他曾經在夢中抓出自己的心弦而解決了問題，就是因為得到這樣的靈感，他也立刻幫助那位病人好轉，祖父並未細述他是怎麼做到的，他就是做到了。

另外一件事有關於曾祖母。祖父在曾祖母晚年時去探訪他，走進廚房時聽到曾祖母在輕哼一首曲子。祖父在文章中寫道，「我問她在哼些什麼，她說每次當她遇到煩惱時，她就會哼一些曲子給自己聽。我從來不曾真正瞭解過她說那些話的意思，即使是潛意識裡也沒有過」。祖父在書中透露的也只有這麼多。

我曾經多次想把這些故事彼此連結起來，但都沒有成功。也許因為我不是醫生，也許因為那根本就只是茱蒂．葛蘭的一首歌。我曾經要我祖父的一位精神分析門徒解釋給我聽，他說那篇文章的重要性在於我祖父作為一位傳統的分析師，又在很保守的季刊中發表，他認為文章似乎在推介一種先進的治療方法——也就是通過本身的體驗來瞭解病人的問題。我當時假裝聽懂了，也跟他道謝了。但其實我從那篇文章中得到的唯一體認就是，我祖父曾經一度在一個有關他母親的夢中，治好了自己的心病。

我祖父從來不曾很明確地說過，他是因為想找出母親究竟出了什麼問題而變成一位精神病醫師。事實上，他還滿努力地讓人不要產生這種聯想。他的回憶錄中有個章節是〈我是怎麼變成一位醫生〉，其中就提到曾祖父所未完成的醫生願望，他也提到《微生物獵人》、《人類的心靈》，大約也就是這麼多了。他完全沒有提到曾祖母。我們家族的人也都接受那就是真正的理由，他雖然從都不說，但事實確實存在那邊。有的時候我不禁想像自己就是那個夢境中的外科手術醫生：面對著他生命中的那個大窟窿而一籌莫展。

有一次，我也掛電話大伯問他的看法，他跟我說了伊瑟當年到華府跟大家住在一起的往事。那應該是一九五〇年代晚期或一九六〇年代初期的事，當時大伯——我祖父最大的兒子——還年輕，伊瑟的精神失常又發作，家人只好把她送去喬治華盛頓大學附屬醫院，大伯說當時伊瑟穿著浴袍出現在大家眼前，頭髮凌亂，一雙大眼透著狂野，一向開朗快活的伊瑟，那時卻顯得異常沈靜。祖父在那種情況下試圖以幽默來緩解，「老媽啊，妳不是常常說人應該振作起來嗎？妳怎麼不趕快振作起來呢？」，但他也馬上就發現，他們必須送她去醫院。他太熟悉那個表情了。

大伯說，「我記得那時到醫院去看她，真的讓我印象深刻，對你祖父來說，那真是連心都碎了，你可以看得出來，自己的媽媽病得如此嚴重，他是多麼的痛苦」。

我祖父花了三年的時間完成大學學業，然後在一九三四年秋天進入醫學院。在此之前，他從未離開過家——就算是從布魯克林學院轉往位在曼哈頓的紐約大學就讀，他還是住在家裡。現在他選擇了喬治華盛頓大學醫學院，只好往南遷移。其實想到曾祖父當年夏天不時和祖父坐著談話，欣喜於自己當年無法實現的理想，終於可以由兒子去完成，感覺也滿好的。他們兩人的個性都很沉靜，都不是容易情緒衝動的人，也只有在前述的情況下，可以看到他們的情緒波動。

一九三五年一月，祖父還在醫學院就讀，伊瑟因為被診斷出罹患「緊張性失憶」而從國王公園州立醫院（Kings Park State Hospital）被轉往一個名為魯登尼可博克（Louden-Knickerbocker）的私人精神病院（以下稱魯登精神病院）。待在魯登精神病院的時候，她的妄想病徵變得更為強烈。根據醫院的紀錄，她在登記入院時就顯得「躁動不安」，臉上的表情「十分憂慮，有時也顯得相當困惑」。她經常會擋下醫院裡的工作人員，然後吵著要回家。有時，她會無來由的尖叫、哭泣，也許是因為想回家的要求無法得到回應吧。她也常常在醫院的出口處焦慮地來回踱步，她知道那一天是星期幾，但是卻搞不清楚究竟是哪一年，就好像她的生命中有一部份還在繼續前進，但另一部份卻已經靜止不動。

魯登精神病院就在紐約長島南邊著名鬼屋所在的阿米提維爾鎮（Amityville）外不遠處，位於佛萊特布許東邊約三十英哩，入口處在一條樹林密佈的街道邊，相當隱密，院內有一大片青綠的草坪。創辦人強恩・魯登（John Louden）曾經出任紐約州精神療養院的督察，所以他在十九世紀晚期設立魯登精神病院時，所抱的宗旨是要設立一個充滿溫情的場所，而非他所慣見的那種用緊身衣束縛病患，用藥物壓制甚至折磨病患的傳統精神病院。

魯登精神病院的主治醫師是詹姆斯．瓦維索爾（James Vavasour），他也常常為威斯切斯特郡的地區檢察官充任精神行為方面的專家證人。（一九三五年初，他就在紐約州最高法院出庭作證，指稱有「布魯克林吸血鬼」之稱、惡名昭彰的連續殺童嫌犯艾伯特．費雪〔Albert Fish〕是「法定的精神失常」）。

我的曾祖父曾經好幾次把妻子（伊瑟）帶回家，但每次總是會發生些麻煩事。他雇用了一位身高馬大孔武有力的蘇格蘭護理人員幫忙，伊瑟雖然身材矮小，可是在那種時候卻展現出驚人的力量，幾乎變成了另一個人。伊瑟最希望的就是回到蘭姆大道的家，有天她突然從佛萊布許的家中衝出去到大街上，那位護理幾乎是用盡吃奶的力量，才有辦法把她拉回來。

一九三五年夏天，曾祖父最後一次企圖把曾祖母帶回家中長住。我祖父當時正值學校假期，那時全家住在布魯克林東十七街，十分靠近京斯高速路。那次伊瑟在家裡住了六個星期，到了當年八月份，還是不得不再把她送回魯登精神病院。根據醫院記錄，她再度登記入院後，單獨在一旁飲泣達數小時之久，曾祖父孤獨一人回到家，沒人知道他在心裡想些什麼。

整個過程裡，曾祖父一直都是獨自承擔所有的情緒重擔，他很少跟孩子說媽媽的事。偶而，他會去和伊瑟的親戚消磨幾個小時，也只有在那種時候，他們才知道伊瑟還在他的心中。他也為他們提供相當不錯的生活（一份一九三五年的財務報表顯示勝利毛巾供應公司的資產超過了美金四萬三千元，相當於現在的七十萬美元）。他一直是那麼的孤單——當年離開立陶宛，也等於永遠離開了親人。現在，每星期只有一天能見到自己的太太——但他希望孩子能有更光明的未來。

他從來不帶孩子去公司，擔心他們也會愛上那種工作。他真心希望自己的孩子能像孟寧根兄弟一樣成為醫生，不過以艾利那種叛逆的性格來說，曾祖父根本不可能達成願望。曾祖父每天在公司裡辛勤工作，辛苦地推著滿載髒毛巾的車子進進出出，只有在不時停下來休息抹掉額頭上的汗珠時，他可能會想起祖父所選擇的從醫之途而露出安慰的微笑。

一九三五年大約在耶誕節前後，一輛推車不小心滑溜，曾祖父在後急急追趕時不慎滑倒，當時以為沒什麼大礙，但不久之後曾祖父就發了黃疸，家人才開始擔心可能有更嚴重的情況。醫生也搞不清楚曾祖父究竟是患了什麼病，他這一生從未生過病，但現在全身蠟黃躺在床上無法起身。從外表來看，曾祖父似乎也並沒有承受特別的病痛，躺在床上時還在讀雨果的《悲慘世界》。

一個月之後，家人帶他去貝斯摩西醫院（Beth Moses Hospital）做探測性的手術，結果在胰腺發現腫瘤，而且已經開始擴散到別的器官，無法阻擋了。家人掛電話給在醫學院就讀的祖父，要他趕回家見曾祖父最後一面。祖父搭上一架螺旋槳飛機，那也是他第一次搭乘飛機。祖父在一九三六年一月二十六日趕到，那時曾祖父已經陷入昏迷，當天就過世了。

哈瑞·賈菲過世之後的那個月，大家都忙著接踵而來的法律問題。布魯克林遺囑檢驗法院必須就年幼的席薇亞監護權歸屬做出決定，因為她現在已經無父無母。哈瑞在勝利毛巾供應公司的股權必須出售，遺留下來的資產也必須進行分配。也許是因果循環，曾祖父當年那位在生意上亂來的表兄弟查理·馬斯洛這次倒幫了大忙，經過他的談判，曾祖父所擁有的股權以高於勝利毛巾供應公司市值兩倍的價錢賣出，所以幾個孩子都分到了可觀的份額：以現今的價值來算，大概每人分到十幾萬美元。

不過孩子們還是得面對很高的花費——以我祖父來說，還未完成的醫學院學費——以及必須成立一個基金，來應付現在已成為寡婦、他們的母親繼續住在精神病院內的費用。

伊瑟當時被送回魯登精神病院後，就一直對她的先生有深深的怨怒。她一直認為是他導致她的不幸，使得她無法回到蘭姆大道的住處。瓦維索爾醫生後來把伊瑟的這種心理狀態稱為「偏執妄想症」。那段時間，伊瑟已到了聽見丈夫的名字就會「十分激動」甚至拒絕醫藥治療的程度。瓦維索爾也在法庭上提出意見，建議為了伊瑟的健康，不要讓她參與丈夫死後任何跟法律有關的事務。

不過有一件事還非伊瑟不可：她必須自行宣佈放棄有關家族產業的執行權利。一九三六年二月，那份文件被送到魯登精神病院，伊瑟用顫抖的手在文件上簽署，她也在那時才知道丈夫已死——假定先前她對丈夫已經有段時間沒帶食物來看她而曾經起疑的話。伊瑟簽署了那份文件後，孩子就負起了照管家族產業的責任，當年才二十二歲的祖父隨後也回去醫學院繼續學業，他母親的病像鬼魅一樣，從他出生後就一直如影隨形跟著他，現在，一下子蹦到眼前了。

第四章

上天賦與的使命

「我們的劍必須是雙刃，一邊必須無情地砍向籠罩在亞洲的不公正、不公義，另一邊則必須更加無情地砍向潛伏在日本之中的惡魔。因此，為亞洲復興而戰的勇士也必須同時是為日本改革而戰的勇士」。

——大川周明，《復興亞洲的若干問題》，一九二二年出版。

大川周明的父親過世之後，他幾乎是立刻就開始實現對自己的許諾，走向成為「亞洲勇士」之路。

一九一四年八月，日本參與第一次世界大戰而站在英國的一方，大川周明就以日本背叛了亞洲兄弟為由，公開反對日本與英國結盟。對於他來說，日本軍隊在中國及太平洋的德國佔領區中獲勝，不是什麼值得慶賀的事。相反地，他認為日本跟英國並肩作戰，等同於認同對方在印度所實施的嚴厲殖民統治，等同於日本支持一個企圖征服黃種人的白色種族。大川周明用「黃種人」這個詞來稱呼所有亞洲人，儘管有些亞洲人的膚色並非黃色。大川周明著文呼籲日本放棄與西方國家的結盟，同時與東方國家締結新的盟約，他把這個概念稱做「泛亞主義」。大川周明的這個呼籲，引起了一批住在日本的印度革命份子注意，其中一位名為賀蘭巴・拉爾・古樸塔（Heramba Lal Gupta）。他是從事印度解放運的嘎達黨成員。

一九一五年秋天的一個晴朗天氣午後，古樸塔在東京大學圖書館外攔下一有空閒就埋首館內的大川周明，他們兩人幾乎是立刻就很投契，談起亞洲事務一發不可收拾，直到當天夜晚都無法停止。古樸塔很快地就把大川周明介紹給其他志同道合者，其中一位是曾經謀刺英國印度總督不成而躲在日本的拉許・比哈瑞・博斯（Rash Behari Bose）。這三個人當然也立刻成為好友。

同年十一月，三人在東京的一家旅館舉辦了一個日本人及印度人慶祝大正天皇加冕的聯合聚會，這個聚會很快就升高為泛亞主義者的誓師大會，與會者接力發表反英演說，現場日本和印度旗幟飛揚，獨不見英國國旗。在一個節點上，一位日本國會成員甚至在場公開呼籲日本支持印度獨立。

參加聚會的兩百人當中有一人是警察，所以現場的狀況很快就傳入英國駐日大使耳中，他接著要求日方立刻逮捕古樸塔和博斯兩人遞解到英國屬地，這個要求其實已等同判處兩人死刑，所以這兩位印度人就展開了逃亡。

接下來的六週，東京都的警察認為前述兩人有可能聯絡大川周明，於是對他進行了嚴密監視。只不過這個作法事後證明似乎有點愚蠢：大川周明的住家在東京都的原宿區，正對面就是警察局。

幾個月之後，時間已由一九一五年進入一九一六年，風聲也已漸漸鬆弛。當年二月間一個陰冷的下午，一位不速之客敲響了大川周明家的大門，來人一身日本鄉下農夫進城販售農產品的打扮，手上提著一籃水果，身穿短裝和服，褐色軟帽帽沿壓得很低。大川周明定睛一看，來者不是別人，正是古樸塔。

大川周明趕緊把古樸塔帶進室內。古樸塔饑寒交迫，大川周明立刻叫了外賣送到家裡，兩人就在客廳吃起親子丼（滑蛋雞肉飯，是日本的一種米食類料理），同時開始討論接下來該怎麼辦。此時大川周明已把泛亞主義視為天賦使命——一個像他這樣的戰士為了全人類必須接下的使命。

事實上，大川周明不久前才在一篇文章中寫道，「我們喊出『亞洲人的亞洲』口號，就是因為如果亞洲還處於西方人的控制之下，就不會有真正的亞洲」。不管怎麼說，也許出於他自身的正義感，他認為接受前述的使命就意味著他現在應該庇護古樸塔。另外，他也認為把古樸塔藏在家裡固然有點瘋狂，但卻完全可行：警方大概永遠也料想不到，古樸塔就藏在對面的屋子裡。多年以後，大川周明曾經表示他當時的感覺就是：「最危險的地方也就是最安全的地方」。

接下來的幾個月，古樸塔和大川周明就印度所經歷的艱辛，以及亞洲的處境作了密集的意見交換。古樸塔對印度殖民生活的生動描述，是大川周明無法從閱讀書籍中獲得的第一手資料，也只有像古樸塔這樣的真正反叛者，才能準確並且鉅細靡遺地描述出印度民族主義者所做的一切努力。偶而，他們也會暫停討論練習一下摔角，以便讓不方便出門的古樸塔能做些運動。

當年春天即將結束之際，日本和英國發生了外交爭執而放鬆了遞解法令的執行，古樸塔就趁著這個空檔搭船去了美國，大川周明則繼續和留在日本的博斯進行各種討論。博斯之所以會留在日本，主要的原因是要跟庇護者的女兒結婚。當年秋季，大川周明出版了他的第一本著作「印度的民族主義者運動」，這本書立刻在日本及印度都成為禁書。

儘管這本書被禁——也許正因為它被禁——「印度的民族主義者運動」反而吸引了一大批追隨者，大川周明藉由這本書對印度的獨立運動作了里程碑式的研究報告，是一個結合了清新報導及具有學術份量的愛國哲學家巨著。這本書喚醒了讀者對於大亞洲所遭遇事情的關注，也讓讀者認清了在大川周明眼中的英國偽善（大川周明在書中寫道，大英帝國高舉民主旗幟對德開戰，但卻同時極力壓制印度的自由）。大川周明鼓勵日本丟棄對西方的效忠，泛亞主義者應該為了亞洲的團結而接受「（日本）帝國在這個世界上的偉大任務」。

一九一六年即將結束之際，許多在日本的印度異議份子紛紛來找大川周明，希望能加入他所發起並日益壯大的運動。大川周明完全沒想到，其中一人竟然是奉大英帝國情報單位之命前來臥底，任務則是找出這個泛亞運動究竟所為何來。從另個角度來說，大川周明也許還會因為自己被大英帝國情報單位盯上而沾沾自喜呢。

不久之後，這位P情報員就像英國情報單位做出回報，指出大川周明就是日本泛亞主義者的領導人物。一九一六年晚期，P情報員已經成功滲透入大川周明的私人生活領域，他們有時還會一起進晚餐，參加各種活動，在大川周明蒐藏豐富的書房中翻閱有關印度民族主義的書籍。有時候，P情報員還慷慨解囊，資助泛亞運動所舉辦的各項活動，以便能待在領導的小圈子裡。他就在這個有利的位置上，目睹大川周明在一九一七年成立了亞細亞協會，在青山設立總部並招募會員，接受各界捐款，發行出版品，組織舉辦各種活動，並根據協會的宗旨，努力工作以便「讓團結亞洲的夢想成真」。

因此，當年才剛剛三十歲的大川周明，已儼然成為這個運動的領導核心，整個運作都以他唯命是從，他自己也把泛亞運動當作是生命的全部。

大川周明此時已解除了先前的婚約，情願浪跡於東京的茶室以及藝伎的懷抱之中。他位在原宿的住家，距離青山的亞細亞協會總部也只是步行之遙。那個時候的大川周明是這樣的：身材比大多數的人都要高，外表不太像日本人，有時穿和服，有時穿裁剪合身的西服，不時用手去推架在鼻梁上的招牌圓框眼鏡，習慣性地吸煙。這樣的他就是整個運動的主角。

當時在日本的泛亞運動是個相對鬆散的組合，充滿了日本本土人士及外國同情者的多樣色彩，其中一位主要人物是印度籍的塔拉拉斯・達司（Taraknath Das），他當時背負著美國舊金山所發出的逮捕令，美國和英國當局都在追捕他。達司曾經寫過兩本內容十分煽動、鼓吹亞洲團結的書，大川周明將這兩本書翻譯成日文，然後在暗中廣為發佈（這兩本書雖然都遭到被禁的命運，但其中一本竟然出現在日本海軍部的圖書館）。

另外一位舉有影響力的人物是法國人保羅・里查德（Paul Richard），他曾經寫了對泛亞主義的頌詞，大川周明也將之翻譯成日文，同時通過亞細亞協會向外發送。里查德在頌詞中把日本稱為「亞洲的解放者」，大川周明因此認為里查德比日本人還瞭解他們自己。

泛亞運動也獲得了頭山滿的支持。頭山滿是日本在二十世紀初右翼政治領袖、軍商，極端國家主義祕密團體黑龍會創辦人，也是當時日本反建制的領導人物。頭山滿出身武士世家，還曾經與西鄉隆盛並肩作戰，領導以日本民族主義者為主體，在政治上有極大幕後影響力的玄洋社（黑洋社）。一九一五年時，頭山滿也為古樸塔及博斯安排安全庇護，大川周明在東京的總部，也是頭山滿協助設置。他的信徒內田良平則是姊妹組織黑龍會的領導人[1]。內田良平通過黑龍會的刊物《亞細亞時論》鼓吹泛亞主義理念，也在其他許多方面給予運動許多協助。

亞細亞協會經常在東京各處舉辦活動，譬如說日比谷公園的松本樓飯店，上野的精養軒飯店都是會員經常聚會的場所，與會者包括了知名的出版社編輯、有聲望的大學教授甚至於日本國會現任議員。曾經擔任過兩屆內閣總理大臣，在一九一五年著文鼓吹日本擔負起統合東西方文化「偉大任務」的大隈重信，也偶而會出席集會發表演說。日本陸軍參謀本部的官員很支持前述各種活動，有時更會親自參加表達支持。這一切，當然都以大川周明為中心，也都看在情報員P的眼裡。

一九一八年九月，英國情報機構發出一個主要出自於情報員P所蒐集的詳盡檔案、名為「泛亞運動」的備忘錄。這份由情報官員大衛・佩特萊（David Petrie）所編的備忘錄，反映出當時西方國家對正在崛起的日本所感受到的懼怕，也提供了一個獨特的視角。佩特萊以及同時期的其他一些人相信泛亞運動將會危及當時日本和西方國家的友好關係，他們相信就短期而言，日本將會支持印度獨立。而就長期來說，佩特萊寫道，泛亞主義的「真正危險性」乃在於將西方影響力驅趕出遠東，並由日本取而代之，而如果日本能在泛亞主義的大旗下團結起東方國家，日本將會「累積起無止境的財富及權力」。

佩特萊也把泛亞主義與一次大戰前在德國發生的社會運動互為比擬，指出日本和當時的德國一樣，都自我感覺在世界上的重要性日益升高。同樣的，日本人跟德國人一樣，也都相信自己有一種「現實的使命」。佩特萊在前述檔案的結尾中寫道，他很疑惑這兩個國家的「下場」是否也會一樣。對於西方人而言，這個問題似乎有點荒誕不經，特別是協約國當時已即將戰勝（日本屬協約國，德國則屬敵對的同盟國陣營）。但真正的

1 譯註：內田良平號硬石，日本福岡縣福岡市人。一九〇一年組織黑龍會。一九〇五年七月孫文抵達東京，就是在內田良平的牽線下籌備成立中國同盟會。

關鍵在於，是否日本人也認為這個問題荒誕不經。

佩特萊本人似乎不這麼確定，他所獲得的情報顯示，日本當時已經準備把勢力伸入中亞。至於情報員P，他曾經發現了一個日本陸軍參謀本部所擁有的巨幅地圖，總共分為十二張，總面積達一百〇八平方英呎。這份地圖描繪出從西藏經過阿富汗直達印度的路徑。這份地圖是情報員P有一天在大川周明家發現的。

其實在大川周明成為領導人時，泛亞運動的理念已經有了些變化。最初的理念只是認為東方國家如果能組成某種形式的集團，將會對西方國家的進逼做比較有效的對抗。但在整個十九世紀，西方國家卻不斷在東方為所欲為，譬如在中國贏得鴉片戰爭，在太平洋區域內兼併領土，強逼日本打破自我孤立對外開放，對區域內的自然資源巧取豪奪，不一而足。早期的泛亞社團強調的是「提升亞洲」，也就是亞洲國家根據共享的文化、種族基礎而進行合作，他們所懷抱的希望是，如果東方人都團結在一起，在面對西方人的鯨吞蠶食時，就不致於過度不堪一擊。

然而日本在一八九五年的甲午戰爭戰勝中國之後，東西方的緊張情勢就開始上升。由於對一個東方強權（日本）興起而揣揣不安，俄羅斯、德國、法國聯手迫使日本歸還在馬關條約中獲得割讓的中國遼東半島，這就是日本人提起就忿忿不平的「三國干涉」。當時的德意志（德國）國王威廉二世還請畫匠畫了一幅畫，畫的是擬人化的西方國家站在一起，注視著坐在雲端迎面而來的一尊佛像。當時，西方人逐漸感受到亞洲國家的威脅，並將之稱為「黃禍」。

日本的外交官則盡其全力打消西方國家在這方面的顧慮。一九〇四年時，栗野慎一郎就在德國首都柏林的一場演說上指出，所謂的亞洲起義根本就是「無稽的幻想」。但日本緊接著就在一九〇五年的日俄戰爭中獲勝，使得這個「幻想」似乎已經開始成真（這場戰爭的爭執點就是遼東半島。當時在三國干涉之下，日本讓出已到口中的遼東半島，但旋即被俄羅斯進佔）。日俄戰爭的令人震驚結果，標誌著一個驚天動地的改變：自有記憶以來，首度有一個東方國家在戰爭中擊敗西方國家。

泛亞主義也在這個時候產生了轉變，日本很自然地肩負起領導的重任，一些日本人更因此認為自己的國家就是區域的保護者，許多其他的亞洲人也都在日俄戰爭之後持這種看法。日本的領袖也適時地提出應該比照美國針對北美洲及南美洲所提出的「門羅主義」[2]（Monroe Doctrine），同時鼓吹「亞洲版門羅主義」，主張絕不容忍對東方

2 譯註：門羅主義發表於一八二三年，是一項關於美洲大陸控制權的美國外交政策，主張歐洲國家如果進一步對北美和南美的土地進行殖民，對其政權進行干預，都將視為侵略行為，都將需要美國介入。

國家的外來侵略。

一九一〇年，日本以建立「永遠和平的遠東」為藉口併吞了朝鮮。日本的這個舉動，讓人開始看不清日本口中所謂的區域夥伴，究竟和它實際行為所表現出的區域優越，差別在哪裡。

日本現在對世界傳達出一種混亂的訊息。一方面，它仍然和美國及英國保持友好關係，而且很明確地以西方為範本來擁抱現代化的種種。另一方面，它又把自己視作為團結亞洲反對西方進逼的領袖。對於西方人而言，他們注意到的是埋藏在泛亞主義下，具有侵略性的暗流。一九一三年，倫敦泰晤士報編輯就寫道，日本「必須下定決心，是要超然於其他亞洲種族，還是要把自己當作是宣揚泛亞理念的領頭者」。

隨著第一次世界大戰的進行，愈來愈多的日本人開始傾向於認為日本應該靠向亞洲而非西方。他們認為西方文明正在衰退，而東方正在進行一場民族主義運動以及文化復興。日本則在這段時間展現出一種世界強權的姿態，戰時的生產力極大地擴張了日本的國家財富，迅速決定對抗德國提升了日本的軍事地位，對中國所提出的單邊和平條約（亦即惡名昭彰的二十一條），更使得日本在中國的地位進一步獲得穩固。這時，日本官方人員也開始對泛亞主義產生了新的興趣，一位名為小寺謙吉的日本國會議員發表了長篇大論，呼籲建立一個「光輝燦爛的亞洲文明」，文化界人士也群起響應。一九一六年，著名的印度作家、詩人拉賓德拉納斯。泰戈爾就在一項集會上告訴日本聽眾，他們的國家「有一個必須完成的東方任務」。

因此，在大川周明決定為泛亞主義獻身之際，過去為拯救東亞而互相合作的和平理念，已經轉化成由日本出面領導的強力作為，大川周明也為這個運動注入了新的能量，他把「亞洲」這個概念推而廣之，超出了中國、印度的範疇而遠達中東，他繞過各國之間明顯的文化差異，直接訴求一個共通點：亦即「大家都不屬於西方」。大川周明也認識到有愈來愈多的日本人相信日本確實有這個使命——即便只是一個使命而已——所以他要動員他們。當時是一九一八年，大川周明還不算是個知名度很高的理論家，但已經開始上路了。

大川周明成年之後大多數時間都住在東京，但他的根還是在長存心中的酒田市，有時他也會回鄉拜訪母親及兄弟。他在原宿參加了騎馬俱樂部，也很喜歡聽聞那些武士在舊日本鄉間遊蕩的傳奇故事。他那時已不再像高中時奉社會主義為圭臬，但他的寫作技巧確實是在那段時間磨練出來的。雖然大川周明以城市為家，然而日本在一九一八年發生近代史上最大的社會動盪時，他就很自然地又回到魂縈夢繫的鄉間。

當時被稱做「米騷動」[3]的事件起於八月間。日本在一次大戰時所獲得的經濟成功並未讓工廠工人或鄉間農民雨露均霑，當時他們已經苦於商品的價格上升，結果又米價飛漲，這些社會下層的人於是起而抗議。接下來的幾星期，暴民在全國數百個鄉鎮亂竄，他們組織遊行抗議商人不顧民生賺取暴利，在街上與警察爆發衝突，當軍隊也上街維持秩序並開槍後，情況更變得一發不可收拾。到了九月底，已有三十名平民遭射殺，數千人被投入監獄。

大川周明看著事件的發展，心中充滿了焦慮甚至震驚，他認為米暴動恰恰顯示出國家有一些隱藏的缺陷，而日本如果無法糾正自己內部的問題，就將沒有能力成為亞洲的領袖。

大川周明也並非唯一持有這種看法的人。當年秋天，大川周明應博斯之邀，參加了一個社會團體討論日本日益毀壞社會狀況的非正式集會。這個團體的領導人是從事記者行業的光川龜太郎，大川周明幾乎是立刻就發現對方是志同道合者，他們兩人都從年輕時就追隨社會主義，都對西方有一定的憎惡（光川龜太郎對前述的三國干涉十分反感，甚至在他自傳的書名中都提及），他們也都認為美國文化粗鄙、庸俗，相信只有日本能夠從西方帝國主義手中解放亞洲。除了彼此的信念，光川龜太郎也很欣賞大川周明有時顯得古怪詭詐的天性，欣賞他有時像個可以讓人振奮的哲學家，有時又像個耽於沈思的愛國者那種雙重性格。

一九一九年夏天，他們兩人脫離了光川龜太郎的討論團體，另外成立了自己的團體。他們希望除了空談之外還能為社會改革做更多的事，他們希望走出去、採取行動去完成使命。他們把新成立的激進民族主義泛亞團體命名為「猷存社」，名稱來自於中國古代詩人陶淵明歸去來辭中的「三徑就荒，松菊猶存」。大川周明和光川龜太郎顯然把自己視為詩句中的松和菊，也就是當日本改革完成，過去的路徑已呈一片廢墟之際，猷存社將會是唯一還能留存下來的東西。

可是他們也很快就發現自己的弱點：他們兩人都不曾真正從事過實際的改革運動。雖然他們確實具有活動家的本能，也都和印度異議人士建立起友誼，但本身從來不是實際意義上的反叛者。為了能有一個好的開始，他們決定先向老牌激進人士取經，選定的對象則是北一輝[4]。北一輝所著的《國體論與純正社會主義》對日本政體

3 譯註：亦稱為米暴動，是指一九一八年七月至九月於日本發生的一系列騷動，直接導致寺內正毅的內閣垮台。

進行了頗具挑釁的批判，以致於有些人把他稱作天才，另一些人則稱他為瘋子。

大川周明和光川龜太郎決定找北一輝入夥，主要的目的是要補足自己的欠缺，但問題是北一輝當時住在中國，所以大川周明決定自行前往招賢。一九一九年八月八日——光川龜太郎認為這是個良辰吉日，因為那是大正天皇就位第八年的八月八日——大川周明從東京出發到南部的九州島，然後在那邊上了一艘駛往亞洲大陸的貨輪「天光號」，他的最終目的地是上海。大川周明那長於分析事務的頭腦，在數星期的海上孤獨旅程中不禁想到，他這個上天所交付任務的第一階段確實頗為吉利，因為所搭乘船的名字就叫做天光——來自上天的光。

北一輝的年齡與大川周明相仿，長相頗為英俊，唇上的小鬍子像個畫得不怎麼高明的海鷗，另外至少在照片上看起來，右眼有點斜視。大川周明和北一輝之間，並不像他和光川龜太郎之間這麼契合。大川周明總是穿著得體，寫起文章邏輯思路十分清楚。北一輝則僅有兩套西服，而且天生似乎就是個走極端的人。北一輝尊奉佛教派別日蓮宗，他就曾在當年年初前後禁食達四十天。儘管兩人如此不同，北一輝對於大川周明不遠千里而來與他討論日本如何興起之事，還是心存感激的。他們兩人找了一個小旅館進行徹夜深談，竟不知東方之既白。

北一輝終其一生都在為社會改革努力，多年前還在日本時就加入了同情泛亞主義者內田良平所領導的黑龍會。一九一一年中國革命運動肇始之際，北一輝以黑龍會代表之一的身份移居上海，當大川周明提出改造祖國（日本）的想法時，北一輝立即響應。當時北一輝正在著手寫新書——跟第一本一樣驚世駭俗——內容即為徹底改造日本。北一輝當時就欣然應允回到日本加入猶存社，還在兩人暫告分手時，送了大川周明一支手杖刀當作謝禮。

另一方面，猶存社也把出版北一輝的改革大計當作首要任務。北一輝這本被命名為《重建日本計畫大綱》的作品勢必引起轟動，書中內容敦促日本採取激烈的手段，徹底翻新其政治體系。北一輝希望天皇擱置憲法，並引用戒嚴法解散國會——換句話說，也就是請天皇授權政變。

根據北一輝的計畫，革命委員會隨後就可以指派新的國家領袖，帶領日本實施嚴

4 譯註：日本思想家、社會活動家、政治哲學家、國家社會主義和超國家主義的提倡者、法西斯理論思想家。一九〇六年二十三歲時自費出版了「國體論與純正社會主義」。該書成為後來日本法西斯主義綱領性文件。早年參加過中國革命，並在上海寫出「日本改造法案大綱」一書，決心從下層社會為起點對日本進行改造

格的計畫經濟。在這個經濟體系下，個人資產將受到嚴格限制，以消除財富不均（甚至皇室都只能領取固定的花費配額）。工業資本家以及他們所豢養的政客，將無法再像過去一樣剝削鄉間的貧苦農民。

北一輝的計畫將使得日本根據西方模式走向民主社會的步驟完全解體，而且還只是第一步而已，接下來，一個全新又完善的日本將會理所當然成為東方國家的領袖。北一輝寫道，唯有在那個時候，日本才能解放亞洲人民。

北一輝的前述宣言，最終成為日本極端主義文宣中重要的一環。一位學者將之比擬為《我的奮鬥》[5]。

這當然有點言過其實——雖然有說法指稱日本是「東方的德國」，但北一輝畢竟不是希特勒——那本書仍然造成了相當嚴重的社會損害。早在一九二一年時就造成了流血事件，一個受北一輝思想影響至鉅的人殺死了一位商界領袖後自裁身亡。後來，這本書還成了激進日本民族主義運動的「聖經」。

就近程來說，北一輝的計畫讓猶存社在日本政治實踐主義的版圖上佔有了一席之地。猶存社將北一輝的書複製了至少一百本，分送給精挑細選的對象以及政府高官。那本書後來當然也遭到被禁的命運，但已經使得一些日本的領導人物對其傳達的訊息寄予同情。另一件有趣的事是，當時總務省因為北一輝出版該書而將他罰款三十日圓，但總務大臣卻私下給他三百日圓，表達對他的贊同。

猶存社在乘勝追擊的情況下由出版了一個名為〈戰爭的吶喊〉的社報。一九二〇年七月創刊號的社論由大川周明和光川龜太郎共同執筆，宣稱為了要完成神聖的泛亞使命，必須要先進行國家的改革，「日本人民必須成為解放全人類的渦漩中心，我們必須先從改革我們自己的國家下手，因為我們有信心完成日本解放全球的使命」。

大川周明幫北一輝取了一個「魔王」綽號，因為北一輝「和佛陀及魔鬼都相處得很好」。北一輝則把大川周明比擬為神道教裡的風暴之神素盞嗚尊而稱他為「牛頭天王」，因為大川周明一旦下定決心就勇往直前，絕不回頭。當年三十三歲的大川周明已經積聚了兩個風暴——一個是聯合亞洲對抗西方，另一個是讓日本做好領導的準備——而他自己，就是這兩個風暴的渦旋中心。

5 譯註：《我的奮鬥》是納粹德國元首阿道夫．希特勒（Adolf Hitler）於一九二五年出版的一部自傳，融合了其政治意識形態，在當時的德國引起了巨大反響，並成為日後德國納粹黨的思想綱領。這本書有「世界上最危險的書」之稱，講述了希特勒的生活經歷及其世界觀，最核心的思想為宣揚德國與奧地利合併及反猶太主義。

一九二〇年代時，大川周明反對的西化其實在東京可說是無所不在，每一個路過的銀行行員、教師、醫生或是公司經理，都可能是新興的都市中產階級，婦女就業的情況愈來愈普遍，大公司紛紛在市區建立總部、辦公大樓、現代百貨公司、大眾傳播媒介也開始出現，到一九二五年，東京廣播公司正式成立。大眾運輸系統也一樣，電車行駛在路上，地鐵系統也開始建設，許多家庭一到假日就進城逛公園，抱著冒險心情的年輕人則成群逛歌舞廳、爵士樂俱樂部、銀座的戲院。政黨開始發揮影響力，高舉自由主義的大旗鼓吹（男性）全面參政權、裁減軍備、以及以外交為主軸的對外政策。位在這所有一切的中心點，則是富麗堂皇的歐式東京車站大樓。

當年雖然幾乎人人都歡迎這種民主的生活方式，但也有像大川周明這樣的人認為那種生活方式有害於傳統價值，他們認為西方的資本主義及政黨政治會讓舊日本的無私社會價值趨於腐敗。他們看到的是，政治人物的自身利益凌駕於人民之上，財團力量則賄賂、操控政治人物。他們看到農民、勞工、鄉下人因為不公平的金錢、權力分配而陷在新社會底層動彈不得，又重新回到好不容易才推翻的舊封建階級體制下的狀況。

在這種情況下，似乎唯一的出路就只有暴力反抗了。一九二一年晚期，日本首相原敬在東京車站被一位極端份子的鐵路工人刺殺身亡。原敬是第一位出身於平民的日本首相，在這層意義上，他也可以說是日本崛起的具體例證。

一九二〇年代早期，大川周明發表了無數的文章，也寫了幾本書，內容都是搧動大眾在這方面的不滿情緒。他的一本代表作是發表於一九二二年的《復興亞洲的若干問題》（東京大審的檢控官將之稱為「日本民族主義者的泛亞主義標準手冊」）。大川周明的論點是世界已成為西方理念的展示場——政治跟著帝國的利益走，經濟為工業資本主義服務，種族方面則是白人統治。另一方面，他也相信改變即將來到，他寫道，在整個亞洲，「抵抗白人主導的浪頭正在上昇」，民族和精神獨立的浪潮——所謂的「亞洲復興」——從土耳其到波斯（伊朗）到中國到印度，都在不斷積聚力量。他認為，日本的責任就是帶領東方國家引導這個全球性轉化走向「神聖的新亞洲」。

大川周明在書本的序言中寫道，「我們手中的劍必須是雙刃，無情地砍向瀰漫在亞洲的不公不義，另一方面，還要更加無情地砍向隱身在日本內部的魔鬼。所以，復興亞洲的戰士，也同時必須是改革日本的戰士」。

他就是通過猶存社來實現自身那個「戰士」的角色。他也將猶存社與玄洋社及黑龍會聯結起來，一起對日本的最高領導階層施壓。一九二一年，天皇的一位主要樞密大臣以其家族曾經有色盲病例，有可能導致遺傳缺陷為由，反對當時為皇儲裕仁所挑選的太子妃。猶存社認為這個反對意見有辱皇室，於是散布出將進行刺殺的訊息，直至該樞密大臣撤回自己的建議。同年，猶存社也公開反對裕仁太子的一次海外長途旅行，指稱旅程的安排太過以歐洲為中心。雖然裕仁最後還是成行，但猶存社也因此而受到更多注目。

與此同時，大川周明也頗沈迷於享受叛逆的生活。他經常喝酒，偶而也吸食鴉片，常常出沒於東京神樂坂的大小妓院尋歡作樂，甚至還排班輪番造訪他所喜歡的幾位藝伎，其中有一位開始跟他同居，引起另一人嫉妒而在一九二三年強迫大川周明與對方中斷關係。大川周明似乎對這種放浪的生活不以為意，甚至在那時染患了梅毒，他都選擇不去治療。

大川周明雖然努力要改革日本主流社會，但他仍然必須在其中生活。從一九一九年開始，他就受聘於南滿州鐵路公司擔任研究院的編輯主任，這個研究院專責分析全球經濟數據，重點則放在東亞。大川周明多數的時間是待在這所智庫設在東京、位在皇宮外一座紅磚房內的支部，另外的時間則是每年要去滿州幾趟。南滿州鐵路公司有政府的股份，所以研究院也受到政府管制。換句話說，大川周明實際上是受聘於他在下班時間努力要推翻那個體系。

他和日本官方的聯繫還不僅止於此。一九二二年春天，大川周明出任東京一所名為社會教育研究院的講師，這個研究院每年都會從鄉間招募二十名有志青年教師，給予免費的密集在職訓練，然後這些教師就回到鄉間，將所學到的知識傳授給自己的學生。這個教學計劃也由政府提供財務支援——教學地點在皇宮範圍內的一個舊氣象站大樓裡。大川周明被選為社會教育研究院講師，也說明了日本當時的領導階層認可他為帶領年輕人的智識領袖。

一九二三年晚期，社會教育研究院重整人事，大川周明獲得更具權威的地位。接下來的一年，他更刻意規劃研究院配合他在日本改革方面的理念，他把研究院更名為「大學寮」[6]，同時引入有關舊日本、經濟學、社會問題以及國家防衛等方面的新課程。重組之後的大學寮顯然成了日本愛國主義者的溫床，在大學寮開課講授當代事件的滿川龜太郎就確信大學寮的學生有朝一日將會完成建設新日本的偉大任務。大川周明所開的課叫做「日本精神之研究」，他在課堂上的演說最後也集結出書，總歸起來，

6 譯註：日本帝國大學的前身即為大學寮。

他要傳達的基本訊息就是「日本是最好的國家」。

然而當大川周明的影響力日增之際，他和像北一輝這樣極端份子之間的關係卻出現了問題。北一輝一直是個行動和內省之間不太能平衡的人，以致於在兩方面都不能很穩定，他在品德方面的不穩定，使得他被侷限在處於邊緣的顛覆者範疇之中，他也因此在一小撮人圍繞及幫助之下，變成一個惡名昭彰的政治勒索者，而大川周明卻無法認同這種近似政治流氓的行徑。在那段時間，大川周明認為他們應該採取一種不那麼粗糙的手段跟作法，也許是因為他必須要為自己未來的改革日本事業作打算，也許僅僅是因為他已步入三十多歲了，總之，一九二三年的時候，他和北一輝分道揚鑣，也解散了猶存社。大川周明心中清楚，如果他想在祖國的未來產生任何影響力，他必須慎選更名譽更好的同夥。

大川周明切斷和北一輝等人的關係後，轉而從一九二〇年代中期開始積極開發與一些政治、軍隊菁英之間的關係，他和一九二一年到一九二五年出任宮內大臣的牧野伸顯成為好友。牧野偶而會到大學寮做演講，他認為大川周明是一位具有「罕見」熱情的年輕人。宮內次官關屋貞三郎也認同大川周明的教學方向。日本陸軍將領荒木貞夫[7]和渡邊錠太郎[8]，兩人都是偶而會到大學寮會見學生的日本高級軍官。

大川周明和這些知名人物的友誼不限於大學寮課室內。他於一九二五年二月與心愛的藝伎結婚時，日本海軍大將井上成美就擔任典禮的介紹人（新娘的名字是兼子，也就是前述會吃醋的那位）。

一九二五年時，皇宮方面決定要收回舊氣象站進行重修，大學寮因此嘎然而止，大川周明也就順勢停止了教學計劃。他並不需要錢——他在前述半官方智庫裡的工作，有相當不錯的薪資——而且當時他也正在組織一個更合自己口味的行動團體。那個時候，他作為一個愛國哲學家的名聲，已經有足夠的動力讓他能獨當一面了。

一九二五年二月十一日是日本立國紀念日，大川周明在當天宣佈成立「行地社」（「則天行地」之意）。他把總部設在東京，然後在全國各地廣社支部，追隨者包括許多在大學寮時代就常常去聽講的年輕軍官。他們之間有一種很自然產生的夥伴關係：許多日本軍人都來自辛苦掙扎度日的鄉間，所以他們都贊同改革。與此同時，大川周明也

7 譯註：日本帝國時代陸軍大將，曾多次出任日本陸軍大臣，為陸軍中的「皇道派」領袖，二次大戰後被遠東國際軍事法庭列為甲級戰犯。

8 譯註：曾在一九三〇年六月二日出任台灣軍司令官。二二六兵變期間，在東京都杉並區上荻窪私宅受襲身亡。

在這些年輕人的身上看到他亟欲復興的武士精神。大川周明的私人秘書事後透露，大川周明投入了大量「不相稱的精力和注意力」，去滿足這一部份追隨者的需求，同時不斷在已有的基礎上予以擴大。大川周明也出版了一份名為「日本」的月刊，內容偏重軍事的角度，很快地就擁有了數千讀者。

大川周明以他心目中的理想世界為終極目標，為行地社定下七個他希望能打動日本人心的崇高原則。第一信條就是要改造日本，這已經是大川周明奉行多年的原則；第二條是建立國家理想。對大川周明而言，這個理想就是將所有的日本國民都轉化成道德高超的人，他們必須敬神（例如尊敬父母、敬拜祖先）。對人方面則需具有同情心、同理心。對待食物、金錢、性……等等本能慾望的方面，要展現出自我克制的紀律。如此一來，只要能把這些具有道德行為的人聚集在一定的空間裡，就可以成就國家的理想。

但即使是一個以國家理想建立成的國家，也還是有一定的道德法則需遵循，這就牽涉到接下來的三個信條：信條三是通過教育體系來達成「精神自由」，讓每一個人都能有為人著想的情操。信條四是通過使用最低限度的法條，以及人人平等的原則來達成「政治平等」。信條五是通過財富重新分配而達成「經濟共濟」，所以大家除了維護各自的道德生活之外，不再需要擔心其他的事（這顯然已經不是資本主義，但大川周明也堅持那並不是社會主義，因為這兩種主義都比他心目中的理想社會更重視物質的需求）。這就是大川周明閉起眼睛夢想他那「革命之後的日本」時，所看見的景象。

行地社的第六信條是圍繞著亞洲團結的終極目標，來進行日本的國家改造。所有的這一切，都體現在最高準則的第七信條——全球的「道德統一」，也意味著日本完成了上天所賦予的使命。

一九二五年十月，大川周明出版了一本頗具挑釁意味但卻讓追隨者能一窺他心目中理想世界的小書。這本名為《亞洲、歐洲及日本》的書預言達成東西方道德統一的途徑就是另一次世界大戰，大川周明企圖藉由那本書告訴大家，整個人類的歷史就是東西方文明之間「對抗、鬥爭、統一」的無止境循環。他認為東西方之間不斷的互相爭戰非但必要而且很健康，而其結果則是建基於勝者理念上的全球和諧，在某層意義上來說，這個文化的衝突乃是達致長期和平的必要之惡。

大川周明在一九二五年所看到的，就是歷史性的戰爭循環已經開始漸漸迫近，而在過去長達一世紀的帝國主義陰影之下，東西方之間的緊張也已日益升高。大川周明在書中指出，西方在一次大戰前已經佔盡東方的便宜，隨後而來的亞洲復興運動則預示著東方蠢蠢欲動對西方進行報復，因此這個世界很快地就要爆發另一場大戰，只有在這場戰爭結束後，大家期待已久的道德統一才會到來。

大川周明最後做出結論：即使東方和西方都分別達致它們的終極目標，也無法各自再繼續走下去，歷史表明它們最終還是得聯合在一起，而這個聯合永遠不可能通過和平的手段去達成，歷史已經證明，想要創造出一個新的世界，東西方之間的生死鬥爭是無可避免的。

大川周明相信，東西方的最強代表——日本和美國——終將互相爭奪全球的領導權，他還很生動地指出，美國國旗強調星星而日本國旗則以旭日為中心，所以「兩國之間的戰爭將是日與夜之戰，而日本的輝煌勝利將意味著黑夜的暗霧消失，新世界的燦爛黎明到來」。由於沒有人知道這場戰爭會在何時發生，所以大川周明敦促日本人應該立刻做好準備。他寫道，「這個神聖的使命掌握在上天的手中，所以大家應該準備好隨時接受召喚」。

大川周明不是唯一一位提出美國和日本在二十世紀終需一戰的公眾人物。早在「黃禍」一說出現以及美國本土意識者遊說禁止特定移民之際，雙方將做軍事攤牌的說法就已經出現。當時抵達美國的東方移民大多定居在加州，而對亞洲人最感焦慮的也正是加州人。一九〇六年時，舊金山教育局就以「減輕課堂內過於擁擠現象」為藉口，隔離亞洲學童。這件事後來還升高為一場外交危機，美國總統羅斯福就在當年十月寫道，「加州的那些惡毒蠢人，特別是舊金山方面，已經魯莽地侮辱了日本人，如果這件事引發戰爭，是整個國家必須承擔其後果」。

兩國後來達成了移民法改革協議，但羅斯福還是在一九〇七年派遣強大的海軍艦隊（被稱為大白艦隊）進行全球巡航，展示美國的軍事力量。

一次大戰後，新的緊張情勢出現。日本當時以戰後世界五強的身份參與巴黎和談，同時在討論國際聯盟新憲章時建議置入種族平等條款。日本的領導階層認為種族平等條款攸關「（日本）帝國的未來利益」，率領日本參與談判的牧野伸顯經過努力但終至功敗垂成。當時有數個國家基於那樣的條款無異於公開邀請日本移民而表示反對，致使種族平等條款無法獲得必須的一致同意而胎死腹中。裕仁天皇後來曾經表示，當時種族平等條款未能置入國際聯盟憲章，就是後來二次大戰終於發生的一個重要轉折點。

對許多日本人而言，巴黎和談對種族平等條款所做的決定，反映出對亞洲人特別是日本人一種根深柢固的種族偏見，不僅僅抵觸了國際聯盟成立的宗旨，更是無視於日本在世界地位的上升。一九一九年二月，巴黎和會上正在就種族平等條款進行討論之際，玄洋社在日本組織了一場支持者的會議，大川周明當時以日本亞細亞協會會長的身份參加了會議。種族平等條款無法列入國際聯盟憲章，讓他對西方國家的希望徹底破滅。他在《亞洲、歐洲及日本》一書中寫道，國際聯盟的存在只是要讓「盎格魯－撒克遜人永遠主導這個世界」。（盎格魯－撒克遜人主要指英國、美國人，諷刺的是，美國根本沒有加入國際聯盟）。

日本和美國的外交裂痕也是在那時開始出現並且擴大。到了一九二四年，美國國會草擬法案，明確排除日本移民，對許多日本人而言，這就是壓垮駱駝的最後一根稻草。當時支持這個法案的人宣稱不要任何日本移民進入美國，也拒絕比照對歐洲移民的方式，給日本移民每年一百四十六名的配額。日本駐美大使當時提出抗議，指稱法案污名化了日本人，也會對兩國關係造成「嚴重的後果」。支持該法案的美國參議員亨利．卡伯特．洛奇（Henry Cabot Lodge）當時將「嚴重後果」詮釋為「隱藏的戰爭威脅」，同時更加賣力推動法案通過。

同年四月間，美國總統卡爾文．柯立芝（Calvin Coolidge）還沒來得及簽署法案，日本全境就爆發了示威，報紙的社論一面倒地認為那是奇恥大辱，同時宣稱一場種族戰爭已經迫在眉睫。各激進行動團體到處舉辦充滿激情演說的集會，對於亞細亞主義者的同情直線上升。五月間，一個日本人用一把六吋的日本短武士刀左右上下十字剖割，在東京的美國駐日大使館外切腹自殺，留下一封遺書敦促日本「對美國所加諸於日本的侮辱進行報復」。幾天之後，玄洋社舉行了一場多達三萬人的集會，與會群眾宣稱來自美國的侮辱是無可原諒的，同時要求日本政府對美國採取敵對的態度。

美國方面的反應則較為複雜。美國加州有十份報紙很明確底支持排日移民法案，頗具代表性的華盛頓郵報也「讚賞」該法案。其他的報刊則指出法案似乎預示了一些麻煩將會到來。《生活》雜誌的編輯還特地製作了卡片給國會議員，祝他們「戰爭快樂！」。

這些事件，就是大川周明在一九二五年預告美國和日本終將發生戰爭的背景。這個預言標誌著大川周明作為意識形態宣揚者的階段告一段落，正式進入發揮廣泛影響力的行動者階段，他在那時已經到了後來東京大審檢控者所描述的「一九二五年到一九四五年日本最前衛革命知識份子」的邊緣。其他懷抱同樣理想者，面對著懷著上天賦予使命的大川周明，都不免相形失色。大川周明不但噴發出而且能清楚表明他所具有的極端願望，也比同時期的任何人都能表達出大家所共有的絕望。

當我搭乘新幹線子彈列車從東京前往福岡市之前，有關大川周明究竟是東京大審中所描述的那位偉大意識形態流氓，還是顯彰會成員所崇拜的意識形態英雄，已經在我的腦筋中交戰了幾個星期之久。東京大審主要是西方的歷史觀，他們認為亞細亞主義只是日本在一九四五年投降之前對外侵略擴張託詞。至於時至今日仍然是保守派日本人所抱持、同情亞細亞主義的觀點，則認為日本真的是為了團結及解放亞洲而戰。當然，還有不少人是持中道觀點，亦即日本對西方固然有合情合理的憎恨，但是它在亞洲的作為卻過份了。大川周明似乎是介於好與壞的中間，而我正是想找出他真正的位置究竟何在。

我到福岡市的原因是，那邊有位克里斯多福・史匹曼（Christopher Szpilman）先生也許能為我在亞細亞主義這方面解惑。史匹曼是九州產業大學教授，對亞細亞主義有很深入研究，也是將亞細亞主義介紹給英文讀者的主要人物。他曾經書寫過對於大川周明、北一輝及光川龜太郎的履歷檔案，那時也正在與人合作編輯兩冊亞細亞主義文件的合輯。我告訴史匹曼他的作品對我很有幫助，他就邀我前往他與日本妻子居住的海邊公寓住幾天，以便深談。

史匹曼身為西方人卻成為亞細亞主義的領頭研究人物，是因為二次大戰後，很少日本人願意碰觸這個主題。當時日本主流知識份子普遍認為，如果他們投身研究那個主題，就容易被人把他們跟日本在戰爭中的惡名劃上等號。但史匹曼就不會有這個顧慮，沒有人會認為他是亞細亞主義的鼓吹者，他實際上也認為亞細亞主義根本就是「騙人的」，他之所以去研究它，就是要暴露出其中的誤謬。

史匹曼告訴我，「要瞭解日本的過往——包括形塑日本的意識形態變化，以及其對日本命運的影響——就必須要進行全面性的關照。你如果不去研究像大川周明這類曾經對日本發生影響的知識份子，你就無法獲知全貌，從某個角度來說，他們確曾形塑過日本對自己以及世界的願景，我們可以將之稱為天賦的使命」。

史匹曼當年六十一歲，長得很像在電影「甘地」中飾演甘地的英國演員班・金斯利（Ben Kingsley）爵士，聲音低沉帶有濃重的英國口音，他對事情的看法帶有一點迷人的偏見，但欠缺一種幽默感，連說笑話時都讓人感覺不出來他在說笑話（當我問他怎麼會選擇研究日本歷史時，他的回答是，「很顯然地，我當時突然有點精神失常」）。他經常提起希特勒，很可能因為他的父親是華迪史洛・史匹曼（Wladyslaw Szpilman）。華迪史洛當年是知名音樂家，也是德國對猶太人進行大屠殺的倖存者，他後來將在集中營內的經歷寫成回憶錄，被大導演羅曼・波蘭斯基拍成不朽的電影〈戰地琴人〉。我一直等待他主動提起他父親的事，但是他並沒有說任何相關的事。

我們一邊用餐一邊談大川周明的思想體系，一談就是幾個小時。史匹曼認為大川周明可能對亞洲團結有些真心的想法，但同時也發現許多「搞不清楚狀況的白癡」聽不懂他的話。一九二一年時，大川周明去到香港，自詡為團結亞洲戰士以及西方唯物主義仇敵的他，一旦踏足這個英國殖民地，卻並沒有標舉著道德大旗，反而在在他自己的日誌中寫道，他很願意在香港逗留幾星期，「盡情地花錢、享樂」。

大川周明在一九二二年出版的《復興亞洲的若干問題》一書中，有個部分就指出猶太復國主義也是泛亞運動的一部份。該書在一九三〇年再版時，日本已和德國成為盟友，大川周明就把前述章節從書中刪除，可見得他的偉大「使命」也不是沒有彈性。又譬如說他和印度反叛人士所維持的友誼，也讓人察覺到他並沒有以同樣的態度對待日本的近鄰如中國、朝鮮和滿州。在前述地區，你很難辨別出什麼是亞洲團結，什麼是日本為本身利益所做出的努力。印度的地理位置較遠，不太容易被日本帝國併吞，如果你讚賞大川周明的頭腦，事實上許多評論者確實認為大川周明是有頭腦的人，但同時你也應該理解，他其實也知道自己的思想體系有缺陷，只不過他選擇視而不見罷了。

我在談話的中途問他，「那麼，你認為他（大川周明）是一個怎麼樣的人呢？」。史匹曼回答說，「他是個頗有天分的作家，他也有自知之明，我的意思是他明白自己思想體系的核心價值，也就是日本文化的優越性」。

這種極強的民族主義思維，說明了大川周明與之前的其他日本思想家的不同之處，亦即他把泛亞主義者的使命跟日本的興起緊緊綁在一起。大川周明認為日本自開天闢地以來就是由同一個家族統治——傳說中神聖家族——所以日本是個完美的國家。如果其他國家認知這個偉大的特質，就會基於本身的利益而接受日本的領導，他們就會放棄西方帝國主義，轉而接受更溫和，更有兄弟情的亞洲明燈（日本）。史匹曼告訴我，一些泛亞主義者甚至用了「天皇化」這個字眼。在把日本這個偉大帝國擴展至全亞洲之後，這個上天所賦予的使就將放眼全世界。

史匹曼又回到我提出的問題，「我也不知該怎麼說，我想可以這樣說，他不是個前後一貫的思想家，而是帶有一點投機的味道，他是相信一些核心的理念，但這些理念是建基於反西方的基礎上」。

時間已近半夜，他們為我在起居間備好床墊，我在睡覺之前四處打量了一下，牆上掛了兩幅史匹曼家鄉波蘭的兩張舊地圖，一個音樂櫥櫃的最上層放著史匹曼父親的古典鋼琴作曲作品。整個晚上，史匹曼都未提及他的父親。我相信他應該有能力成為一位知名的納粹學者，但他選擇研究類似大川周明這樣的人物，主要是因為他認為大川周明長時間遭到漠視（他也承認那並不是一個有意思的動機）。他當然有把大川周明描述為機會主義者的道德制高點，去解說為什麼有人會把他（大川周明）是作惡棍，又有另一些人把他當作英雄。我躺在黑暗中也不禁疑惑著，大川周明是否在東京大審時看到一個機會，並且把握住那個機會採取行動來故意讓西方尷尬？

第五章

尚未收尾的階段

「在我就讀醫學院的歲月裡，我一直專注於找出身體、心智究竟是為何及如何運作，尤其是為何及如何運作失常」

——丹尼爾・賈菲，《一個戰場心理醫師的回憶錄》，大約一九九六年。

曾祖父哈瑞・賈菲過世後，我祖父的生活變得有些不是那麼安定。一九三六年早期，一家人離開布魯克林搬去南布朗克斯的一處公寓。那個公寓的位置十分接近洋基棒球場，所以家族成員常常以職棒大聯盟名人路・基里格（Lou Gehrig）來開玩笑[1]。基里格當年也是全壘打王，所以家人常常開玩笑說基里格會把球打到公寓的門廊來。

當時，賈菲家的孩子都是輪流開車到長島的魯登精神病院，探視在那裡接受精神分裂症治療的母親。就這一方面來說，我祖父作為一位正在成長的醫師，就格外感到自己肩上的責任，他也是孩子中唯一可以對母親的療程提供比較確切建議，或是提供不同意見的人，對於一個還在尋找自身定位的人而言，確實是個十分沈重的責任，他後來也把那個時期的自己描述為處於「尚未收尾」的階段。

一九三六年秋天，祖父回到華府繼續第三年的醫學院學業，在那個時候，喬治華盛頓大學的設施乏善可陳。我祖父進入喬治華盛頓大學的一年之前，曾經在著名的新英格蘭醫學院工作過的神經學家詹姆斯·瓦特斯（James Watts）也來到喬治華盛頓大學，也就是這位詹姆斯·瓦特斯對我祖父起了最初的啟蒙作用。對瓦特斯來說，喬治華盛頓大學的X光機比起史密斯松尼亞學會所擁有的略勝一籌。那時，心理健康的領域正在起飛，喬治華盛頓大學也聘任了一位當時全國頂尖的神經學家，也是最盛氣凌人的瓦特·佛立曼（Walter J. Freeman）醫生。

當時，佛立曼才四十歲盛年，身高六呎以上，蓄著山羊鬍，帶著因為長年接觸顯微鏡而刮痕累累的眼鏡。一九三六年九月十四日，佛立曼和瓦特斯進行了在美國首例的腦白質切除術，病人是罹患激動型抑鬱症的愛麗絲·哈馬特（Alice Hammatt）。佛立曼和瓦特斯在愛麗絲的頭皮上切出兩個切口，在頭殼前額葉上方鑽了兩個洞，然後用附有鋼線的額葉白質刀穿過腦白質，在兩邊各切六刀。這個手術的概念就是切斷腦中前額葉和其他會引致精神病和精神官能症區塊間的連結。佛立曼和瓦特斯一個小時後

1 譯註：亨利·路易士·基里格是美國職棒大聯盟史上最偉大的一壘手，一九三四年以打擊率、全壘打以及打點三項排行榜都居冠而摘下打擊三冠王寶座。

完成手術並將愛麗絲的傷口縫合，他們不僅扭轉了愛麗絲的生命，也扭轉了整個美國精神醫療的方向與進程。

瓦特．佛立曼進行那次歷史性手術的幾天之後，我祖父跟他有了第一次的接觸。一九三六年九月二十六日大約中午時分，我祖父去到學校的A座演講大堂，找了一個位子坐下，他拿出一張三孔記事本紙跟一支黑色筆，在紙上寫下「神經內科」字樣，並在下方劃了兩條線，在旁邊劃了一個方格，裡面寫著「佛立曼醫師」。我祖父跟當時的大多數學生一樣，除了神經內科的正式課程之外，還主動參加佛立曼和另一名為夏皮洛醫生的同事所共同主持的週末診療所，作為對正課的補充。

九月二十六日是個陽光普照的星期六，溫度約在華氏七十度上下，但我祖父還是樂於放棄享受這個好天氣，去聽佛立曼做演講。佛立曼的演講精采絕倫，不少學生還帶著約會的對象來聽講。

佛立曼本人也頗以自己的教學方式而自豪。他最擅長的就是可以在黑板上左右手同時寫字，他能同時用雙手畫出跟神經失常有關的腦部截面，以及從基底神經節轉化到相關病變的圖解。他奉行教學必須生動有趣的原則，所以把呆板的教科書課程交給夏皮洛，他本人則專注於評估臨床病人。有個讓人記憶尤深的例子是，他展示了腦池穿刺術——一種需要非常謹慎小心的手術，主要因為小腦池非常接近腦幹——方法是不經度量從病人脊柱插入一根針。他說，「如果作對了，那就真的很容易，如果做錯，那就會很慘」。有些人可能會認為瓦特．佛立曼魯莽，但我祖父卻認為他藝高膽大。

以今日來說，腦葉切除手術的名聲並不是太好，而且從各方面來說，也確是如此。動過手術的病人幾乎都變成了另一個人，佛立曼和瓦特寫道，「所有動過手術的病人都會喪失某種機能，有些是喪失自發性，有些會變得不像過去那麼活潑、機智，有些則是個性產生變化，如果我們可以這樣說的話」。然而與他們所承受的痛苦相較起來，許多病人跟家屬都認為可以接受冒這種風險。有些病人長年在經驗老到的精神科醫師照料之下試遍各種療程，他們注定要在療養院中渡過一生，成為家庭的累贅。佛立曼和瓦特將腦葉切除手術稱作是那些「往前展望只剩痛苦和死亡者」的「最後手段」。

做過腦葉切除手術之後，愛麗絲．哈馬特喪失了專注能力，繼續在精神醫院裡住了五年，最後死於肺炎。他的丈夫告訴佛立曼，那是她一生中最快樂的時光。

一九三〇年代標誌著精神病治療的一個新世紀，先前以療養院為主體，欠缺前景的被動治療，漸漸轉化為主動積極並帶有希望的介入治療。腦白質切除術就是那些苦於嚴重精神問題患者的救贖，佛立曼也深信腦白質切除術對激動型抑鬱症、急性焦慮症、注意力衰退以及精神分裂症可能會有一定的功效。其中精神分裂症多年來一直處在治療無效的情況下，精神分裂症的特徵就是妄想、思想紊亂。某些時候，醫生也會用一些不是很有效的療程：諸如職業治療法、放射線牛奶療法、卵巢移植，另外還有一種方法是將脊髓換成馬的血清或者維他命C。除此而外，似乎也沒有更好的辦法了。一般來說，精神病院裡的病人百分之六十都被診斷為精神分裂症。

這個週末診療所就這樣一直持續進行至一九三六年秋天，我祖父那密密麻麻的筆記本並未提到腦白質切除術，然而在當年十一月，全美國的人都知道了這個手術。當時，佛立曼在廣受媒體報導的巴爾的摩南方醫學會集會上提及一個讓他與同事都十分驚艷的新穎手術，這個宣告立即引起熱烈的討論，時代雜誌在報導中指出，「精神科醫師和腦外科醫師都因為佛立曼和瓦特所倡導的這個新穎手術而互相激盪」。一位醫生指稱，這項手術是「治療勇氣」的歷史性案例。全美最知名的精神科醫師亞道夫・梅耶（Adolf Meyer）將腦白質切除術描述為「非常有意思」，但也建議大家要非常小心操作。不少參加集會的人則不置可否或是表現得不這麼友善。佛立曼本人全力為腦白質切除術進行辯護，只不過並未將之稱為「能治癒的方法」。他對現場群眾說，「我想，我們已經為精神病或精神官能症劃下了界線」。我祖父在回顧醫學院年代時指出，他當時「最感興趣」的就是「找出人的身體和心智如何以及為什麼運作，特別是如何和為什麼會運作失常」。一九三六年時，我祖父的前述「興趣」已經逐漸轉化為一種熱情，他那週末診療所筆記是他遺留下來的少數文件之一，佐證了瓦特．佛立曼在他的專業發展上所發生過的影響。像他那樣天生具有分析能力的人，很自然地會把所學與自己的生命歷程互相印證，也正因為如此，從那個階段開始，他不再把母親的病視為「尚未收尾」，而是一個可以拉鬆並解開的線結。

我祖父的筆記本中，有一個神經系統疾病佔了極多的篇幅，那就是腦性梅毒（神經梅毒）。神經梅毒是梅毒性病的進階，醫生藉助類似盤尼西林這樣的抗生素，可以在梅毒侵入腦部之前將之阻斷，因此時至今日，神經性梅毒幾乎已經完全掃除，可以說僅是醫學上的一個註腳而已。但二十世紀初期，神經梅毒可是醫學上的一個大麻煩，瓦特．佛立曼就在他於一九三三年編撰有關神經病理學的教科書中，將神經梅毒稱為「現代神經內科中的大問題之一」。各種數據也支持佛立曼的說法。州立醫院中罹患神經梅毒的病人，佔了相當的比例，根據我祖父從一九三七年以來的演講筆記，神經梅毒的病人佔了百分之十至十二。

至於所有的相關疾病變異，「神經失常麻痺」——簡稱為「全身麻痺（全癱）」

——最受人注意。這種疾病發病時，細菌螺旋體大舉進攻腦部導致精神病，腦梅毒病患會出現幻想病徵，以及包括困惑、思緒不連貫等心智精神衰壞的現象，許多患者只能纏綿病榻，並有糞尿失禁現象。（瓦特．佛立曼還在聖伊莉莎白醫院時，就對這個疾病相當熟悉，他有次描述腦梅毒患者為「瘦得像椒鹽捲餅般捲曲在一起，身上滿布疥瘡，惡臭沖天」）。很多人把全癱跟近代的愛滋病互做比擬：兩者都帶有性病的特徵，兩者都長年找不到醫療辦法，兩者都會致命。在腦梅毒肆虐最高峰期，任何人只要罹患這個疾病，就最多只有兩年可活。

在我祖父進入醫學院之前，腦梅毒的治療開始出現曙光，其中之一是瘧疾熱療法。這種治療法在今日已幾乎絕跡，但在二十世紀初期，卻是重大的醫學突破。瘧疾熱療法是用溫和的瘧疾病原引發腦梅毒病人發燒大約十多次，用身體發燒來殺滅螺旋菌，然後醫生再用奎寧來消除發燒，這種療法並非完美，首先，必須在發病初期就使用，才會有效果。其次，它只能停止腦損傷，但無法復原。儘管如此，在瘧疾熱療法的高峰期，至少有半數以上的腦梅毒患者活過兩年以上，許多也都能回復正常生活。

這個革命性療法起自於一位名為諸里尤斯．華格納—喬瑞格（Julius Wagner-Jauregg）的奧地利心理醫師。瓦特．佛立曼在一九二四年時曾經拜訪華格納－喬瑞格的診所，他曾經這樣寫道，「總的來說，他（華格納－喬瑞格）不算是個友善的人，有點高傲、保守甚至嚴峻」。不過，華格納—喬瑞格雖然不夠和藹，但卻頗有觀察力。他在擔任臨床醫師的十餘年間，注意到精神病患偶而會因為嚴重發燒之後而略微好轉。他在這方面的大突破發生於一次大戰時在維也納精神病診所工作期間。一九一七年六月，華格納-喬瑞格為一個染患瘧疾病發高稍的士兵抽血，然後立刻用這個血液為一名腦梅毒患者接種。夏季結束之前，他又為另外九名病患做了同樣的療程，結果六名病患有很顯著的改善，其中兩名病情完全緩解，同時恢復正常生活，就像不曾有任何事發生過一樣。

接下來幾年，華格納-喬瑞格的療程已將病人的復原率提升到相當可觀的程度。不久之後，這個治療法就傳入世界上大多數的發展中國家（就瓦特．佛立曼記憶所及，美國第一間採用瘧疾熱療法來治療腦梅毒的是聖伊莉莎白醫院，他在一部未發表的自傳中寫道，第一隻瘧蚊是乘坐一輛「十噸重」的卡車來到醫院）。最後，瘧疾熱療法成功達到治癒率百分之五十，其中百分之三十是症狀全面減退，百分之二十則是部分減退。一九二七年，華格納-喬瑞格成為首位獲得諾貝爾醫學獎的醫生。

華格納-喬瑞格的巨大成功，將整個精神病積極性醫療提升到一個新高點。瘧疾熱療法的出現，暴露出腦梅毒確實有其弱點，就神經內科和精神病而言，瘧疾熱療法就像一顆「魔術子彈」。不過，瘧疾熱療法也並未被普遍接受，後來有些對腦白質切除術的批評，其實就是重複採用當年對瘧疾熱療法的批評，甚至由於一位諾貝爾評審員質疑指出，讓一位已經得到疾病的人再感染瘧疾，是一種犯罪的行為，致使華格納－喬瑞格的諾貝爾醫學獎遲了好多年才領到。但總的來說，瘧疾熱療法讓精神病可以不進一步惡化，甚至於有朝一日可以被治癒，提供了令人振奮的希望。

一九三七年夏天，我祖父回到紐約，將他那有關全癱的筆記本在位於洋基棒球場陰影下公寓裡某處存放好。他這樣做，並非不再相信精神病或者前述的神奇療法。相反地，作為一位開始嶄露頭角的臨床醫師，這個有關精神病醫療上的進展，無疑是一個鼓舞。而做為母親長年住在精神療養院的一位兒子，他也許是認為那本筆記會讓他時時想起有關精神病患的種種苦痛而不忍再見到。不論是哪一種情況，他已用像捕鼠籠一樣的腦袋，把這些相關的知識全部吸收起來，在他以後的日子裡，遇到病患有需要之時，可以立刻拿出來運用。

從她的丈夫過世後，伊瑟．賈菲只有一次從魯登精神病院的出院記錄。那次是兒子伊利把她轉送到魯登精神病院醫師詹姆斯．瓦維索爾所稱「基督教科學會職業醫師」（Christian Science practitioner）那兒。但是歷經兩個月的療程並無任何進步，伊瑟再度被送回魯登精神病院。回到療養院的時候，她看起來「臉色蒼白，營養不良」。

我祖父在一九三七年夏天的時候，想必是對他母親的狀況時時惦記在心，因為他花掉所繼承的部分遺產，到他父母的家鄉俄羅斯做了長達十週的旅行。他有天在旅途中偶遇另一個旅客，兩人做了深入的交談，這人就是除了瓦特．佛立曼以外，另一位寫過重要神經病理學著作的伊利諾大學神經學家喬治．哈山（George B. Hassin）。在旅途上能遇到同好，當然是件好事。但對我祖父而言可能更具意義的是，在世界上這麼偏遠的地方旅行，似乎也無法避開有關精神疾病的課題。

很可能因為是前往俄羅斯的旅行，那艘旅行油輪上準備了很多讓旅客使用的西洋棋盤。哈瑞．賈菲一直就很愛下西洋棋，也愛他的妻子。他還在世的時候，從來都不同意以任何實驗性的醫療方法加諸伊瑟的身上，也許是因為他覺得已經失去了很多的她而不願意再失去更多。

一九三七年九月三日，我祖父乘坐巴托利號油輪回到紐約，接著在月底回到華府繼續最後一年包括神經內科及精神病在內的高級醫學院課程。那時的教科書及校園內的相關演講課程，都強調跟過去比較起來，對於嚴重精神疾病的治療已愈來愈有希望，現在則已是找出究竟多有希望的時候了。

當年的夏天，華府的精神病醫療領域內又引進一個新的治療風潮，就是胰島素治療法，也被稱為「休克治療」。這個治療法對當時很難處理的精神分裂症特別有效果。在此之前，醫師用所有已知的辦法，包括瘧疾熱療法、腦白質切除術等，但都效果有限（詹姆斯．瓦特斯曾經說過，「我們最大的失敗，就是在精神分裂症」）。當年夏天將結束之際，瓦特．佛立曼成為在華府地區首位採用休克療法的醫師，到了八月中旬，聖伊莉莎白醫院也宣布採行休克療法。當年秋天，賈菲家的孩子做了重要決定，一致同意瓦維索爾醫師從十一月開始對伊瑟．賈菲開始使用休克療法。

休克療法的先驅是名為曼菲瑞德．沙克爾（Manfred Sakel）的奧地利猶太人，他日後也被人稱為「遭人遺忘的精神病領域巴斯德」。胰島素是身體內的荷爾蒙，作用為調節血液內的葡萄糖含量，胰島素分泌過多，會導致低血醣而昏迷，也就是醫生所說的「休克」。

沙克爾是在德國療養院內負責處理嗎啡癮者時，開始熟悉並深入瞭解胰島素。也就是在為病人注射胰島素進行嗎啡戒斷的過程裡，有時沙克爾不小心用劑過量導致病人休克，這時就必須快速將糖份注入身體系統內予以糾正，沙克爾就是在這種情況下學習到胰島素的特性。他在一九三三年寫道，原本「焦躁不安」的病人，在「休克」

之後卻變得「十分平靜」。因此沙克爾相信，如果謹慎控制休克的程度，胰島素可能可以用來治療諸如精神分裂症這種會導致嚴重焦慮的精神病。

一九三三年十月，沙克爾在維也納的一間診所內做了第一次休克療法試驗。這間診所的主持人就是華格納－喬瑞格。不久之後，沙克爾就公布了休克療法令人鼓舞的結果。

一九三六年，沙克爾應紐約州心理衛生署長之邀移民紐約，並且在哈林谷州立醫院（Harlem Valley State Hospital）負責訓練精神科醫生。一九三七年一月，他在紐約市曼哈頓所舉辦的一場醫藥大會上發表了研究結果。紐約時報在報導中指出，那些見證過休克療法的人都承認，「這種療法為患者至少部分恢復正常帶來了希望，使得相當數目原先完全無望的患者，得以堅持下去」。其他報紙也有類似「恢復正常的新療法」的標題，人們則開始互相探問，是否休克療法真能「治癒」精神分裂症。

一九三〇年代晚期，典型的休克療法療程大約要花四至十週時間，第一階段是讓身體做好接受休克的準備，醫生先是為病人注射漸進增量的胰島素，直到第一次低血醣跡象出現。當這個休克水平確認之後，醫生就開始每日為病人施打足以引起休克的胰島素，每次病人進入休克，醫生會在數小時後用鼻管為病人注入四百ＣＣ的糖液以結束病人的休克狀態。在此之後則是休養療程階段以及結束療程階段，在最後的階段，病人接受非常低劑量的胰島素。整個過程所費不貲而且必須動用大批人員，護士必須全時間監控接受休克治療的病人，醫生則要密切注意胰島素施打劑量是否過高，做好隨時終止療程的準備。

如果這個療法在某個病人會產生功效，那就是真正的有效，沒人能說出真正的原因是什麼。連沙克爾自己也承認，他確實找到了精神分裂症的療法，但不知道究竟這個療法為什麼會有成效。他將之稱為，「走在正確的道路上，卻達到意想不到的目的地」。只不過胰島素療法的成功毋庸置疑，病人得到改善的比例也都真實。沙克爾在一九三七年初宣稱，「精神病人在接受治療期間的精神狀態變化，十分讓人驚喜也充滿戲劇性，以致於我們很難準確予以描述」。接受胰島素療程之後的精神分裂症病人甚至可以深入洞察自己的病症，說出「我知道自己過去有很多愚蠢的想法，但現在一切都過去了」這樣的話。那段時間，有關方面曾經對紐約州一千〇三十九名接受胰島素療法的精神分裂症患者做了廣泛調查，其中三分之二有不同程度的改善或完全康復。沙克爾有次說道，對許多病人而言，在接受胰島素療法之後的變化，「就像是一具屍體突然復活了」。

不過，伊瑟．賈菲的「復活」過程倒不是這麼突然。為了讓伊瑟接受胰島素療程，她的每週醫療費用增加四倍到了一百美元，但是卻收效甚微。在歷經十週的胰島素療程之後，瓦維索爾醫生在一九三八年一月決定予以中止。伊瑟當時的身體狀況頗有進步——體重增加了十五磅，氣色很好——但她的精神狀況卻沒改進。事實上，結束療程一個月後，一位醫院職員有次還發現她企圖用被單自縊。醫院記錄上並未說明自縊行為是否出於她的妄想，還是因為她僅剩的一點點理性要她那麼做。

那年夏天，在即將完成醫學教育前，我祖父向布魯克林京斯郡高等法院提出訴願，要求判定他的母親已無行為能力，如此一來，他就可以擔任她的法定「監護人」，在日常事務上幫助他的母親。一九三八年五月三日，我祖父在法庭上向法官說，他相信他的母親「無論從何種情況來說，都已經無法回復了」。

一九三八年六月，我祖父從醫學院畢業並且在皇后區總醫院獲得實習醫師的工作，全家也因此再度搬家，新家就在洋基棒球場以北隔開一個街道的地方。那個時候，路．基里格的棒球生涯急速走下坡，過去家族成員常常說的基里格一棒將球打到門廊的笑話，也已不再復現（後來基里格經診斷患上肌萎縮性脊髓側索硬化症，也就是俗稱的漸凍人症）。我祖父剛進那所醫院擔任實習醫生時，不免有些心虛，擔心自己不如其他來自紐約市頂尖醫學院的實習醫師，但這個擔心很快就過去了。根據我祖父的回憶，他在皇后區總醫院上班的第一天所看診的第一個病人，就經他診斷為肌萎縮性脊髓側索硬化症，讓他的同事都留下深刻印象。當時，這種病症並不廣為人知，事實上在接下來的一年都是如此，直到路·基里格也在一九三九年遭診斷罹患此症，大家才知道這個後來被稱做「路·基里格症」的病。

我祖父把他所繼承遺產的最後一部份拿來買了一輛普利茅斯（Plymouth）的轎跑車，還根據他所心儀的一位女孩子，取名為「貝西」。當年六月初，我祖父駕著貝西去到長島的魯登精神病院，把法院有關曾祖母無行為能力的法庭聽証通知交給她。儘管我祖父那次行程是前述目的，我們有理由相信雙方見面時是相當愉快的。在伊瑟企圖自殺以後，她的健康狀況因為胰島素治療而見好轉，瓦維索爾醫師也在法庭提出証詞，指出雖然伊瑟有時還會出現幻想的情況，但是整體上比過去表現得更為合作、衣著儀容上也整潔得多，甚至還可以和大家一起在餐廳用餐，儘管她還並不適合離開療養院過日子，但她的精神狀態確實有很明顯的改善。

還有一些其他的人也注意到這些改變。一位當時法庭指派、負責面談伊瑟的監護人就提出報告，指稱伊瑟對所提出問題可以做出「相當理性」的回答。這位監護人在一份法律宣誓的陳述中也指出，「她也展現出一種滿自然的幽默感，以及相當程度的敏銳」。這位監護人表示他不相信伊瑟羅患精神分裂症——並不清楚他是根據什麼來做此判斷——也對瓦維索爾醫師將對伊瑟的診斷從緊張性癡呆改為「慢性精神妄想症」頗感安慰。伊瑟當然還是希望能回家，雖然同樣還是不能很清楚明瞭自己的問題，但她至少還認知魯登療養院是個收容病人的醫院。這種種都指向正確的方向。

一九三八年六月二十日，賈菲一家前往布魯克林京斯郡高等法院參加有關伊瑟行為能力的庭訊，我祖父申請當母親監護人的理由，家族中其他孩子對此事的看法以及瓦維索爾的宣誓意見書都當庭宣讀或交與陪審團考慮。當天下午三時，陪審團做出伊瑟不適宜處理自身事務的認定。一星期後，法官喬治・布勞爾（George E. Brower）指定我祖父作為他母親的法定監護人。那時，我祖父已經完成醫學院學業，剛剛二十四歲。

祖父的第一個動作就是要確保曾祖母的長期財務無虞。他開立了銀行帳戶，仔細登錄每一筆進出，每隔一段時間就把自己簽署的收支明細交給法庭檢視。當年七月底，他駕著貝西再度前往阿米提維爾探望母親。我們不清楚她當時是否已經知道法庭的決定——或者她是否在乎。我們也不知道他們談了什麼，我們所知道的是，他也像曾祖父每次一樣，帶了食物去看她，唯一不同的是，他帶的食物是冰淇淋。

那應該是他最後一次去魯登療養院。到了當年八月，他母親的身體狀況已經接近了正常狀態，她把自己照顧得很好，生活環境維持得很整齊，可以自己進食，體態也保持得很好。魯登療養院院長強恩．魯登在報告中寫道，「病人住在這裡的最後三個月中，她一直保持著接受胰島素療法之後所獲得的改善，她說話的時候，已不像過去那樣顯得偏執、妄想，對於回家住這件事，她也不再表現得心浮氣躁」。

因此，就在伊瑟不再吵著要回家的時候，她想回家的願望反而實現了。一九三八年八月二十三日，伊瑟獲准出院回到位在布朗克斯的家，由她的大女兒碧翠絲照應日常生活起居（我祖父有實習醫師的工作，席薇亞離家在康乃爾大學就讀，艾利——她最喜歡的孩子——為了從事人權工作而去了美國中西部）。我祖父每個月從他為曾祖母開的帳戶中支出法庭所判定的美金六十五元給碧翠絲，作為曾祖母的生活費用。曾祖母現在終於回家了，距離我祖父當年放學回家發現媽媽不見了，足足已超過八年的時間，而這一次，她長久住在家中的希望比從前任何時候都高。

我剛過十三歲不久，祖父給了我一本名為《祖父都記得》的書，這本書的重點就是祖父們該如何跟他們的後代子孫分享一些個人的事務：家庭譜系圖、他們自己的童年跟青少年期、他們的婚姻及工作歷練……等等。那本書的內容安排有點像是增強記憶的填字遊戲，讀者可以在填字的過程裡記錄下所有的資料。但我祖父還是有辦法迴避答案。譬如在書中第十七頁有一條是：「有人告訴我，我長得像：＿＿＿＿＿」，結果祖父的答案竟然是：沒人告訴我這件事。

我很可以體會我祖父在他的母親罹患精神病那麼多年間的感受，也很能體會他最後和母親轉換角色，變成由他來照顧母親的心情。我可以想像祖父在醫科學生忙碌的課程、作業間，還必須擠出僅有的一點空閒時間，來跟律師、法官以及醫院的行政人員打交道，會是一件多麼煩人又時常會感到沮喪的事。我可以理解祖父對於兄長艾利的怨恨，在他們小的時候，伊瑟最喜歡的就是艾利，可是現在他們都成年了，艾利卻把所有的麻煩事都留給了祖父。我也可以想像祖父同意讓曾祖母接受帶有危險性治療時的焦慮，以及如果曾祖父還在世的話，祖父一定會擔憂曾祖父很可能不會贊同他的作法，以及這種療法也有可能致命的恐懼。我甚至可以想像他在半夜因為驚恐而醒來，我可以想像這些事，但卻並不真正知道。

因為，沒有人告訴我這些事。

很多年後，我去拜訪孀居的大嫂，也確認了沒有任何人知道那些事。大嫂的名字是葳爾瑪（Wilma），她在奧克拉荷馬州成長，艾利是在一九三〇年代去中西部時認識了葳爾瑪。葳爾瑪現在居住在加州的奧克蘭。我在那邊待了幾天，話題都圍繞著祖父他們幾位兄弟。正確地說，大部分的時間都是她在說而我在聽。她告訴我，就算是成長以後，祖父——那時已經是專業的心理分析師了——也不會跟其他兄弟談家裡面的事情，特別是那些牽涉到情緒性的事。

葳爾瑪說，「主要的原因就是，他們根本就處於不同的波長，艾利對心理學術語沒興趣，他要的只是兄弟之間的親密對話，如果他問了一個問題，答案卻是那種帶破折號的專業術語，像是『母親—撫育』那種佛洛伊德式的用詞，那不是他要的。而你祖父卻傾向於不太顧及兄長艾利的感受，老是說那些冷冰冰的專業用詞，不管是基於何種理由，你祖父似乎就一定要那樣做」。

我原先希望在葳爾瑪那邊可以找到一些信件，因為我知道他們兄弟之間有些通信。美國聯邦調查局曾經監視艾利長達數十年，我跟他們（聯調局）調閱相關文件，他們就曾交給我一封當年所截獲發自艾利的信（艾利當年十分活躍，還在奧克拉荷馬州因身為共黨份子被捕，歷經了惡名昭彰的「紅色（共黨）審判」——這件事被紀錄在二〇〇七年出版的「審判書」中——艾利最後被判無罪。）

艾利與美國著名左派作家、劇作家亞瑟．米勒（Arthur Miller）過從甚密，有次還和米勒的妻子、著名演員瑪麗蓮・夢露同泡在一個大澡缸裡。聯調局也密切監視艾利和著名民歌手伍迪・蓋瑟瑞（Woody Guthrie）的關係。在艾利的葬禮上，有民歌之父稱號的皮特・席格（Pete Seeger）演唱了〈敬致褐色大地〉（To My Old Brown Earth）。為了找到更多信件，我在葳爾瑪的地下室裡待了一小時，結果看到一個標籤為「丹（丹尼爾暱稱）」的資料夾。

我回到樓上迫不及帶地把它打開，只不過裡面的資料似乎文不對題，於是我再去找葳爾瑪一探究竟。原來是另一位我從未見過，來自奧克拉荷馬也名為「丹」的人。

葳爾瑪說，「我知道當時發生了很多事，但現在相關資料都不見了。艾利也許為了保護『丹』而丟掉了那些資料，那些年，到處都是獵巫行動（抓共產黨）」。

因此，我們所知道的也就是一些故事，不過在兩天之間的談話，還是有個比較突出的故事。那是在戰後幾年所發生的事，艾利和葳爾瑪那時住在紐約的海德公園，我的祖父則從華府北上去拜訪他們，當時他已快要受完心理分析師的訓練，訓練項目之一是要讓自己接受分析，祖父去了，卻坐在沙發上拒絕回答心理分析師的提問，好像他就是「祖父都記得」裡面的那個必須填充的空白。

最後，那位心理醫師對祖父說，「如果你能通過不說話而更瞭解你自己，我是無所謂的」。

我問葳爾瑪，「妳認為那個心理分析師是藉此給祖父一個下台的藉口嗎？」。

葳爾瑪說，「我希望心理分析師只是想讓你祖父知道，『你可以通過拒絕做某些事來瞭解你自己』，我覺得他這樣做是有意義的，因為像你祖父這樣熟讀佛洛伊德，又自己做足功課的成年人，不應該會因為不瞭解所學而退縮——對我來說，那是大開眼界，不是嗎？」。

我沒答腔，葳爾瑪則繼續滔滔不絕，「對我而言，我對他這一方面特別有感，我會想：他一定懂了，而且也承認他懂了。他一直很謹小慎微，心理醫師本就應該謹慎從事，不是嗎？」。

我也沒有回答葳爾瑪的問題，我想，這就是我們家族的特點，祖父有祖父尚未收尾的部分，現在，我們也有我們的。

一直到一九三九年底，我祖父一直在皇后區總醫院擔任實習醫師，他每天去醫院上班過後，就駕車回布朗克斯探望母親。所以他的「貝西」一天到晚忙得很。其實他讓許多「貝西」都很忙——大多數都是醫院裡的護士（我的父親和叔叔後來也成為醫生，祖父還勸過他們別在當實習醫生之前就結婚）。至於他在這些新的約會對象前怎麼稱呼他的車子，或者原先的貝西最後究竟怎麼了？現在都無跡可尋。對於這段時間的事，我祖父只談過一件：一九三九年九月間的一個晚上，他在醫院裡的實習醫生室裡，和其他幾個人圍著收音機聽到德國入侵波蘭的新聞。

一九四〇年時，我祖父在實習醫生訓練期結束後掛了電話給瓦特・佛立曼。祖父所認識的許多醫師當時都在接受畢業後的進一步訓練，但祖父則希望能在神經內科領域內發展。佛立曼那時已經聘任了一位任職期一年的研究員，但他答應在神經病理學實驗室再增加一個員額，條件是我祖父必須同意是無酬的工作。

我祖父對佛立曼所提供的機會作了一番考慮。一方面，如果再搬回華府，他所繼承的遺產就將耗費殆盡。但另一方面，瓦特・佛立曼不是普通一般人，他是「腦白質切除術之父」，是一位精神醫療領域內的名人，他也認識許多人，在他的實驗室工作，絕對是一項值得的投資。所以，我祖父同意免費擔任研究員的工作，他於是再一次離開紐約前往華府——這一次，很可能就會永遠待在華府了。

祖父回到華府之後不久就和佛立曼合作一項研究計畫，他們對一個當時資料欠缺的疾病亞急性細菌性心內膜炎做個案研究。如果把當時有關心理衛生的各種先進研究列入考慮，他們所要進行的研究其實算不了什麼，但不管怎麼說，也還算是個專業的作為。一九四〇年十月三日，祖父在華盛頓特區醫藥協會的一個會議上提出個案研究成果，之後，研究報告被刊登在一份醫學刊物上，祖父的名聲也因此慢慢傳播出去。

同一個月份，祖父經由老同學介紹，認識了一位名為卡洛琳．拉夫曼（Caroline Raifman）的女子，卡洛琳也來自紐約，當時在華府的美國人口普查局工作。有一天，祖父鼓足勇氣掛電話給她。她對祖父說，「你怎麼那麼有把握我願意見你？」。祖父答道，「因為我是個不錯的人」。這就是從那時以後的大約六十多年間，他們之間對話的基調。

事實上，他們之間最初的互相吸引就是因為那輛名叫貝西的車。他們當時都需要不時從華府去紐約，貝西就成了現成的交通工具。不久之後，他們就發現彼此都很享受那段旅程而非目的地，所以他們決定走一條捷徑。接下來的七個月，他們陷入熱戀，終於有一次，當他們從卡洛琳位於布魯克林的家駕車回華府時，祖父向她求婚了。

一九四一年五月十四日，就在祖父剛過二十七歲生日後幾天，他們結婚了。他們在華府東南區蓋林格醫院對面的一個公寓安頓下來，當時祖父已經完成在瓦特．佛立曼那邊擔任研究員的工作，轉到蓋林格醫院擔任神經內科部主任，月薪二十五美元。

我的祖母曾經說道，「當我嫁給他（祖父）的時候，他的銀行存款只有一百美元」。

祖父說，「我還有一輛車呢」。

祖母說，「對，還有一輛車」。

那時，瓦特．佛立曼已成為經過認證的醫藥明星，他為這對新人舉辦了一個雞尾酒派對。五月下旬，「週六夜郵報」刊登了有關腦白質切除手術的大篇幅報導，報導上方是佛立曼及瓦特斯的巨幅照片，撰寫報導的記者親自見證了一場腦白質切除手術，並且記錄下當時的醫生、病人的現場對話：佛立曼在動手術的中途問病人「我是誰？」。病人答道，「威廉．倫道夫．赫斯特」（William Randolph Hearst）[2]。如果你仔細想想當時的情況，病人的這個回答就一點都不出奇了。當年夏天，甘迺迪家族大家長約瑟夫．甘迺迪（Joe Kennedy）找了佛立曼和瓦特斯幫女兒露絲瑪麗做腦白質切除手術，雖然最終失敗了，但並無損於當時佛立曼在醫界扶搖直上的名聲。

當時美國軍方也想要佛立曼加入幫忙。一九四〇年中期，美國衛生署長察覺國際衝突即將發生，要求國家研究委員會成立一些專門的醫藥顧問委員會，其中一個就是

2 譯註：美國報業大王、企業家，赫斯特國際集團的創始人。赫斯特是一位在新聞史上飽受爭議的人物，被稱為「新聞界的希特勒」、「黃色新聞大王」。

由聖伊莉莎白醫院院長、著名精神科醫師溫弗雷德・歐費霍瑟（Winfred Overholser）所主持的神經精神病顧問委員會，其下設置了有關人事及訓練的次級委員會，瓦特・佛立曼就是委員之一。一九四一年間，這個次級委員會開了幾次會議，主要的任務就是挑選最適合在戰爭發生時為國家服務的年輕心理衛生專業醫師。

一九四一年三月五日，我祖父的名字開始出現在衛生署長與人事次級委員會之間通信的名單上，他被評估為最低的第四等，第一等級意味著全國知名的專家（瓦特・佛立曼就是第一等級），第四級則是還需要上級指導的年輕醫師，這些第四等級的醫師最後都被分發至各師部擔任戰場精神科醫師。

一九四一年戰爭爆發前，美國衛生署的主要工作是在應召入伍者中篩檢出日後可能發展出精神問題的人。一九四一年三月十二日的一份戰爭部通報中，就列出了各種精神失常的案例，從癡呆到腦梅毒都有，特別指出受徵召的精神科醫師必須有能力在簡短的評估後，就能夠判斷出病人所面臨的是何種精神疾病。

到了一九四一年尾，我祖父尚未收尾的部分不僅僅感覺上開始收緊，而且是在他並不自知的情況下被收緊。不過他也很快就明白是怎麼回事了。當年十二月的第一個星期天，祖父和卡洛琳駕著貝西前往維吉尼亞州拜訪親戚，在經過華府第十四街橋時，貝西的收音機中傳出珍珠港遭襲的新聞。

我祖父日後曾經回顧，「車上的收音機中斷了播放音樂的節目，代之以那個令人震驚的（珍珠港事變）新聞，我們瞭解到，我們實際上已被扯入另一次世界大戰」。

第六章

昭和維新

「國家現在需要徹底的、全面的翻修，昭和維新的呼聲也一再出現」

——大川周明，《國史讀本》，一九三五年。

一九三一年時大川周明已四十多歲，他通常都以早上騎馬出遊展開一天的活動，他所喜歡的一位名為吉丸的藝伎，也都會先行到馬廄去等著一起出行。大川周明習慣向她訴苦水，而且還真的有很多苦水可訴。

日本當時已是昭和天皇即位第六年，然而這個新的世代，在大川周明看來卻沒什麼前景，因為日本面臨著他所稱的「滿州問題」。中國當時陷於內戰，也很有可能波及日本在滿州（中國東北）的領土，俄羅斯則在一旁虎視眈眈，企圖染指滿州。至於從一九二〇年代開始就與日本關係不這麼融洽的美國，似乎已準備在必要時支持中國，另一方面，當時的日本的政治人物則忙於爭權奪利，而非團結一致解決所面對的問題。大川周明一早的騎馬活動，應該有助於由宿醉中清醒過來——他在那段時間經常酗酒——但他的心中還是有許多讓他頗感沉重的事。

一九三一年的那天，當他結束騎馬活動後去到已經在那裡工作了十多年的東亞經濟智庫，大川周明很自然地又沈浸於滿州事務之中。

滿州在日本人的心目中佔有一個相當特殊的地位，他們是在一九〇五年的日俄戰爭獲勝之後，取得了滿州南部的領土特權，日本也由於有滿州作為橋頭堡，才得以將勢力越過朝鮮探入亞洲大陸。滿州富有煤炭礦藏、原物料、農產品，在一九二〇年代晚期，滿州的出口已佔了全中國出口的三分之一。大川周明也像當時的許多日本人一樣，經常把滿州稱做日本經濟的「生命線」。

這個「生命線」的最主要部分就是由日本政府直接經營的南滿鐵路公司，這個公司管理長達七百英哩的主要鐵道系統，以及沿路穿過多達一百個城市的各種產業。沿著鐵道的發展提供了日本本土企業許多往外發展的商業機會，也是日本島國人口日益膨脹的外移出口，數以百千計的日本公司，數以萬千計的日本人口，都在十數年間移往滿州，南滿鐵路公司就運用其貨車及客車，肩負起了運送物資及人員的重任。南滿鐵路公司的鐵道由為數大約一萬的關東軍負責保護，公司也負責管理許多附屬企業：煤礦、港口設施、商業用倉庫、旅館、學校、醫院——以及位在東京、聘用大川周明的東亞智庫。

大川周明當初是因為他對印度的研究而受聘，不過他在受聘之後卻花了許多年研究範圍更廣的西方殖民主義，發現現代的殖民特許公司，遠較過去更多地負起了推動母國政治目標的責任，它們不僅僅是進行商業行為而已，實際上更像是個實質運作的政府。這些發現，深深吸引了大川周明。他當時也在專門研究西方殖民地的拓植大學擔任教授，一九二六年八月，他還因為殖民研究獲得東京大學頒贈法學博士學位。

大川周明後來曾經談過他自己在那段時間的思想，「一個在當時一直保持獨立自主的國家，必須擁有至少能自給自足的領土」。

對大川周明而言，那個「領土」顯然就是滿州。然而那幾年間，日本對滿州的掌握卻在漸漸流失之中，特別是中國東北軍閥張作霖拒絕與日本結盟而轉向正在進行東征的中國國民黨政府，使得日本在滿州的影響力降至新低點。大川周明則在竭盡全力阻止日本影響力的消逝：他寫信給外務省，還特別前往滿州與張作霖之子張學良談判。結果，他心目中的那些日本國會內的「蠢人」，還是不能警覺到事情的嚴重性，自由主義者採行的是西方自一次大戰後就期望日本採取的「軟膝外交」。保守主義者雖然較為主動積極，但跟大川周明所期待的強勢還有一大段距離。大川周明認為，日本的生命線已經逐漸漂流入海，現在已經到了不擇手段將之收回的地步。

一九三一年初的一個下午，大川周明一如往常離開智庫下班回家，他認為要靠那麼一個意見無法統一又無能的政府來拯救滿州，根本就「毫無希望」，而如果不趕快做一些事，日本就將遭受潛在的經濟損失。他思及日俄戰爭中日本軍人在滿州大地上所流淌的鮮血，戰勝時日本以東方拯救者之姿踏上滿州，而如果沒有滿州的大量資源做後盾，日本在面對與美國無可避免「決一死戰」之時將絕無勝算。大川周明認為，日本帝國的偉大使命現在已經成為必須要去完成的偉大願望。

總的來說，這件事已經無法「置之不理」，也就是「坐而思」的階段已過，現在是要「起而行」了。

一九三一年初的一個晚上，大川周明因為日本政府又度過毫無動作的一天而情緒激動，他參加了一個由年輕軍官所組成、像他一樣堅持改革的「櫻會」組織聚會。這個團體的成員大約有一百五十人，他們也正在擬定有關如何解決滿州問題的計畫，同時要訂定日本政治往前邁進的路線圖。一位參加首次「櫻會」聚會的陸軍少校就指出，「我們相信，如果對現況置之不理，日本無論作為一個國家或是它的人民，都將走向衰敗，所以我們希望能盡自己的力量來清理日本的政治，同時修復國家」。為達此一目的，他們將不惜使用暴力。

「櫻會」的名稱來自於日本武士的傳統象徵——櫻花，亦即有如櫻花綻放時的燦爛，謝落時的純粹死亡。

一九三〇年代早期，日本已成為類似「櫻會」這樣極端組織的溫床——特別是那些意識形態偏右心存不滿的軍人。除了有關滿州的安全問題之外，他們還有許多其他的理由對國家的方向失去信心。發生於一九二九年尾的全球經濟崩盤，對日本軍人造成嚴重衝擊，這是因為日本軍隊裡大多是來自貧苦鄉間的年輕人，而當時受傷最重的就是農村及一般勞苦大眾，以致於他們的憤恨均投射向西方資本主義以及各大企業。至於左派激進主義者則以共黨運動的形式出現，他們在一九二〇年代晚期遭到大量逮捕，當時的激進主義者幾乎均為思想保守的愛國軍人。

他們把日本當時的狀況歸咎於政黨政治的政客們。一九三〇年時，日本還在努力適應才開始不久的議會政治以及伴隨而來的貪腐——一九三〇年春天，就有四十九位政治人物因受賄而遭起訴——這些事，都讓大家對政黨人物頗為失望。極端份子則相信，這些自私自利的官員對日本只是有害無益，而且違逆了天皇的願望。

不過，真正讓這些極端份子野心爆發的，是一九三〇年四月二十二日在倫敦舉行的海軍軍備會議[1]。當時日本代表和其他與會四國代表達成軍備協議，但日本國內具有軍國主義思想的保守派人士對協議內容十分不滿（日本海軍領導階層希望日本海軍力量能達到美國的百分之七十，但實際協議的百分比卻略低於這個標準）。這些反對人士認為所達成的「限制和削減海軍軍備條約」實際上等於向西方低頭，同時損及日本的軍事地位，也是對天皇在國防上的權威進行挑戰。

當時的內閣總理大臣濱口雄幸在促成條約通過國會認可時，那些在口頭上反對的人終於訴諸暴力。當年秋天，濱口雄幸遭到一位右翼極端份子攻擊，一個月後傷重不治。

這時，革命已經迫在眉睫。大川周明和「櫻會」成員開始討論如何推翻政府，扶立軍國主義者接管政權，許多年輕的軍官都把大川周明當作思想導師，他們通過行地社的活動以及出版品例如《日本》期刊來瞭解大川周明的思想（倫敦軍備條約簽訂後，大川周明在《日本》發表文章，指稱美國意欲將勢力伸入東亞，因此日本必須要「讓美國瞭解，對方將無法遂行其野心」）。另外一些人則通過大川周明的著作進行瞭解。前述那位少校就表示他讀了至少五、六遍《復興亞洲的若干問題》。大川周明在一九三〇年初所出版的另一本著作中

1 譯註：由「華盛頓海軍條約」締約國——英國、美國、日本、義大利及法國召開並簽訂「限制和削減海軍軍備條約」。

也指出，軍人代表了高尚的武士傳統，因此比政治人物更適合領導日本。

為了表達對昭和天皇的尊敬，他們把推動改革政府的激進計畫名為「昭和維新」。一九三一年初的一個晚上，在參加一個「櫻會」的聚會之後，大川周明和幾個親密的朋友去到東京一處經常光顧的茶室兼妓院。當時同行的有身為平民的德川義親（統治舊日本德川家族的最後一位大佬）、身為軍人在陸軍參謀本部任職的右翼活動家清水行之助（一位相當強壯又強悍的人）、還有官階為中校的橋本欣五郎（「櫻會」創辦人之一，也是泛亞主義的堅決奉行者）、重藤千秋上校（他也同意改革日本政府才是穩住滿州的關鍵）。這幾個人就在妓院裡喝酒、喧鬧，跟藝伎打情罵俏直到深夜不絕。

大川周明最常去的是位在築地的金龍亭旅館，老闆娘中野夫人說大川經常在參加革命聚會之後造訪，來找他最喜歡的藝伎——一位體態豐腴長得有點像法國洋娃娃，名為文丸的美女（他們之間的關係是，當大川周明幾十年後去世時，文丸也在三天之後過世）。根據中野夫人的說法，大川有時候喝一整夜也沒事，有時候卻一喝就醉，而每當他喝醉之際，他就像整個變成另一個人。那時候，那位慣於沈思的哲學家就不見了，取而代之的是一位充滿熱情的愛國者，而且時間愈是進入深夜，那些有關革命行動的言談就愈來愈激昂。

一九三一年早期的那段時間中，大川周明經常就是這樣在茶館妓院狂歡之後，拖著沉重的腳步回家，茶館裡的高談闊論讓他興奮異常，酒醉之後也需要釋放情緒，他常常就在回家後找上自己的妻子兼子。兼子本來也是藝伎出身，應該早已習慣這種喧鬧，而且當時他們已經結婚六年，兼子對於丈夫的類似行為也應當不會意外。但大川周明那時醉後的表現已經超出正常的狀態，兼子也開始有些害怕。她事後曾經說，「每當他醉成那樣的時候，我就常常跑開，以免受到傷害」。一九三一年早期，兼子認為酒精已經讓大川表現得像「一個瘋子」。但是多年以後再回顧當時的情況，兼子開始認為，也許不是因為酒精，而是他的腦袋出了問題。

有天晚上，橋本欣五郎和重藤千秋透露，一些比他們高階的軍官也有日本國會應該「予以摧毀」想法。這個消息讓「櫻會」成員十分興奮。一九三一年二月七日大約下午三時，一群年輕軍官在重藤千秋家密會，就一場真正的政變進行籌劃。大川周明並未參加密會，但他承諾一旦發動叛變行動，他可以幫忙促動民間人士支持。就在這種激勵之下，這群人討論了一整天，到了半夜，一個明確的政變計畫已經於焉成型。

計畫中的政變將於三月二十日發動，當天日本國會將就一個眾所矚目的新勞工法案進行辯論，大川周明將指揮民間隊伍爆破總理大臣官邸以及兩個政黨的總部，他們將使用部隊用的練習彈，只會發出巨響及釋放大量煙霧，雖不至於傷人但足以在整個東京製造騷亂。然後，為數大約一萬的群眾將在持刀者的護衛下遊行至國會大廈（這些相關的細節均來自於「櫻會」成員田中清少校，他離開軍伍之後，曾經在一九三二年一月完整記錄下當年的詳細計畫）。

這時，主要由「櫻會」成員組成的軍人隊伍，將以保護國會為託詞擋下民間隊伍，然後一位軍方領導將進入國會，要求總理大臣幣原喜重郎及其內閣辭職（濱口雄幸遇刺後，幣原喜重郎出任臨時總理）。這位軍方領導將宣稱，「國家現在已面臨嚴重危機，我們要求政府採取必要措施」，當時的陸軍大臣宇垣一成將在實際發動政變之前就取得天皇御准而組閣[2]。

大川周明事後說，「我們並無意徹底摧毀國會，我們的想法是建立一個新的政治勢力，同時建立以軍方為核心的內閣」。

按照當時的工作分配，大川周明將負責把計畫交給宇垣一成，他們兩人在大川主持大學寮時曾經見過五、六次面，當時擔任參謀本部參謀長的小磯國昭的安排，在二月十一日見了面[3]。那次的見面具有相當的象徵意義，因為那天是日本建國的週年紀念日，許多「櫻會」成員都深信宇垣一成跟他們一樣希望改革，只不過，讓他來為推翻自己也在內任職的內閣背書，又是另一回事了。

大川周明在跟宇垣一成高談闊論有關日本政黨政治「真正醜聞」時的亢奮，其實並不難想像。他不斷揮舞長臂來加強語氣，裊裊香菸瀰漫在厚厚的眼鏡片上，也不時遮住他的深邃雙眼。他對宇垣一成解釋，一場全民對抗政府的「直接行動」已經展開，因此他想知道軍隊是否可在宇垣一成的指令下「予以忽視」——也就是消極放任群眾遊行前往國會，而不是積極介入阻擋，進而毀掉政變的動力。

兩人會面後所各自得到的結論卻截然不同。幾個月之後，宇垣一成對他的一位高級政治助理說，大川周明的想法簡直「不像話」，他也拒絕應對方要求提供模擬炸彈。宇垣一成事實上等於是當場拒絕了。可是大川周明卻認為宇垣一成同意配合，「他（宇垣一成）對政黨政治表現出極度厭惡，他同意與我會面，已經說明了他心中的真正想法」。所以不管兩人當天晚上究竟談了什麼，大川周明所得到的印象就是宇垣一成默

2 譯註：宇垣一成是大正末期至昭和初期長州出身的陸軍實權派「宇垣閥」首腦，三次出任陸軍大臣之職，一九三一年因為三月事件被迫辭職

3 譯註：小磯國昭是日本帝國時代陸軍大將、政治家，第四十一屆內閣總理大臣，二戰甲級戰犯，在朝鮮總督任內積極鎮壓朝鮮抗日運動。

許了昭和維新。

大川周明當天晚上就把這個「令人鼓舞」的消息通報給橋本欣五郎。獲得陸軍大臣支持的消息當然讓大家士氣大振——不管是真的或只是出於自我想像，抑或是兩者之間——大川周明和其他人已經開始推動推翻日本政府的計畫。

參謀本部的建川美次少將幫助他們取得了炸彈。建川美次為橋本欣五郎引見了陸軍步兵學校校長，後者下了條子，允准橋本欣五郎取得三百枚砲兵練習時所使用的模擬彈。橋本欣五郎接著在東京新橋車站將炸彈交給清水行之助，模擬彈是用厚紙包裹，直接在月台上換手，清水行之助取得模擬彈後帶回家中藏放。剩下來的就只有等待起事了。

事後證明，起事卻是最困難的一部份。當年二月底，大家的合作關係開始崩解。安排大川與宇垣一成見面的小磯決心開始動搖，另外幾位重要領導人也開始轉向，負責擔任「線民」的田中清也對整個計畫的重點是推倒政府而非重建新政府，感到相當沮喪。他也對有非軍方人員參與——特別是「像大川周明博士這樣的人」——感覺不太舒服。

大川周明則對這一切視而不見，他依然每天晚上都和重藤千秋去歡場消磨。田中清事後指出，大川周明在那些藝伎面前都毫無警覺，肆無忌憚地就他們準備政變的計畫大吹大擂。當年三月初，大川周明為計畫的行動作了一次預演，結果只召集到千餘人參與。田中清此時才警覺，「動員一萬人根本就是幻想」。其他人也同意他的看法。

當起事的日子漸漸接近時，大川周明一定也發現整個計畫似乎已開始分崩離析，於是企圖努力扭轉形勢。一九三一年三月六日，他發了一個訊息給宇垣一成，懇求對方「一起來完成昭和維新大業」，在信息的結尾則大聲疾呼採取行動：「如果您能讓自己充滿愛國情操，滿腔熱血堅定不疑地站出來，心中只有遠大的目標，忘掉那些無關緊要的小事，勇敢地為了天皇及您的祖國大地挺身而出，那麼，不論你在何處，有志一同者都會立即響應，大事必然可成。偉大的使命即將降臨到您的身上——讓帝國的尊嚴再次抬頭，讓這個偉大的時刻來到，愈快愈好」。

大川周明的呼籲顯然得到了反效果。宇垣一成事後表示，他是在接到大川的信息之後，才驚覺到事情的嚴重性，所以立刻採取行動，希望能將之化解。宇垣一成的作法其實是想自保——特別是他在一個月前才與大川周明會面——大川周明最新的信息顯然讓他神經緊張起來。到了三月中旬，小磯傳話表示計畫中的政變必須取消。

但大川周明不是會輕言放棄的人。在原訂發起行動的一或兩天前，他和清水行之助出現在宇垣一成的家門口，小磯當時出面拒絕他們進入，但大川周明在離開之前，很明確地表示不管有沒有軍方的支持，他的這一部份計畫都將如期進行。大川周明也並非空言恫嚇：大川和清水行之助手上還有那些模擬彈，到時一幫惡棍手持能製造煙霧及聲響的模擬彈衝上東京街頭，勢必會造成混亂，屆時也將很難用和平的手段將他們驅離。

面對此一狀況，小磯只得求助於大川周明的死黨及酒友德川義親，寄望德川義親能控制住大川周明。三月十九日下午，德川義親駕車前往大川周明工作的經濟智庫東京支部，當時大川周明和清水行之助正好在那邊商量大計。根據德川義親所留下的日記，他很努力地企圖說服他們放棄行動，告訴他們注定將面對失敗，而且也質疑他們僅憑一股熱情舉事，反而模糊了高尚的動機。

德川義親對他們說，「特別是現在這個階段，更需要謹慎、忍耐，等待另一個更好的時機出現」。

大川周明本來就不是會輕易改變決定的人，特別是在最後關頭改變計畫，更讓他覺得不名譽。德川義親於是打出義氣牌，表示雖然他不贊同政變計畫，但如果大川周明一意孤行，他也願意跟他（大川）站在一邊，即使要犧牲性命，也在所不惜。

大概是德川義親話語中的武士情操穿過了大川周明澎湃的情緒而直達他理性的一面，他終於答應讓三月政變的計畫胎死腹中。做出這個決定之後，三人緊緊地互相握住手，並且流下了激動的淚水。

一九三一年五月下旬，大川周明前往東京的青年大堂就「滿州問題」發表演說。大約有一百名「櫻會」成員也出席聽講，他當天的演講內容在一個月後也以文章的形式發表，主要就是有關日本如何在區域內增強力量的論述，有些是歷史性（通過日俄戰爭的獲勝，日本合法地贏取相關利益），有些是社會性（滿州仍然是日本經濟、文化上的「生命線」）有些是亞細亞主義者的論調（日本的使命就是在和平時期領導東亞）。他當天對群眾說的話也寫在文章中：亦即「通過談判、妥協以及外交手段來為當前局勢解套的時機，已經過去了」。

大川周明在群眾之前的形象十分突出，他的身高很自然地讓他有一股高高在上的領袖姿態，他的外表並不很像日本人，增加了一種異國風味，他戴的眼鏡鏡框相對較大，配上深陷的雙眼，不自覺地透露出智慧潛藏其中，低沉的聲音又讓人覺得有些不正派。他從高中開始就是一位具有說服力的演說家，特別是在做煽動意味頗強的結語時，強過許多只會陳述事實的演說者，從那時開始，他的哲學家—愛國者的特質就一直不斷增強，作為一位專研殖民事務的博士，他的滔滔不絕自然帶有一股學術的重量。而作為一位參與革命行動者，他也自然承載著行動執行者的形象。

到了一九三一年中期，大川周明已經在日本各地就滿州事務公開發表演說兩年之久。回到一九二九年，他那時對日本政府的總總作為感到十分沮喪，於是開始巡迴日本演講，目的是加深日本人對所謂「滿州問題」的認識（為了能更有效進行這方面的努力，他甚至說服了國營的南滿鐵路公司解除對經濟智庫的控制，使得他自己也能解除跟官方的聯繫）。大川周明認為，如果日本的政治人物不想理會滿州問題，也許日本人民可以來強迫他們採取行動。

那段時間，大川周明和一組演講員大概在全日本將近一百個地方做過演講，他們散發宣傳手冊給各地聽眾，播放宣傳影片，大川周明本人更是會根據不同的聽眾改變語調甚至主題，證明了他真是演說高手。舉例來說，一般大眾聽到的是一種內容，而軍事人員或地方領袖所聽到的，則是另一種內容。不過不管聽眾是什麼人，大川周明有兩個重點一定會提：第一，找出滿州問題的解決方案，不僅僅有利於日本的經濟，更直接與國家的存續相關。第二、日本政府不思積極解決滿州問題，已經讓日本的存續產生了危機。聽眾都深深被他打動，大川周明也成功地利用演講激勵群眾，讓他們做好為祖國赴湯蹈火的準備。

到了一九三一年八月，大川周明的演講團已經踏遍從北起北海道，南至鹿兒島的日本的所有都道府縣，至少數以十萬計的日本人聽過大川周明的演說。那個月，大川周明一行抵達從東京灣往南直到太平洋的伊豆群島最北邊的大島，他的老戰友滿川龜太郎在那裡加入了行列。其實，演講的本身並無值得大書特書之處，因為大川周明一年多以來講的都是同一主題，但滿川龜太郎確實發現大川周明所說的一句話大有紀錄下來的價值，那就是大川周明說在接下來兩個月內的某個時間，「滿州會發生一件驚天動地的大事」。

六星期之後，在一九三一年九月十八日，所謂的「滿州事變（九一八事變）」真的發生了。那是負責在南滿州保衛日本利益的關東軍所犯下。當天晚上剛過十時，一位關東軍軍官把四十二包黃色包裝的炸藥放置在南滿鐵路的鐵道上，同時點燃了引信。爆炸本身並未造成多大的損害——一輛十時四十分開往大連的列車還順利駛過遭爆破的鐵道——但關東軍把爆破事件諉罪到當地的中國部隊，然後按照原先的詭計對中國部隊發動了攻擊。

雙方的戰鬥在很短的時間內就升級為日軍全面入侵，幾天之內，關東軍已經攻下數個關鍵城市。東京方面，內閣總理大臣若槻禮次郎和外務大臣幣原喜重郎都企圖讓衝突不致擴大，但都失敗了。他們能做的也很有限，關東軍的領導人物根本完全無視國內政府人員的約制，反而更大程度加強攻擊行為，他們覺得自己正在做對日本最為有利的事。到了秋末，中國東三省的首府都已在關東軍掌握之下。

九一八事變引起了西方國家的注意。甚至於在關東軍故意挑起事件之事曝光之前，也不是人人都相信日方所說的故事，一幅美國的政治卡通——後來獲得了新聞最高榮譽的普立茲獎——畫的就是一隻強有力日本臂膀，舉著由國際和平條約組成的火炬。一位事變當時正好在滿州的美國人，後來也在哈潑雜誌上發表文章，指出他確信是日本一方挑起事件，他也指出九一八事變提醒大家，就算在一個文明世界裡，軍國主義「也會在必要的情況下被用來推動而非指導國家的政策」。

對於日本的領導者而言，要重新將局勢扭轉回來卻困難重重，最主要的原因就是日本大眾都很支持關東軍的作為。日本媒體的評論都接受了所謂中國軍人埋設炸彈的詭計，甚至連自由派的英文日本每週紀事都對「一些好戰的中國人引發事端」的說法表示贊同。大阪的一座公園裡連續幾晚擠滿群眾，大家都對傳來的日軍得勝新聞歡呼叫好，所有的人也都在叫囂，希望關東軍給中國軍隊致命打擊。

這個因為在滿州採取軍事行動而激起的國家驕傲，正是大川周明在長達兩年巡迴演說中希望達成的目標。九一八事變發生後，大川周明又開始公開鼓吹自己的理念，希望能搧動廣大民眾的怒火。兩個月之間，大川周明和他的演講團總共分頭前往了全日本的五十個地點，進行如閃電戰般的巡迴演說。

回到一九二九年，當大川周明舉行第一場演說時，曾經尋求日本軍方的正式支持，當時日本軍方一口回絕。現在不同了，陸軍參謀本部不但全力配合，軍方甚至允准大川周明的演講團成員加入陸軍的宣傳隊伍。

一般認為，九一八事變是日本在一九四五年以向聯軍投降而告終的「十五年戰爭」的開始。現在回顧起來，可以說九一八事變開啟了日本逐漸在全球陷於孤立的過程。關東軍從中國奪來的領土當時已經改稱為「滿州國」。日本領導人堅稱滿州國是個獨立的國家，西方世界則認為那不過就是個傀儡政府。當時國際聯盟就九一八事變進行調查，而且很快就指稱錯在日本，日本的反應則是退出國際聯盟，象徵著日本要跟西方式外交保持距離的態度。日本大眾則對退出國際聯盟不但欣然接受，而且還大聲叫好。

大川周明是否介入或如何介入「九一八事變」，至今並不清楚，但他確實認識策動事件的關東軍將領板垣征四郎以及石原莞爾[4]。從事後來看，大川周明對事件的瞭解，也可能只是「有事會發生」而已，然而不可否認的是，「九一八事變」確實有不少大川周明的身影在內，譬如說他的一位門生就是在滿州的板垣征四郎與東京參謀本部之間的聯絡人，他所工作的智庫也提供了許多石原莞爾在籌備事變時所引用的高質量報告。從這個角度來說，大川周明也許並不像「紐約時報」所描述是「九一八事變」的「民間頭腦」，但毫無疑問的，他是事變的「民間聲音」。

很多年以後，事情才漸漸明朗。譬如一九三一年過後的許多年，大家才瞭解「九一八事變」的重要性；更多年之後，事件對大川周明良知上所產生的影響，才逐漸顯現出來。而在當時，滿州鐵道上的血跡尚未乾透，大川周明已經再度把他的注意力轉向了尚未完成的革命。

一九三一年末期，日本的高層領導人開始體會到極端改革主義者的強大動力，對事件的關切已經直達天皇身邊的樞密大臣西園寺公望[5]，以及西園寺公望的秘書原田熊雄。當關東軍在滿州擴大地盤之際，原田熊雄就迫在眉睫的革命運動在國會作了簡報，他當時說，「『九一八事變』的序曲就是陸軍的政變」，他指的就是三月的流產政變，「他們在滿州已經得手，必然會讓陸軍裡的一些人大為鼓舞而認為自己也可以在日本如法炮製，這才是真正的危險」。

原田熊雄的說法，很大程度上正確反映了當時日本激進主義領導者的真正思維。因為他們實際上已經在籌劃將於同年十月底起事的軍事政變。這場籌劃中的政變以三月的流產政變為藍圖並進一步升高，內閣成員將被集體屠殺，暴民將包圍東京警視廳總部，不同的報刊將被強迫表態支持，一個由軍方主導的政府會立刻成立，大川周明本人將出任大藏大臣（財政部長）。大川周明事後表示，當時的想法就是「徹底將之摧毀，然後建立一個有能力解決重大問題的強大政治力量」。

不過，十月政變計畫在正式發動前就被憲兵破獲，橋本欣五郎遭羈押二十天，但事後處罰的方式基本上無視於問題本身的嚴重性，有些官員甚至認為參與者的動機是要改善日本，因此只能算是受誤導的愛國者而不是叛國的犯罪行為。大川周明此次並

4　譯註：板垣征四郎是遠東國際軍事法庭甲級戰犯。日本岩手人，大日本帝國陸軍大將，歷任關東軍參謀長，陸軍大臣、中國派遣軍總參謀長、朝鮮軍總司令、第七方面軍總司令。石原莞爾最終軍階是陸軍中將，任關東軍作戰主任參謀時和板垣征四郎一起策動了九一八事變

5　譯註：日本明治到大正時期、戰前的政治元老，號陶庵。宮廷貴族清華家出身。德大寺公純次子，過繼西園寺師季。二十世紀初期與桂太郎交替出任首相。逝世後舉行了國葬

未受到懲罰，但並非未受到注意，十一月初，執法單位開始對他進行密切監視。

大川周明本人則企圖直搗核心。他在一九三二年二月成立了新的行動團體「神武會」[6]。

「神武會」受到許多年輕右翼軍官支持，也根據大川周明多年來在巡迴演講中所鼓吹的理論，開始進行日本政府的改造運動。「神武會」的幕後贊助者則希望政治異議人士盡可表達理念，但不要訴諸暴力。這段時間裡，大川周明保持得相當低調，經常足不出戶待在東京品川區、目黑區之間的上大崎家中。

這樣的消極態度很快地就與他日益上昇的名聲顯得格格不入。就在那個時候，兩名日本海軍准尉古賀清志和中村佳雄經常拜訪大川周明談論日本現況。這兩位年輕軍官屬於另一個主張泛亞主義、由對現況心存不滿的軍人所組成的團體，這個團體也主張大川周明多年以來所鼓吹的社會改革。他們相信日本的重責大任就是「領導亞洲人民抵抗白人入侵東方」。他們傾心於北一輝在一九一九年所出版有關重建政治的書中所提出的理念，他們認為日本的政黨和財團實際上正在把國家帶往衰敗，只有代表日本真正精神價值的年輕軍官可以力挽狂瀾。

一九三二年三月二十七日，古賀志清和中村佳雄來找大川周明要一些槍枝及金錢。這兩人負責協調組織「農民起義」，動員鄉村農民遊行到東京。他們的計畫也讓大川周明回憶起前次流產的改革大業，他知道一些公眾人物會在起義過程中受到傷害，但與昭和維新可能帶來的偉大成果相較起來，這些犧牲都微不足道。因此從四月三日到五月十三日之間，大川周明總共交給對方五把手槍、一百二十五發子彈以及六千日圓。他事後把這些武器及金錢稱為「促成行動的力量」。

結果事後證明，他們所發動的遠不止於農民起義。一九三二年五月十五日，古賀志清和中村佳雄兩人率領激進群眾在東京造成大騷亂，一組人衝進內閣總理大臣犬養毅的官邸，冷血將之射殺。另兩組人則大鬧東京市區，他們爆破了犬養毅所屬政黨的總部，以及東京大都會警視廳辦公大樓。他們也攻擊電站，切斷了東京的電力供應。他們攻擊了位列高官的內大臣（掌璽大臣），四處散發對政黨、資本主義利益、「有氣無力的軟弱外交」、裁減軍備、受壓制的鄉村等不滿意的宣傳冊子。他們在宣言的結尾

6 譯註：根據日本神話，神武天皇是日本第一代天皇，天照大神後裔，最早在「古事記」中名為神倭伊波禮毘古命。較晚成書的「日本書紀」中的漢字譯為神日本磐余彥尊，傳說他建立最早的大和王權，為日本開國之祖與天皇之濫觴。神武天皇在西元前六六〇年發表宣言，表示要將他的統治權擴展到「世界的八個角落」

指出，「為了未來的建設，現在的摧毀是必要的。起來吧，大家來共同創建真正的日本」。

完成了當天的所有行動之後，參與的軍人向憲兵繳械投降，他們決定不遵循武士傳統切腹謝罪，而是要通過審判讓外界瞭解他們起義的理由。

那次的暴亂被稱為「五一五事件」，但除了犬養毅遭刺之外，其他方面的損害並不大。當然，日本當局無法漠視這個造成現任內閣總理大臣遭刺殺的事件，而在跟監大川周明長達半年之後，司法官員已有足夠證據證明大川和起義事件有關。事件發生一個月之後，他們致電大川要他前往應訊。

大川告知對方，他當晚要去日本北部，但很願意在回來後前往報到。大川掛了電話之後，警方就決定立即採取行動，大批便衣警探趕往東京的上野車站，準備在大川搭上晚間十時出發的列車之前將他逮捕。但當警探趕到時，卻發現有二十多人在車站為大川周明送行。

警探不願意在那個時候因逮捕行動而在車站造成驚擾，所以決定也搭上同一列車。警探們就在車上密切監視大川周明，前後大約一個小時。我們可以想像大川周明一個人坐在那兒，很可能那還是一節可以吸菸的列車，他戴著圓框眼鏡的臉貼近車窗，心中想的可能是最近發生的事，以及自己在四十五年歲月中所做的決定將把自己帶到何種境地。同車的警探終於在土浦市車站將他逮捕，一直沈浸在自己思維中的大川周明，顯然並未警覺到車中還有警探。

他當時對逮捕他警探說，「我情願在自己的家裡被逮捕」。

不過，他的家倒還真的是下一站，有關當局在他家中找到的東西，證明了大川周明確實對所發生的事有重大影響。一份美國陸軍在戰後發表的報告中就指稱，在大川周明家所發現的文件，證明了「大川毫無疑問是處於整個事件中的關鍵地位」。大川周明和政府高官、軍方高階人員、涉及三月及十月政變的人以及許多同情日本政治改革運動的人，都有書信往來。他也擁有有關東京各電站、各個報社的調查報告，他手上還有一些光從提要就可知道是有關關東軍、「九一八事變」細節的文件。當然，在他家裡也找到有關昭和維新的文件。

就一個與冷血刺殺國家領導人有關的人而言，大川周明接下來幾年的生活可說是很幸運了。市谷監獄的典獄長和獄卒都對他頗為禮遇，他們讓他可以自由沐浴，戴一頂大草帽來遮蓋住臉孔，他可以在獄中練習書法，書寫出生四十五年來的回憶錄。他把回憶錄命名為有點自我貶抑的《凡人傳》，完成的手稿長達六百頁，寫完之後，大川周明為了表示《凡人傳》只是寫給自己，又在典獄長的見證之下，將手稿付之一炬。

當時幾乎所有人都對「五一五事件」的肇事者寄以同情，在正式審判開始之前的幾個月時間內，全國各地寄發給法庭要求從輕發落的陳情信多達十萬計。當時的陸軍大臣荒木貞夫還接到一封內附九個切斷的小指頭的陳情信——是九名願意以生命換取發動政變者不被判處死刑者所為。荒木貞夫本人以及海軍大臣大角岑生也公開讚揚發動政變者是出於「純粹的愛國動機」[7]。審判開始後，對被告的支持力道更日益上升。一位當時也參與庭審的作家寫道，被告的軍人利用在法庭上陳述的機會大肆宣揚，他們只是在「對惡毒的資本主義民主制度進行前所未有的嚴厲批判」。結果，原本應該受到法律制裁的惡棍，反而似乎搖身一變成了受害者。

參與政變的平民受審部分是分開進行，一直到一九三三年九月才開始。大川周明出庭受審時已是當年十一月，他對三月及十月的計畫都做了詳細說明（當時政府對事件下達禁口令，所以法庭在審理這部分時採取「閉門」方式，以免「影響公共秩序」）。大川周明在案件審理第二十天時談到「五一五事件」，他不但沒有否認共謀，給人的印象反而是他的行為乃出自於個人不可妥協的道德訴求。

他在法庭上的最後陳述中指出，「按照法律，我當然應該受到懲罰，就算是現在都是如此，然而我自信我的動機純正，事件的結果也對日本只有好處」。

不果法官神垣宗六顯然並不同意。一九三四年二月初，法庭以「協助及教唆謀殺」及「違反武器管制法」判處大川周明十五年徒刑。當時古賀清志也被判十五年，中村佳雄則是十年。大川周明對所判刑期不服，提出上訴。

上訴審判時，大川周明強調法庭應該對他的良好立意作更多的考慮，他的律師則強調他對社會做出了智識份子的貢獻，並且舉出他的著作、學術成就、他對東方的哲學理念做為例子。他的律師指稱，跟政變的領導人比較起來，大川周明應該受到較輕的懲罰，而且不論是何種懲罰，都不應打亂他那「高尚又尊貴」的靈魂。他的辯護律師還說，如果國家摧毀了「這一位超乎尋常的天才，以及他高尚的愛國情操」，就無異於也犯了罪。

上訴法庭法官顯然聽進去了。一九三四年十一月九日，東京上訴法庭將大川周明的刑期減為七年，大川周明則表示還要上訴——同樣引人注意的是，檢方也表示要上

7 譯註：大角岑生在中國視察時墜機殞命，是日本在中日戰爭中陣亡官階最高的海軍將領之一。中國方面認為其是被中國軍隊擊落飛機而斃命，若按此說法，他應該是抗日戰爭期間被中國軍隊擊斃軍階最高的日軍將領。

訴——三天之後，大川周明在同意解散神武會的情況下獲得保釋。大川周明在第三度審判後刑期減為五年，並以健康因素為由緩刑至一九三六年再執行，他在緩刑期間前往酒田市探望母親，也出版了一本名為《國史讀本》的書。他在書中寫道，「昭和維新的呼喊聲不斷出現」，人民的「正義要求」將凌駕任何「反對或壓制」他們的企圖。

一九三六年六月十六日，大川周明終於前往豐玉監獄報到，他的木造監房大約四個榻榻米大小，每天的伙食是三碗米飯配蔬菜，他的囚服是柿子色，厚薄依照季節變換，他的唯一伴侶就是一隻在囚室外嘰嘰喳喳的麻雀。他的聲音因為鮮少使用而變得沙啞，所以獄卒允許他在每天半小時放風時間大吼數聲。

大川周明本人則很奇妙地感到被關押期間其實是一種解放。他在當年八月中旬的日記中寫道，他覺得很諷刺的是，自己已不必再像過去一樣為了生活必須品如食物、居所、衛生紙和筆記本而工作，反而可以任意讀自己想讀的書，「監獄生活完全不像想像中的地獄生活」。

免除了日常生活的負擔，大川周明就在獄中大肆發揮他的辯護律師一再強調的「天才」部分，他進一步擴大過去在博士班對於殖民主義所做的研究，現在的研究範圍涵蓋了哥倫布、達伽馬、麥哲蘭等。他無日無夜地專注於這些歷史，結果寫了五千頁的手稿（他後來出版了一部份，名為《現代歐洲殖民歷史》）。他的論點是西方殖民主義的課題對日本這個「唯一強大又重要的非白人國家」頗具教育性，這是因為日本也在企圖建立一個「有崇高基礎」的帝國。他在坐牢期間所寫的回憶錄中也寫道，因為自己並無「道德傷痛」的負擔，所以很易於專注於獄中的研究工作，「就連我這樣並非堅決、陽剛的人都能在監獄中存活，所以別相信那些說監獄生活很艱難的人」。

一九三七年七月，德川義親和清水行之助晤面商談大川周明的刑期問題，整個夏天直至秋天，他們都在努力希望能讓大川周明獲得釋放。他們確實也認識一些人，那些人也像當時許多日本人一樣，對像大川周明這樣的囚犯頗為同情。這些人裡面也有頗具權勢者，甚至德川義親本人都是國會貴族院（上議院）成員，他也私下向法務大臣塩野季彥求情。

一九三七年十月十三日，大川周明回復自由之身。他前後遭羈押達兩年，真正為所犯罪行服刑一年四個月。他後來寫道，「當我回顧那段歲月時，並沒有一絲絲陰鬱的感覺」。

一九三七年十月十四日，也就是大川周明出獄回家的第二天，一位日本內閣大臣就幾個月前日中爆發全面戰爭一事發表演說，「作為一個相信日本人民使命的人，我是出自內心向各位解釋我們（日本）在給予亞洲崛起機會時所扮演的重要角色」。他把中日衝突描述為「重建亞洲的一場聖戰」。對大川周明來說，這樣的話語就像出自他自己的口中一樣。把亞洲團結在一個神聖使命後面的想法，過去只限於日本社會裡的某一邊沿地帶，如今已經變成一種主流思潮。

大川周明於一九三七年尾獲得假釋時的日本，跟他在一九三二年中期被捕時所預想的狀況頗有相似之處。政黨政治已被非政黨官僚充斥的「國家內閣」所取代，內閣總理大臣必須獲得軍方認可才能就任，軍事預算大幅提昇，激進右翼組織如雨後春筍般出現，日本在滿州國的地位趨於穩定，也跟西方國家主導的國際聯盟分道揚鑣。當代的作家都在為法西斯主義是否已然到來而激辯，沒有人會將這個新的體制與日本多年來所建造的民主體制混為一談。

與此同時，大川周明發現自己已經成為名人。一九三八年四月，當時大川已經出獄六個月，他和德川義親組織了「大和社」，大和是日本的本土種族，這個組織的三十七名成員視自己為正統日本的最後繼承者。隨後加入的還有駐義大利大使白鳥敏夫[8]、駐中國日軍司令松井石根[9]以及從昭和維新時期就為伙伴的建川美次大將。他們經常在不同人的住家或者公眾大堂聚會，討論對中國的戰爭以及日本未來最佳的方向。大川周明也自此脫離了過去那些街頭運動者而進入了政治菁英圈。

不久之後，大川周明就穿透了政府中最核心的圈子。一九三八年夏天，他為板垣征四郎榮昇陸軍大臣舉辦了一個慶祝會，他也與時任副陸軍大臣也是軍中明日之星的東條英機一起參加社交活動。大川周明有次表示，「我和東條英機相處得十分融洽」。他也曾說服一位海軍大將參加平沼騏一郎組成的新內閣[10]。一九三九年早期，不論喜不喜歡他，日本的領導人大多已知大川周明其人。天皇的首席樞密大臣西園寺公望就說過，「像大川周明這樣的傢伙絕非好人」。西園寺這樣說的原因是，當時很多日本領導階層都跟大川周明交往，讓他很不以為然。那時的大川周明就是一個知識份子明星和惡名昭彰罪犯的綜合體。

大川周明在各方面的關係也助長了他的個人事業。他在東京的法政大學獲得教授的教職，也回到過去供職的智庫擔任顧問。他成為一個特殊的小寄宿學校校長，這個

8 譯註：生於日本千葉縣長生郡茂原町，畢業於東京大學法學部，日本帝國時代外交家，二戰甲級戰犯。

9 譯註：日本帝國陸軍大將，南京大屠殺主要責任人之一，遠東國際軍事法庭裁定為乙級戰犯，戰後被處以絞刑。

10 譯註：平沼騏一郎歷任大審院檢察總長、大審院長、司法大臣、內務大臣及內閣總理大臣。於第二次世界大戰後被定為甲級戰犯，判處終身監禁。

學校從日本各地挑選了二十名高中畢業生，由陸軍部出資十五萬日圓作為起使費用，之後再由外務省每月提供五萬日圓的營運經費。這個學校的信條就是推動亞細亞主義，根據大川周明的說法，辦學的目的就是要讓日本做好擔任東亞領袖的準備。大川周明的那些位居權勢的朋友會不時來到學校，給學生做激勵演講，白鳥敏夫、板垣征四郎、松井石根和東條英機都是常客。人們都把這間學校稱為「大川塾」，也就是「大川大學」之意。

大川周明此時的家庭生活也趨於穩定，他和兼子請了一位年輕的住家女傭照顧生活，兩人並無孩子，也都錯過了生養孩子的機會。大川當時五十出頭，兼子也已四十八歲，大川的父親本能讓他更樂於親近大川塾的學生。大川塾位於目黑區，距離大川家僅是步行距離，每天早上，他都會給學生做一個簡短的講話，他也會致送畢業詩給學生，有時出外飲酒回來，他會繞到學校，要校長帶他去學生的寢室，在黑暗中看著熟睡的學生，就像他們都是自己的孩子。這些都是他的哲學思想繼承人，對他來說，已經足夠了。

這段時間，大川周明的亞細亞主義思想也吸引到一批全新的聽眾，泛亞主義社團紛紛興起——有些也獲得了政府及軍方高層人員的支持。當年激進人士閱讀的書籍紛紛再版，到處都造成搶購熱潮。大川周明把他自己對日本文明的調查研究再加入有關日本在中國戰爭的內容，編撰成名為《日本兩千六百年史》，出版之後立刻成為暢銷書。大川的論點是中國人誤解了日本在東亞的「真正意圖」，日本所要的只是一個同樣具有亞洲理想的當地夥伴——並非帝國主義的征服行為。日本採取武力行動的原因是中國不知檢討它對日本偉大使命所表現出來的態度。他認為那場戰爭是「亞洲全面復興的第一步，最終的目標則是全球復興」。大川周明的理念及論點跟過去並無不同，只不過人們現在是真正在聆聽。

亞細亞主義的信念終於使得日本走上與美國對撞的道路。美國官員認為日本在東亞的行動根本就是帝國主義的體現，日本領導人則認為他們是在保護自身的利益，也是對文化統一的單純追求。美國駐日大使約瑟夫．格魯（Joseph Grew）就很訝異於日本人怎麼會對西方人心目中道貌岸然又假惺惺的亞細亞主義論調那麼傾心（格魯曾經在報告中寫道，「他們真的很會愚弄自己」）。美國總統羅斯福則在一九三六年提出警告，指稱日本太過於執著「他們被揀選來完成一個使命的奇想」。然而次年就爆發了對中國的戰爭，日本人還是堅持自己的那個「奇想」，外交官松岡洋右就對一群媒體記者表示，日本就是「單純地為了自己在亞洲所肩負的使命」而戰。

一九三八年時，近衛文麿出任內閣總理大臣，亞細亞主義此時已從一種受歡迎的理念一躍而為國家的政策。近衛文磨為東亞的「新秩序」推出一個計畫大綱，他呼籲中國和日本攜手合作，再加上滿州國以各自的亞洲傳統價值為基礎，形成一個政治、經濟聯盟來穩定區域，最後再進一步穩定全世界。就這樣一步一步，日本在東亞的擴張終於在區域裡與美國的利益發生衝突。美國政府於是要求國內製造廠商停止輸出那些可用來製造武器攻擊平民的物資到日本。一九三九年十二月，羅斯福總統推動將這個「道德禁運」擴大到鋼鐵工業。

一九四〇年七月，日美兩國的緊張情勢進一步升高。當時是近衛文麿的第二個任期，松岡洋右已出任外交部長，他們喊出的亞細亞主義口號已經變成「大東亞共榮圈」，亦即以日本為中心的一個同心圓，第二層是中國及滿州國，外層是荷屬東印度、法屬印度支那、泰國及其他太平洋國家。美國方面則在當時下令一個艦隊開往夏威夷的珍珠港，同時升高了石油、廢鐵、鋼材、以及其他戰爭物資的禁運。到了一九四一年中期，日方官員在幕後一致同意必要時將通過武力達成大東亞共榮圈的目標。

那一年的整年，日本都根據其擴大凝聚亞洲的概念，按照自己的步驟往東亞前進。西方學者一向的論調就是，無論「東亞新秩序」或是「大東亞共榮圈」都是空談

——是日本合理化自己軍事征服而設計出的戰略詭辯。這種結論當然有其一定的基礎。中國方面的戰爭已經開始枯竭日本的資源，特別是石油供應，而東亞國家卻可以提供豐沛資源。因此，亞洲兄弟之情和爭取殖民解放就成了最唾手可得的道德藉口，而且在表面上也可做成非侵略性的樣子，日本的一些領導人顯然很樂於利用所謂的亞細亞主義來達成自己想要的目的。

至少對一些日本人而言，團結亞洲仍然不失為一個誠實的動機，亞細亞主義者的概念，也為一個充滿驚恐的時代提供了差堪安慰的解釋，因此許多人也就這樣接受了。著名詩人吉本隆明後來承認，「現在回想起來，別人是帶著鄙夷的態度去看那樣的口號，人們會說除非是瘋子才會相信別人能夠諒解。不過就本質上而言，作為一種原則上的理想，『建立大東亞共榮圈』和『解放東亞』也並不算是邪惡的念頭」。撇開口頭上的說詞，很多日本人認為美國人可以做，為什麼日本人就不能做？曾經在大川塾做過多次演說的松岡洋右就把日本在中國的作為，比做美國當年與墨西哥人及印第安人之間的緊張關係。

這並不是說所有的日本領導階層都希望有戰爭，但他們確實無法把他們心目中的亞洲願景放在一邊，以便能避免戰爭。許多人都認為日本被美國、英國、中國、荷蘭團團圍住，而且相信唯一打破這個政治束縛的辦法就是戰鬥。更重要的是，沒有人認為日本應該屈從美國的要求——撤出中國。一九四一年十月中旬，已經三度組閣的近衛文麿仍然無法減輕國際緊張情勢，只好宣布辭職，由陸軍大臣東條英機出任新的內閣總理大臣。東條是一位能夠控制住軍方也能同時推動和平談判的人，但他那亞細亞主義者的看法還是免不了會影響他的判斷。他在就任儀式上對日本人做出保證，東亞新秩序就是確保世界和平的重要一步。

到了十二月初，和平幾乎已經完全絕望。東條英機於是決定放手一搏，而且將是致命一擊。一九四一年十二月八日，日本戰機偷襲珍珠港。同一天，日本在太平洋發動協同作戰，日本部隊同一時間攻擊了菲律賓、馬來亞、香港、泰國、中途島、威克群島。東京的報販在大街小巷搖鈴販售開戰號外，日本廣播協會播放了正式的官方宣戰文書，所有的廣播節目幾乎都改為播放愛國歌曲，報紙把戰爭形容為「偉大的東方道德及文化復興」以及「亞洲人的徹底解放」。日本政府則把戰爭稱為：偉大的東亞戰爭。

一九四一年的十二月間，這些說法就充斥在東京的大街小巷間，大川周明當然也耳熟能詳。在日本逐漸走向全球戰爭的這段時間中，他並非最有影響力的人，但無可否認地，當日本在做攸關命運的最後決定時，那些真正重要的關鍵人物，確實跟他有共通的想法。

我待在酒田市的那段時間，大川賢明轉述了一段他所聽到，有關大川周明在日本走向戰爭時的故事。大川賢明表示，有人記得大川周明經常待在電話機旁等羅斯福總統掛電話來，因為他希望自己會是那個讓日本可以避免戰爭的人。這個故事聽起來有點匪夷所思，但大川周明那幾年的所作所為，不都有點匪夷所思嗎？我以我問大川賢明他是否認為故事是真的。

大川賢明答道，「誰知道是真是假？也許他那時自己都很混淆了」。

我當時並未特別關注這件無法證實的軼事，但幾個星期後我和日本歷史學家粟屋憲太郎有一次交流，倒讓我想起這件事。粟屋憲太郎是立教大學的名譽教授，也是公認的東京大審頂尖專家，我和傳譯千秋在東京郊區的一間生意鼎盛的咖啡店跟他碰面，粟屋憲太郎才坐下就點燃一支七星牌香菸，我把我祖父對大川周明的評估報告交給他當作自我介紹，他的反應則是作勢在空氣中揮了一巴掌，好像那就是東條英機的禿頭，「人們還在質疑，大川周明究竟是在裝瘋賣傻，還是他真的瘋了？」。

我緊跟著問他，「您認為呢？」。

粟屋憲太郎一邊吸吐著香菸一邊說道，「那要看你是在問誰，不同的人，答案都不一樣。審判之前接受詰問時，他一切都正常，事件發生後他被帶出法庭，他又恢復正常了，還翻譯了可蘭經，所以有人認為他裝瘋」。

「那麼，您的看法呢？」。

「真的很難說」。

粟屋憲太郎顯然意猶未盡，但這時我們點的飲料上來了，話題也因此岔開，整個下午幾乎都在談有關東京大審的問題。粟屋憲太郎的觀點是，東京大審一直還在影響日本的社會（有點像內戰所遺留的問題還一直在影響美國一樣）。一方面，那些反對大審的人──譬如像大川周明就堅持日本純粹是出於解放亞洲的崇高目的──代表了嚴重文化失憶的一群。另一方面，又有人盲目地接受大審的一切後果，相信是大川周明和其同伴這一群「軍國主義罪犯」把國家帶上侵略戰爭的道路，藉之以減輕自己其實也同意的罪惡感。舉例來說，在大川周明就滿州問題作演講時那些高聲叫好的群眾，不也都應該為日本決定負擔起「神聖使命」而負起一些責任嗎？粟屋憲太郎認為，前述這兩類人都讓日本與其東亞鄰居特別是中國的關係步入了危險境地。

粟屋憲太郎花了五分鐘把咖啡喝完，剩下的時間就一邊說話一邊猛吸七星香菸，每支菸都吸到濾嘴上方半英吋處才罷手。我們坐在那裡談了三個小時，他一直未脫下身上穿著的夾克，雙臂也一直交抱胸前。我問他是否認為大川周明真像盟國檢控官所指稱，對日本帝國的興起產生了影響力。粟屋憲太郎答稱，「檢控官指控大川周明，是因為他們認為他創出了亞細亞主義的理念。但實際上有很多人都談過同一主題，所以不能只怪罪大川周明一人」。

我告訴他我曾經遇過一些人，他們並不認為大川周明犯了什麼罪。他說大川周明本人應該也這樣認為，同時出人意外地突然回到大川周明是否裝瘋賣傻的主題，「其實就像個卡通影片一樣」，他指的是那一巴掌，「有些人還是搞不清楚他（大川周明）在那時究竟是否真瘋了」。

幾分鐘之後，我再繼續追問粟屋憲太郎對東京大審開審日那天所發生的事究竟有何看法。

「我不知道」，他說，「沒人真正知道就竟發生了什麼事」。

「但你讀過那些報告，難道就沒有一些想法？」。

「這個嘛，我必須說，我最近確實有大川周明可能是裝瘋的感覺」。

「你為什麼會這樣想？」。

「因為時機實在太過完美」。

那天離開咖啡館後，我對粟屋憲太郎的理論作了一番思考，這也不是我第一次聽到同樣的說法。大川周明突然發瘋的時機——除了審判本身以及被關押的的時間之外——實在是太過完美。但這也許是粟屋憲太郎或其他人把它當作一個孤立的事件來考慮而得到的結論，如果放入其他的場景，譬如說思及這是個曾經像瘋子一樣等羅斯福總統掛電話給他的人所表現出的行為，那麼，大川周明在法庭上的表現，不是就會有新的意義了嗎？

我當時還並未考慮到的就是，大川周明在法庭上的行為可能並不是一個精心規劃、時機完美的瘋狂，而是長時間精神狀態走下坡，而在那一刻達到最低點？就像日本最終決定攻擊美國？也許他多年以來，精神狀態已經在不知不覺的情況下日益衰壞，就像手錶上的分針不知不覺地移動，更何況他本來的行為就有些不同於常人，也許他在戰爭開始之前，精神就已經開始不正常。我從來未聽人提過這種可能性，讓人更容易忽視他的不正常行為。如果粟屋憲太郎前述有關日本人企圖規避責任的研究是正確的，那麼，大川周明可能在戰前就精神失常的可能性亦非不可能。如果大川周明在戰前已經有些精神失常，那麼，日本採行了他的想法，不也同樣是有些精神失常了嗎？

第七章

一個戰場精神病醫師的誕生

「記住，我們的工作是幫助人、治療人，所以我們常常要克制自己想要踢他們一腳的衝動」

——丹尼爾．賈菲上尉，師部精神神經病醫官，一九四四年十月九日。

一次大戰所留下來的教訓是，許多人都會在戰場上精神崩潰，在戰爭期間中，美國陸軍精神創傷和身體創傷的比例是一比四，所以許多人也把受精神創傷者稱為「第五人」。為了解決這個問題，美國軍方找來曾經在紐約艾利斯島首創為移民做精神病檢測的湯瑪斯．薩爾蒙醫生，為派遣到海外作戰的美國部隊建立起一套精神病檢測及治療體系。薩爾蒙本人在接獲命令後先行前往歐洲，並在一九一七年六月寫道，「精神創傷的病例已經多到令人無法置信的程度，我目前還沒看到官方記錄，但很顯然地，精神官能症在現代戰爭中已成為最嚴重的問題之一」。

以典型的「砲彈休克症」為例——這個名詞起自於一次大戰——壓力源持續不斷地將士兵的穩定性一點一點消磨掉，白天處於砲火之下，晚上縮在散兵坑中，食物、飲水、睡眠都極度缺乏，然後砲彈就在身邊爆炸，也許把自己炸飛或炸死同伴，就這樣日以繼夜，有一天，內在的精神意志突然折斷。在戰爭之中，已經能確認戰爭的強度與士兵精神崩潰有直接的關係。一九一八年初，一位部隊精神科醫師在長達六週、不算很激烈的作戰行動中接獲十八個砲彈休克症案例，但在一次僅有四天的猛烈攻擊行動中接到五十二個案例，跟著在一次更猛烈的兩天突襲行動中，接到四十三個案例。

罹患砲彈休克症的士兵很明顯地會出現妄想及顛三倒四現象，具體的癥狀保括無法控制的抽搐，有些會全身僵直顯出很害怕的樣子，有些則會看到大屠殺的幻象，有些人會失去記憶、控制情緒或運動技巧的能力，有些在聽到關門聲響、盤子摔碎在地上或者椅子翻倒聲時感到突發的恐懼。通常，這種精神創傷會持續頗長一段時間，很多士兵在戰爭結束解甲歸田之後，都還會出現前述癥狀。一位匿名的士兵就曾在一九二一年出版的大西洋月刊中寫道，他希望他能讓公眾知道「一個罹患砲彈休克症的人在獨處時是多麼恐懼、無助，就算是被愛他的人環繞著，都無濟於事」。

一次大戰時所得到的經驗，還是為戰場導致的精神受創帶來了一線曙光，那就是如果在前線就進行緊急治療，就有很高的復原機會。最初的時候，美軍會把精神受創的戰士後送到距前線數百英哩之遠的後方醫院，更嚴重的案例還會用醫療船直接送回美國本土。這個治療時間上的延誤，反而會讓病情有時間發展而變得更為嚴重，最後不得不讓士兵帶病解役回家。相對的，那些在前線就立刻接受處理的士兵可以馬上有熱食可吃，有足夠的時間可以安心休息，通常都很快甚至完全復原。薩爾蒙就在報告中寫道，「效果最佳的就是在精神創傷開始出現跡象的數個小時之內，而且最好是『還能聽到槍砲聲』」。

一九一八年一月，美國軍方開創了師部神經精神病醫官的職位，主要的功能就是在前線負責精神創傷的治療。這些早期的戰場精神醫師採行的都是簡單同時未必有效的方法，他們駐紮在前線的分流地區而非醫院，因此那些苦於炸彈休克症士兵所面對的景況，並不比待在坑道中好到哪裡去。這些心理治療師大多會對病人強調戰爭的榮譽，也向他們強調他們的弟兄還在外面作戰。心理治療師也會拿德國俘虜的照片給病人看，以激發他們的愛國反應。那些詐病的軍人往往會被分派諸如挖茅坑的不名譽工作，藉以讓那些企圖要詐者打消念頭。這個作法的成功率不低，大約有百分之六十五到八十的人在數日之後都能再回戰場。

當年的一位軍方精神科醫師曾經寫道，「醫院位在前線的後方但仍然有前線的氣氛，那些受到精神創傷者雖然離開了前線也暫時遠離了危險，弟兄們肩並肩作戰的意象卻依然鮮明，很多還是出自那些崇拜英雄的朋友之口，所以這些受到精神創傷者無可避免地會自我意識到自己該扮演的角色」。

當年停戰之後，許多軍方精神科醫師認為——薩爾蒙就是其中之一——只有那些精神本就脆弱而且情緒不穩定的人，會在戰場上崩潰。這個說法之所以會出現，就是因為一次大戰時，受到精神創傷者的情況都不太一樣，有些戰士可以撐完全局而心智完全無損，有些是在身體受到震盪傷害後精神跟著崩潰，砲彈休克症就是典型的例子。第三個類型是雖然身體並未受到什麼明顯的傷害，可是精神卻在隆隆砲火中崩潰了（其中有些根本在上戰場之前就已經崩潰了）。薩爾蒙把這些案例稱作「戰爭精神官能症」而非「砲彈休克症」。

「戰爭精神官能症」的概念就是說，唯有那些情緒上傾向於精神崩潰的士兵會終於真正地崩潰。也就是說在平民的舒適生活中隱藏得很好的神經疾病傾向，一旦進入壓力層層的軍隊生活之後，就暴露出來了。一次大戰時和薩爾蒙共同主持軍隊精神病學研究的皮爾斯．貝利（Pearce Bailey）就曾經寫道，「我們相信神經精神症是相當個人的狀況，通常是對一個新的、嚴格的環境無法取得適當的調適，接著就會導致精神崩潰」。也因此，官員們認為他們找到了軍隊精神病學的基本規律，也就是只要能阻止那些精神狀態不穩定的人服役，就可以根絕士兵在戰場上精神崩潰的情況。

一次大戰後，軍方領導人並未特別注意軍隊精神健康的問題。一九三七年所發行的一份軍隊醫藥手冊厚達六百八十五頁，其中只有一頁關乎心理健康。一九三〇年代末期，發生另一次世界大戰的可能性愈來愈明朗，軍方的顧問此刻卻犯了一個大錯，他們無視於先前所學得有關在前線及時處理精神疾病的教訓，反而積極推動一種事前篩檢精神脆弱者的制度。換句話說，他們認為如果民間的醫師能在徵召兵員時就篩檢掉那些可能在戰場上精神崩潰的人，軍隊就根本不需要配置所謂的師部精神科醫官。

因此，美國軍隊在進入第二次世界大戰時，完全忘記了在第一次大戰時所學得的教訓。一九四〇年九月尾，聖伊莉莎白醫院院長溫佛瑞德．歐佛侯瑟送了一份備忘錄給羅斯福總統，詳細述說了在徵兵處設置篩檢制度的好處，而且強調不論就預算或醫藥花費來說，都很划算。歐佛侯瑟在備忘錄中估算，一次大戰的戰場上精神創傷者大約花費了國家預算達十億美元。當年十一月，美國兵役登記處宣布對各地新兵採行密集的篩檢措施。次年，師部精神科醫官不再是軍隊徵召名冊上的選項，在美國軍隊被送上二戰戰場時，精神科醫師最多也只能在各地的總醫院內服務。

我祖父是在日本偷襲珍珠港後才決定入伍報效國家。但當時海軍以他的身高不足而拒絕了他——祖父回憶當初軍方告知他矮了半英吋——所以他決定繼續留在聖伊莉莎白醫院，完成最後一年的精神病學訓練。十個月之後，美國陸軍決定徵召我祖父。在一九四二年底前後，全美僅有一千兩百名精神科醫師，我祖父的資歷就算是以平民的標準來說都略顯不足，但仍然受到軍方青睞，而且還受推薦出任相當重要的位置，他當時被徵召擔任醫療團的中尉醫官。一九四二年十月二十四日，我祖父離開華府前往南卡羅萊納州的查爾斯頓市，在美國陸軍史塔克總醫院的神經精神病科服務。

這個工作滿足了我祖父想為國家服務的願望，但卻沒有滿足他想上戰場的心願。他當年二十八歲，一心一意要報效國家，所以認為在後方的醫院照顧從戰場撤下來的兵員，遠不如親身上前線來得轟轟烈烈，祖父後來曾經寫道，「眼看著那些大事在眼前發生，我卻只能待在美國本土的醫院裡照顧那些從戰場撤下的病人及傷患，不由得覺得自己似乎無足輕重。林肯在他的第二次就職演說中說，『我們應該好好照應那些艱苦戰鬥的人』，我雖然也知道這是件重要的事，但還是覺得自己被歷史忽略了」。

他到史塔克醫院報到後，這種沮喪感變得更加強烈。新年派對過後，他的第一個醫師的任務終於來了。附近莫特利堡軍營指揮官半夜突然掛電話到醫院，說是心臟病突發，我祖父立刻前去救援，結果發現對方只是消化不良導致身體不適。他的國家已經參戰將近一年，結果他連一個真正的病人都沒碰到，唯一的一位病人，還不是真的生病。所以，當他終於被通知調職時，真的是覺得歡欣鼓舞。

一九四三年一月十四日，我祖父到剛剛重新改善過的賓州菲立克斯維爾市陸軍佛吉谷總醫院精神病科報到。當年美國國父喬治・華盛頓曾經在一七七七年到七八年之間革命軍急需休息和整編期間，把佛吉谷作為總部。到了一九四三年初，佔地一百〇八英畝的佛吉谷總醫院耗資百萬元重新整修成新的醫療中心：共有一百座磚砌建築，兩千張病床，八個手術室（包括一個機動的X光車），五名牙醫師，一個化學及微生物化驗室。我祖父和祖母在伯丘曼火車站附近找了間公寓住下，以便再調職時可以就近立刻動身。

我祖父的第一批病人是剛從戰況激烈的北非戰場撤回的士兵，他們在三月十二日來到醫院，幾個星期之後又來了另一批。這一批的情況非常糟，他們在牆上打洞，破壞窗子上的鎖。根據當年的紀錄，有幾個根本是用頭撞破單薄的門而從病房逃出。當時有個笑話就是描述那些努力維護醫院新建築的工程師和努力拆解它們的病人之間的「真正的戰爭」。

我祖父後來說過，「我們每天值勤十二小時，但病人卻是二十四小時不停地破壞醫院」。

一九四三年整年，我祖父和精神科裡的其他醫官共處理了九百八十個神經精神病例，其中三分之一是在戰場上受到精神創傷導致發病，他們做出診斷後，有時會給患者做初步的心理治療，但他們的主要工作其實是儘快把這些案例處理掉。每一個案例都面臨三種處理方式：第一，是否讓傷患士兵以殘障為由解甲。第二，轉送精神病專科醫院做進一步治療。第三，送回戰場。最後一種情況很少見。記錄顯示，佛吉谷總醫院在一九四三年處理的九百八十個神經精神病例中，只有五十二人出院後繼續服役。

待在佛吉谷總醫院的那段期間，我祖父對一位病人留下了印象：一位在戰場上出現極度沮喪現象的中尉，他的生命活力明顯轉緩，幻想自己一無是處，而且時常有自殘的衝動。他出院之後有時也會到祖父家拜訪，兩人一起聽古典音樂，他也沒有再回戰場。

精神病房裡的病人很少迅速復原或完全復原。我祖父在佛吉谷總醫院的一位同僚達拉斯．普拉特（Dallas Pratt）於一九四五年在神經精神疾病期刊內發表過一篇報告，內容是對一百四十二名在佛吉谷總醫院接受治療過官兵的追蹤調查。有三分之二已經出院的病患，在五個月後仍然會對噪音有反應，同樣有三分之二人會夢到戰場，大約有一半的人經常不由自主顫抖。普拉特做這些追蹤研究，主要是想反駁當時的一種普遍看法，亦即許多部隊領導人認為精神受創者其實都是裝的，只要讓他們解甲還鄉，他們就會「奇蹟式」地宣告痊癒。普拉特寫道，「他們的罪惡感，遺留在戰場的戰士榮譽，精神受創傷後的與社會隔絕感——這一切，都不會消失」。就如同一次大戰時的教訓，在前線立即處理就可以解決的問題，等到這些精神受創傷的官兵被送到後方，已經變得更加難以緩和了。

日子一天天過去，我祖父開始認為他可能會在佛吉谷總醫院待到戰爭結束。他和祖母在鄰鎮金伯頓找了一間有邊院的石頭屋子，把家具也都從華府運來，準備在那邊長住了。醫院裡頗為忙碌，但下了班之後倒頗悠閒。軍官們在當地的鄉村俱樂部打高爾夫球，醫院的行政人員則舉辦茶舞聚會。我祖父回想起過去時指出，一位在醫院泌尿科上班的醫學院老同學「幾乎每個要命的晚上」都來找他玩「大富翁」。那時所留下來的照片顯示出，他們真是每天都過得簡簡單單輕鬆自在，

不管怎麼說，我祖父想上戰場卻去不了，似乎也認命了。然後到了十一月初，命運又找上他了。

最初的二次大戰精神病處理計畫事後證明一場糊塗。根據該計畫，受徵召的新兵從踏入新兵登記處開始，直至被分發至新兵訓練中心，每個人都必須通過四至五個心理健康評估項目，每一項所需時間至少十五分鐘。不過那些評估過程也不算是很嚴格，新兵在做過體能檢測後會接受一個粗略的評估，但很多時候精神科醫官也睜一眼閉一眼懶得做評估，基本上他們只在意數量，並不關心什麼評估的品質。負責做篩檢者每天要評估數百人，有位做篩檢者就指出，他曾經在兩百分鐘內為一百三十五人作了評估，許多篩檢官只有時間問兩、三個問題就要做出決定，一個常見的問題是，「你愛女孩嗎？」。還有一個是，「你現在還會尿床嗎？」。

這個草率的過程也缺乏一致性，醫師通常會根據所面對的病患用自己的標準提問，在大城市受教育的篩檢員只看了那些從南部鄉間來的孩子一眼，就在評估報告寫上「精神分裂症」。有些篩檢員認為那些曾經去看過精神科醫師，或是家中有親戚進過精神病院，就應該也是有精神病傾向的人。有些人的邏輯更是如果有人企圖以裝病來逃避兵役，那麼，他就真的是精神有病。有些篩檢員不太願意篩除那些可能的病患，一方面是因為精神病不是這麼容易認定，另一方面是他們認為精神病患可能會是一個好戰士。許多精神科專業人士認為，用這麼簡單的辨識方法，除了很明顯的案例，其實很難做出正確的判別。一次大戰時曾經擔任過篩檢員的精神科醫師麥克菲・坎貝爾（Mac Fie Campbell）就寫道，「如果要我們誠實地說，我們必須承認其實我們都在瞎猜」。

篩檢員所做出的決定，也顯示出來他們真的毫無章法。一九四二年十月，羅斯福總統夫人艾琳諾在他的報紙專欄「我的一天」中寫道，她很擔心那些受徵召的新兵無法得到「足夠謹慎的篩檢」。許多早期的篩檢員其實也就是個「篩子」而已。一九四三年三月的一份備忘錄中就記錄到不少在精神方面有明顯缺陷的戰士被送上戰場作戰。其中有個極端的例子是，一位兵員以為載運他們去歐洲戰場的船隻到達的地點是「布魯克林的某個地方」。美國戰爭部則對在新兵中心的醫務官員下達指令，要他們嚴格把關，不可以把那些「性格怪異者」送到海外去影響士氣。

一九四三年七月，官員們確立了一個作法，亦即如果一個人只能做些有限度的工作，他們就拒絕他入伍。不管這個作法的立意是否良善，在實際操作上，有些原來可能擔負起非作戰任務的重要工作者，現在幾乎都會被剔除。許多精神科醫師也都在寧可錯殺一百的情況下過度嚴格執行。譬如說陶爾沙美式足球隊在一九四三年難能可貴地闖進砂糖杯決賽，但球隊隊員中有二十四人都在篩檢時被判定不適合服役。

這個現象造成了對美國年輕人的信任危機。同年八月初，到徵兵中心報到的人當中，有百分之十被判定有精神病傾向而遭拒絕入伍，結果導致戰爭部長亨利．史丁森（Henry Stimson）下令立刻對軍方篩檢機制進行調查。調查小組共由八名精神科醫師組成，由聖伊莉莎白醫院院長溫佛瑞德．歐佛侯瑟（Winfred Overholser）主持，調查結果不但認可那些判定，而且指出應該還有更多，「我們發現，目前被判定的案例非但沒有過高，反而還太低了一點」。

諷刺的是，陸軍很擔心徵召到那些情緒焦慮的士兵，但實際上他們之中許多在戰場上的表現都不錯。一位軍方精神科醫官將一百三十八名顯現出初期精神病徵的士兵歸類為可能在戰場上精神崩潰，但經過六天的戰鬥後，僅有三人因為精神受創而後送，另外有九人獲得紫心勳章，八人獲得銅星勳章。這位醫官寫道，數字顯現出「潛在的神經症患者未必會在戰場上崩潰」。這個發現顯然和支持軍方篩檢計畫者所說那些人不可能撐住，相距甚遠。

儘管有這麼嚴密的篩檢把關，各地的軍醫院還是充斥著精神受創者。到了一九四三年中期，戰場上的傷亡案例中，精神受創者已經佔到百分之十五到二十五了。一份關於精神受創的年度摘要中也顯示出，每一千名曾經在海外作戰的住院者當中，就有六十名是神經精神病患，相較之下，一次大戰時的比例是千分之十七。這個巨大的差別相當令人震驚。一次大戰時，篩檢員大概只過濾出百分之二的兵員，這意味著二次大戰時篩檢的嚴格程度至少是一次大戰時的四倍，但美國部隊在二戰時精神病的發生率卻也是一戰時的四倍。

到一九四三年八月，美國陸軍每年以神經精神病為由而解職的人員已高達十一萬五千人，是當時各種解職名目中最高者。那是從無前例的增加速度，就軍隊人力資源的角度來說，也不可能就任由其惡化。

到了同年秋季，整個美國有關精神病學的方法都已受到質疑。當時篩檢制度的基本原則是所有在戰場上發生精神崩潰的人，都可以在他開始服役時覺查出其有關精神方面的缺陷。但戰場上傳回的報告卻完全是另一回事。譬如說戰況十分慘烈的西西里之戰，一個身經百戰的師團比一個沒什麼作戰經驗的部隊發生了更多精神創傷的案例。那並不意味著那些作戰經驗豐富的部隊不夠堅強，而是意味著戰爭的強度可以摧毀堅強的意志。

衛生署長辦公室的精神病醫官馬爾孔·法瑞爾（Malcolm Farrell）和強恩·艾培爾（John Appel）在一份一九四三年的檢討報告中寫道，「如果篩檢是要淘汰每一個可能發展出精神失常的人，那麼，可能所有的人都會被淘汰掉」。

一個完整的軍隊精神病學計畫不僅僅要避免可能發生精神異常的人進入軍隊，也要能在「正常人」變得不正常時予以治療。一九四三年九月到十一月期間，美國官方發佈了一連串指令，強調了在部隊精神病處理上的這一策略轉變。衛生署長也發通知函給每一位醫療軍官，摘要說明了新的作法，亦即戰場上的精神創傷將列為必須緊急處理的案例，同時將被稱做「戰場衰竭」而非過去所稱的「戰爭精神官能症」、「砲彈休克症」……等等，以減輕對這個問題的污名，另一方面也要強調其普遍性以及其復原的可能性。至於造成精神崩潰的心理、生理因素，在可能的情況下要儘快予以發現，並且盡最大努力防阻其進一步惡化。這個新作法的精神即在於保全部隊人力資源，而非像過去那樣削減人力。

為要切實執行這些新的指令，就意味著把部隊精神科醫官調往前線。只不過軍方高層官員卻多次漠視重設師部神經精神科醫官的呼籲。譬如說一九四二年四月，一個重設師部精神醫官的要求就被擋回，理由是「在現代的機動戰爭形式之下」，精神醫官無法有效執行其工作。次年三月，又有一個要求被打回，那位駁回要求的軍官指出，他不相信「在師部進行作戰任務時，精神科醫官有可能完成任何有價值的工作」。最後，衛生署長諾曼．柯克（Norman Kirk）迫不得已直接去找參謀總長喬治．馬歇爾（George

Marshall）——他也是位對戰場精神創傷抱持極大懷疑態度的人——才成功地讓師部精神科醫官得以恢復。

衛生署長正式宣佈此一決定之前，召集了辦公室內的部隊精神科顧問團商討這個職務的各種細節，當時也已經備妥了潛在人選的名單，他們討論的一個重點是，是否應該把所有最好的精神科醫官調往前線，還是應該保留一些在後方的總醫院，以便治療那些後送的嚴重案例。這個考慮的邏輯是如果把最好的精神科醫官送到前線，就很可能大幅程度降低必須後送的案例。根據他們的討論記錄，「我們必須慎選適當的人而不是隨便就送人去前線，我們必須把最好的人選送往海外，送往最需要他們的地方」。

一九四三年十一月九日，經過修正的部隊名冊已經加上了師部精神醫官這個名目。一個星期之後，我祖父就離開佛吉谷總醫院，前往路易斯安那州波克營的第九十七步兵師報到。

他是在出名的「路易斯安那系列演習」期間報到。這一系列演習是艱苦的實戰演練——類似當年促成艾森豪最終爬上美國陸軍最高職位的演習[1]——完全比照真實作戰的狀況，參加演習士兵的所有動作，跟海外前線的敵軍一樣，他們晚上睡單兵小帳篷，排隊領取食物，鋼盔用來盛裝食物或當作洗臉盆，必要時吃單兵口糧度日。除此而外，路易斯安那州當年冬季是破紀錄地酷寒，冰風暴嚴重到推倒路樹跟電桿。對我祖父而言，那是從悠閒生活到歐洲或太平洋島嶼散兵坑的一段過程，必定讓他印象深刻。

參加系列演習一個月之後，陸軍方面命令六十名新報到的師部精神病醫官前往華府的瓦爾特。里德醫學中心接受為期三天的行前教育，衛生署長辦公室在那邊組織了一個部隊精神病學訓練營，我祖父總算有機會鬆了一口氣。當時有包括知名人物在內的十多個人先後到訓練營授課，諾曼。柯克也發表了簡短的鼓勵性談話。督察長辦公室的霍華德。史耐德將軍強調了陸軍保全人力資源的新政策。每個受訓的人都收到一份文件，內容是擷取湯瑪斯．薩爾蒙所編撰的一本書內有關一次大戰時師部精神醫師的部分。

這個行前訓練是由衛生署長辦公室新任精神病學主任威廉．孟寧格中校主持。孟

1 譯註：艾森豪曾在一九五三年至一九六一年間擔任美國第三十四任總統，亦是美國歷史上的九位五星上將之一。艾森豪生於美國德克薩斯州丹尼森的一個德國移民後裔家庭，本名大衛。德懷特。艾森豪，後來才改名為德懷特。大衛。艾森豪

寧格出身於美國心理衛生的「第一家庭」，他的兄長是坎薩斯州托皮卡市的知名孟寧格診所主持人，威廉．孟寧格天生會讓周遭的人感覺輕鬆、愉悅，他會彈鋼琴，偶而說說有色笑話。他的一位同事有次說，孟寧格「說服力極強，說起話來有推銷員的技巧，帶有一種難以言喻的魔力」。他也是位十分投入的集郵家，有一次還拜託駐在歐洲的部隊精神科醫師幫忙帶罕見的納粹郵票。當強恩．艾培爾中尉去報到並報上名字及階級時，孟寧格答道，「不要這麼客氣，傑克（強恩的暱稱），叫我比爾（威廉的暱稱）就可以了」。

這些新的師部精神科醫官待在華府的三天內經常見到孟寧格，他們大多對他有些敬畏之情，也都知道聲名遠播的孟寧格診所，有些也像我祖父一樣，也許在年輕時就讀過卡爾．孟寧格的那本《人類的心靈》。十二月十三日那天，威廉．孟寧格發表開訓演說，這個演說最後變成一場誓師大會，演說內容是激勵大家擔負起在一個強大作戰隊伍裡作為精神病學唯一代表的責任。孟寧格開講之後立刻就展現出他那鼓舞人心的巨大能量。他說，「你們創下的紀錄就是，在為這個新的、重大的責任挑選人才的時候，你們被揀選了，不管你們將做什麼或怎麼去完成它，歷史都將記錄你們為美國陸軍精神病學所做出的重大貢獻」。

孟寧格在長達一小時的演說中，詳細說明了戰爭部第二九〇號通告中所描述的師部精神病醫官的十大任務。整體來說，他們應該要對部隊領導層做出所有有關心理衛生事務的建議，對軍事法庭提供意見，同時與師部總醫官保持良好的工作關係。他們不但應該在招募新兵時進行精神病篩檢，也應該將篩檢程序延伸到訓練階段，孟寧格把他們的工作比擬為拓荒者、傳道士、教育家以及推銷員的綜合體。

當然，戰場精神科醫師最重要的工作還是如何防止兵員發生精神創傷，以及發生之後如何予以診治。孟寧格指出，「大家必須要知道的是，我們的責任就是要搶救受到精神創傷的人」。就這一方面來說，師部精神病醫官應該要協助兵員適應軍隊生活，他們應該要重新配置那些受到精神創傷的兵員到更能發揮個人效能或非戰鬥的單位，而非不由分說就將對方解職。他們要根據數字記錄仔細追蹤師部神經精神病的發生狀況，當然，他們也要在作戰時監控所有神經精神病患。他們還必須設計出鼓舞士氣的方法——部隊精神醫師已經確認，士氣是部隊心理健康的的重要指標——隨時校準部隊的「心理韌性」。

孟寧格指出，為了做好這些工作，精神醫師必須先徹底認識軍人的生活，乘坐他們乘坐的車輛，跟他們一起上學習滲透的課程，跟他們一起露宿野地。他認為，師部神經精神病醫官工作中很重要的一部份，就是要贏得部隊中其他人的敬重，「認識你自己的工作就意味著跟他們一起生活，一起工作同時跟他們一起奮鬥」。他說，當天聽講的每一位準師部精神科醫官都應該當自己是士兵、軍官、醫生、精神科醫生，「就按照這樣順序排列」。孟寧格的演說結語跟他的開場一樣有力，縈繞在這些準師部精神醫官耳中，久久不絕。

孟寧格還說，「我們確信，假定你們是我們所確信的既明智又能鼓舞他人的人，你們就將成為這個師最終是否能成功的最重要因素。我們會實際上把你們當作我們在前線的代表，同時以無比的信心期待你們為美國精神病學寫下輝煌的一章」。

我所找到的唯一還活著的當年師部精神科醫官，其實就住在（紐約市）曼哈頓區一號地鐵線離我僅有兩站的地方，他曾在一封信中告訴我，他還記得我祖父。他的名字是伯特蘭・夏夫勒（Bertram Schaffner），住在中央公園南邊五十九街的一棟公寓裡。有一天，我壓抑住滿懷興奮地去拜訪他，期待他能告訴我一些祖父在戰時的往事。至少，我認為我可以探知一些祖父在他那正經八百的回憶錄中未提及的事。

夏夫勒醫生的照護人員帶我進入可以看見中央公園的起居室，並讓我坐在那邊等候。不一會兒，夏夫勒從房間的另一邊向我走來，他使用了一個步行輔助器，腳步非常緩慢。他當時已經九十多歲，比我祖父年長兩歲。他在我對面坐下，小心地把導尿管塞進蓋住下半身的毯子底下，我們身旁的窗戶邊有一些桌椅，上面推著許多亂七八糟的東西，他的兩眼在鏡片後透著好奇，耳朵生得很大，嘴角自然向上翹起，看起來就好像一直在微笑。那時是當天早上十時半。

我開啟了話頭，「您在信中說您記得我的祖父，那真讓我驚喜不已」。

他緩慢地答道，「我想我記得。我記得你的祖父長相相當突出，鼻子尖挺，非常英俊，但非常——不是非常喜歡交際，我記得我曾經想跟他交談，結果他沒理我」。

我問他，「那是什麼時候的事?」。

他說，「我記得是一個精神科醫師的集會上，當時正是在分派哪一個人要去哪一個師」。

我問他是否是一九四三年十二月在華府舉辦的行前教育會。

他說，「有可能是，他一直相當退縮，不喜歡跟大家交談」。

我們那天談了一個小時，夏夫勒是在紐約市表維醫院擔任精神科住院醫師第三年時接到徵召，但申請延遲以便完成預計在一九四一年四月結束的醫院受訓。那時珍珠港事變尚未發生，但戰爭的陰影已經四處籠罩，徵兵令也因此滿天飛。他後來被派往曼哈頓南端總督島的新兵報到處擔任篩檢員，待了一年半以後又被轉調紐約上州的兵員徵調中心擔任同樣工作。他告訴我他跟每一位新兵的面談過程大約就是五分鐘。

夏夫勒說，「陸軍方面希望我們做篩檢，因為他們認為我們有法子察覺哪些人可能精神崩潰，他們希望我們剔除這些不太可能承受作戰壓力的人」。

夏夫勒後來被派往歐洲戰場，戰後留在德國佔領區，擔任紐倫堡第一一六總醫院的精神病科主任。他也參與了紐倫堡大審，扮演的角色跟我祖父在東京大審時大同小異。夏夫勒當時受委評估納粹軍火製造商蓋斯塔夫．克拉普是否有能力受審。蓋斯塔夫當年是在醫院裡為德國親衛隊官員厄恩斯特．卡騰[2]。克拉普的案例後來成為判定大川周明是否神經分裂的司法先例。但我也是後來才知道此事。

夏夫勒說，「我的工作是判定克拉普是否適合接受審判，結果是否定的。另一個工作則是讓卡騰布倫勒活者，讓他能走完審判程序，結果他確實走完了所有程序」。卡騰布倫勒當時顱內出血，夏夫勒則受命在他復原期間控制他的血壓，也負責保護卡騰布倫勒，以免對他恨之入骨的佔領軍找他復仇。

夏夫勒說，「我們常常開玩笑，說我們實際上是在阻止美國大兵來殺掉他」。

在我們的交談快結束之前，我已經感覺到夏夫勒有些困惑，這也是可以理解的事，因為我們的交談跟當初所發生事的時間實在已經相隔太久（在某一個節點上，我問他是否還記得任何一位戰時的病人，他想了一下，然後說不記得了，然後他又露出一個很迷人的微笑，說道，「我不知道我會跟你見面」）。

事後回想，能夠找到他已經算是件很幸運的事。我後來又去拜訪他，結果發現他在幾個月前已經去世了。我在離開他家之前，已經知道夏夫勒並非尋找我祖父過去的某種導引，我也開始懷疑，我想找到的導引，可能只是我自己虛構出來的想像。我祖父不但把他的過去隱藏得很好，甚至讓我感覺他是把自己的過去也隱藏在「現在」裡面。他的心理狀態讓我十分好奇——真正要說起來，找不到我祖父過去的連結並不令我沮喪，反而更讓我覺得引人入勝——就好像是要對付一個根本不存在的敵人。

夏夫勒醫生告訴我，「我只記得他高高在上，難以親近，我們都不知道真正的原因」。

前述的華府行前教育可說是把三十年的知識蒸餾成大約二十四小時的指令，其中

2 譯註：親衛隊是納粹德國由希特勒與其所屬的納粹黨所領導的一支準軍事組織，負責納粹的保安工作。

許多都聚焦在預防精神病學——加強新兵的心理建設，來面對即將面臨的艱困狀況。一九四三年十二月十三日，強恩．艾培爾引介了他從當年三月起就致力發展的預防性方法，這個方法有兩大支柱，其一是教育，亦即翻轉原先懷疑大多數兵員都有精神病傾向的概念。艾培爾後來曾經描寫過軍方在這個問題上的典型心態，「一個人要不是神經不正常，要不就是完全正常，沒有中間地帶的可能性」。

一系列有關這個主題的演講也都完成了講稿起草——六個針對軍官，三個針對士兵——師部精神病醫官則負起在美國本土訓練營傳布這些指令的責任。當天下午，伯納德。克魯凡上校也強調了把這些指令下交跟士兵肩並肩作戰的行動指揮官的重要性。行動指揮官做為士兵最直接的上司，他可以就近觀察士兵性格上的變化、情緒爆發、一般性焦慮等等可能標誌著精神創傷的跡象，如此一來，精神創傷的比例應該就會下降。

第二個預防性支柱是堅強的意志。十二月十四日下午，佛瑞德瑞克。奧斯本將軍就這個主題主持了一個長時間討論。一九四三年時，美國兵員普遍士氣不足——一位軍事官員為「士氣」下的定義是，「戰鬥意志大於求生意志」。根據當年稍早時所做的一項調查，三分之一的美國士兵認為他們在二次大戰的作為毫無意義，這個士氣低迷的問題，有一部份出自於美國士兵根本不知他們的敵人是誰。當時，美國軍方曾經問大兵路夫特瓦非（Luftwaffe）是什麼，結果有百分之五十八的美國士兵不知道那就是德國空軍，很多人還以為那是德國國歌[3]。

精神科醫師則擔心士兵如此缺乏戰鬥興趣，會導致部隊難以承受戰爭的壓力。為了因應這個情況，艾培爾負責監督製作五個〈我們為何而戰〉的影片，這些影片由好萊塢知名導演法蘭克・卡帕拉執導，一位哈佛大學社會學家、一位耶魯大學心理學家以及被稱作「蘇斯博士」的知名作家泰德・蓋瑟爾從旁協助製作。影片完成之後，師部精神科醫官則在新兵訓練期間，排出每星期一小時來播放影片，同時輔以其他任何可以利用的工具來激勵士氣。

華府行前教育的另一主題是有關於治療。一個強大的預防性計畫也許可以將精神創傷極小化，但到了一九四三年，已經沒有人在篩檢時遭到淘汰，如此一來，跟隨部隊出征的師部精神科醫官的責任就從預防轉變成治療。他們在行前教育的速成課程中

3　譯註：Luftwaffe 指的是一九三三年至一九四五年間的德國空軍，也是第二次世界大戰於一九三九年九月在歐洲爆發時世上最強大、最先進和最具戰鬥經驗的一支空軍。納粹德國空軍於一九三五年德國元首希特勒撕毀「凡爾賽條約」後正式成立，用途主要是為支援閃擊戰橫掃歐洲。

都獲分發一本當年九月印就、長達三百頁註記為「限制閱讀」、名為《北非戰場戰爭精神官能症》的書。這本書作者是參與突尼西亞戰役的精神科醫官羅伊．葛林克和強恩．史皮克兩人。二次大戰初期，這本書被視為是戰爭精神病學的聖經。

葛林克和史皮克兩人研究發展出來的辦法主要植根於精神分析理論（葛林克曾經師從心理分析大師佛洛伊德）。他們將這種療法稱作「麻醉精神療法」，他們為遭受精神創傷的士兵注射硫噴妥鈉引致他們進入睡眠狀態，然後讓他們在睡夢中重新體驗各自在戰場的經驗，一直到他們獲得情緒的釋放。葛林克和史皮克兩人在「北非戰場戰爭精神官能症」中寫道，這個療法的效果十分具有「戲劇性」，病人會很自主地重現作戰當時的場景：

他們會跟看不見的同僚對話，會因聽不見的爆炸聲而眨眼，當想像中的砲彈愈落愈近時，他們會因為害怕而把頭埋進枕頭裡平躺在床上，好像他們就躲在散兵坑裡一樣。

他們的害怕具體展現在極端危險的情況下，譬如說就在跟前的砲彈爆炸聲，一位朋友就在眼前死去，毫無掩護地暴露在敵機俯衝轟炸之下。那時，病人的身體會因害怕而全身僵直，兩眼圓睜瞳孔放大，全身冒出細汗，雙手以一種痙攣的方式四處揮動，好像是急著想抓住武器，或是想抓住一位朋友來分擔所面臨的危險。病人的呼吸此刻也變得短淺快速，這種情緒激動的強度，有時會讓病人難以承受，常常在這類反應達到高峰時，病人會突然全身癱軟落回床上，然後進入數分鐘的靜止狀態……。

葛林克和史皮克兩人宣稱他們的一千兩百名病人當中，有百分之七十二最後都回復承擔某種形式的責任及工作。不過他們當時是在後方的醫院工作，所以他們的病人回到前線的並不多。新的這一批師部精神科醫官的主要任務是保全作戰人力資源，所以都將駐紮在前線醫療區域。為了要讓他們瞭解那種不是正式醫院的環境，華府行前教育也請來了兩位來自戰場的講者，其中一位是馬丁．比倫金（Martin Berezin），他就所羅門群島主島瓜達康納爾島戰役作了冗長報告。瓜達康納爾島是太平洋上的叢林島嶼，戰役發生在一九四二年夏天至一九四三年二月之間。

瓜達康納爾戰役所造成的士兵精神崩潰比例，說明了當時情況之惡劣：崎嶇難行的山區地形，徒手的洞穴搏鬥，酷熱又每天豪雨，再加上日本軍隊的無情攻擊。當時，後送美國本土的人員當中，有五分之二是精神崩潰案例。作為戰爭期間的師部醫官——師部精神科醫官獲得設置批准前的編制——比倫金留意到很多人陷於他日後稱為「不同程度的『震驚』狀態」。當時部隊的指揮官想把這些人以「懦夫」的名義送上軍事法庭，但比倫金以診斷他們是受創於「爆炸震盪」為由，為他們進行治療。這個「爆炸震盪」的名目，確實也聽起來「嚴重」到他們的長官不得不接受。在接受治療後，有些再度回到前線。總體而言，比倫金的經驗也顯示出在前線處理戰場精神崩潰也良非易事。

十二月十五日當天的整個上午都交給了另一位來自戰場的講員佛瑞德瑞克．韓森（Frederick Hanson）。他被人描述為一個聰明、充滿活力、有一副「低沉又冷靜聲音」的人。韓森早在一九四二年就致函衛生署長，建議應該在師部設置精神科醫官。他於一九四三年春天在北非戰場的工作，也證實了身體上的衰竭是造成兵員戰場精神創傷的一個主要因素。韓森確信處理好身體上的衰竭，有助於改善心理的穩定性。

基於此，韓森設計出一套讓精神病患可以好好休息及重拾信心的簡單方案。他用巴比妥藥物讓病患進入長時間睡眠，只在進餐時間叫醒他們，大約一天之後再跟病人一起討論他們對戰場的懼怕只是一種普遍的現象，同時鼓勵他們再上戰場。其實，這個作法跟一次大戰時所採行的交戰精神病學大同小異，效果也差不多。韓森就用這個方法，大概可以成功地讓百分之六十的病患在四天之內重回戰場，這些重回戰場的人，有百分之八十在一個月後還繼續留在戰場作戰。與其他的課程相較起來，韓森的課程似乎更能對戰場上的師部精神科醫官起到指引作用。

我祖父離開華府的時候，心中已經完全明瞭他未來工作的嚴肅性。也就是說他要幫助部隊承受戰爭所帶來的壓力，而在做這些事的同時，他自己也將要承受龐大的壓力。當時，九十七步兵師仍然在進行演習，所有跟部隊分離的兵員都算是「分遣兵」，必須像在戰時一樣自行解決歸隊的交通運輸問題。所以從華府回到路易斯安那州，我祖父這個分遣兵就必須沿路搭便車。他曾經在寒冷又落雨的夜晚縮縮在一堆郵包中，半睡半醒等待路過的郵局送件卡車，希望能趕上一段路。這是一次超過千哩以上時斷時續的旅程——搭一段便車，然後等下一輛感覺上可能永遠不會出現的交通工具，然後再前進一段——也給了他像在華府行前教育所能得到的學習。

他後來提及此事時說道，「幾天之後，我終於回到路易斯安那州，我唯一的感想就是，我絕不願在戰場上變成一個分遣兵」。

一般來說，個別的部隊對這六十位新的師部精神科醫官究竟能發揮什麼作用，其實是抱著懷疑的態度，也沒有賦予他們太大的權威——特別是其中還有包括我祖父在內的八名僅僅只是中尉低階軍官而已。在華府行前教育結束幾個星期之內，孟寧格上校已經接獲了一些「令人不安的報告」。兩名師部精神科醫官表示，司令官期待他們大批辭退有問題的新兵。另外一位指出，師部只把他當作一般的醫官。還有一位指出，師部總醫官告訴他，所謂的部隊精神醫學計畫本身就是很荒謬的事。有些被人謔稱為應該屬於瘋人院的「專門找瘋子的人」，不應該出現在充滿熱血美國大兵的單位裡。一位新任的師部精神病醫官，竟然在演習時被派去監管部隊食堂。其實孟寧格在主持華府行前教育時，已經預期到會有前述種種遭排斥的現象出現（他在行前教育時曾經跟學員說過，「我們可以確定的是，他們（部隊）會希望你們「剔除」那些你們必須去拯救的人」）。許多官員仍然認為，那些精神病的案例不是貪生怕死的懦夫就是裝病，他們只是把師部精神科醫官當作驅除那些沒男子氣概者的工具而已。

孟寧格在發自一九四四年一月下旬的一封信中，提醒所有的師部精神病醫官，「你們的工作是去拯救人而不是驅趕他們！」。與此同時，他很關心那些中尉醫官可能因為階級太低而無法建立起權威，所以也向衛生署長柯克提及此事。柯克於是發出通知，建議所有的師部總醫官「為了增加工作效率」，應該一有機會就讓那些中尉醫官升級。

我祖父似乎是那些進入作戰部隊之後，才發現原來不少敵人就在身邊的師部精神科醫官之一。他搞不好就是那個向孟寧格抱怨在演習時被分派監管食堂的醫官——

九十七師一直到一月底都在演習。他的工作性質使得他就算是外向性格的人，也很難與人交朋友。當然，他根本也不是個外向的人。他後來寫道，「滿長一段時間以後，其他的師部官員才開始和我有同袍或兄弟的感情」。

二次大戰時師部神經精神科醫官最初所碰到的問題，反映出當時部隊裡的長官都頗懷疑精神創傷的合法、合理及正當性。在一九四三年春天的法屬摩洛哥戰役中，一位行動指揮官就用槍平指著三名診斷為精神分裂的士兵，在他的心目中，「一個戰士就是不論在任何情況下，都應該出去作戰」。

也就是在那段時間，參謀總長喬治．馬歇爾下令就「詐病」進行調查。調查的結果促使馬歇爾就這個問題發出新聞稿，將精神病描述成士兵發展出的「一種「想像」的疾病，時間久了之後會導致精神痛苦及疾病」。孟寧格則逐字細讀這份新聞稿並做出更正。他建議應該把「想像」這個字眼改為「心理」才對。

馬歇爾的心態並非孤立案例。參謀本部所派出調查這個問題的艾略特．庫克就在報告中指出，大多數的指揮官都不認為心理疾病是個真正值得注意的醫療問題，反而認為所有的精神病人都是假裝的，精神科醫師的所作所為都是在妨礙作戰。庫克寫道，「你或者是相信精神病學，或者是根本不信」。一九四三年十月，歐洲的一位精神病顧問在報告中指稱，一位師部總醫官在被告知精神病案例可以在前線有效治療時說道，他情願把這些人送回後方，而且永遠不想再見到他們。甚至那些承認精神創傷確實存在的軍官，也因為擔心被其他部隊瞧不起，而不願意讓那些已經復原的人再回前線。

一九四三年十一月，巴頓將軍那次惡名昭彰的掌摑士兵事件曝了光，才使得有關戰場精神創傷的話題在民間引起議論。當年夏天，被暱稱為「膽識過人老熱血」的巴頓將軍兩度因為認定精神創傷乃係偽裝而動怒打人。第一次發生在八月三日，巴頓在西西里探訪第十五後送醫院時，掌摑了當時因為「中度嚴重」焦慮而送醫的二等兵查爾斯．庫爾（Charles Kuhl）。兩天之後，巴頓下令第七軍團在遇到類似狀況一律軍法處置，不准再送醫。

巴頓在命令中寫道，「我注意到，有一小撮士兵以神經失常無法作戰為藉口而去醫院接受治療。這些人根本就是懦夫，他們毫無心肝地把其他弟兄留在戰場上拼命，自己卻躲在醫院裡逃避戰爭的危險，簡直就讓整個陸軍和他們的同袍因他們的無恥作為而蒙羞」。

一星期後，巴頓去探訪第九十三後送醫院，又重複了同樣的事，掌摑二等兵保羅．

班內特（Paul Bennett）。班內特是來自農村的孩子，在珍珠港事變之前應召入伍。他並不是一個懦夫，他是在太太寄給他一張他們的初生嬰兒照片之後，精神開始耗弱，隨後在目睹最親密戰友就在眼前受傷之後精神崩潰。甚至在受命去醫院診療之時，他還表示要盡快回到自己的單位繼續戰鬥。但當他在醫院裡告訴巴頓他那時無法承受砲彈爆炸聲時，巴頓怒斥他為「狗娘養的黃鬼」，然後當著帳篷內所有在場的醫生、護士、病人面前賞了他一巴掌。巴頓當時下令班內特回到前線等候槍決，然後又拔出那把著名的珍珠殼槍把寇特手槍，威脅要把班內特當場槍決。

美國大眾對巴頓在事件的處理上看法分歧。有些認為他的魯莽作法在戰時可以接受，《時代》雜誌就刊出一個讀者投書，指稱兩位二兵的表現讓國家顯得軟弱，甚至庫爾的父親據稱都曾寫信給他自己的選區國會議員，表達對巴頓的支持。但另外一些人則沒有這麼輕易放過巴頓。北卡羅萊納州的一位參議員稱巴頓的作法「不可原諒」。艾荷華州的美國退伍軍人協會也質疑美國是在跟法西斯主義奮戰，但自己卻也用法西斯手段，「如果我們自己的子弟可以這樣被虐待，那不如乾脆引進希特勒，讓他來做不是更好」。另一位軍人建議巴頓應該自己去讓精神科醫師檢查一下。巴頓將軍最後送了一份正式道歉給艾森豪，但仍然不甘不願地透露出他內心的狀態。也就是他認為只有「愛之深，責之切」可以糾正「心理的痛苦」。他在道歉涵的結尾甚至傲慢地暗示，掌摑兩位士兵，實際上是「拯救了他們不朽的靈魂」。

九十七師跟美國陸軍的其他作戰師一樣，都經過了嚴格的訓練。在路易斯安那系列演習完成之後，他們整裝前往密蘇里州羅拉市附近的里納德伍營區，進一步加強在演習中暴露出來的弱點。到了夏季中期，他們又前往南加州海岸地區進行一連串訓練。第一站是在聖路易斯奧比斯波市霧氣滿天的莫洛灣和披斯摩海灘進行兩棲訓練，接著是在聖地牙哥北邊卡蘭營進行灘頭攻擊訓練，同時由海軍及陸戰隊主持在聖克里蒙提島做登陸運輸訓練。然後又到聖塔芭芭拉北邊隆帕市的庫克營進行更多的類似訓練。當時，沒有人確實知道這個師將會被派去哪裡，但是據其所接受的訓練項目，大多數的人都判斷將會被派去太平洋戰場。

我祖父在回憶錄中寫道，「我們猜想將會被派去入侵靠近日本本土的島嶼，我們也期待會受到日軍一如既往的頑強抵抗」。

我祖父在訓練期間隸屬參謀部，負責協調師部的心理健康計畫。在加州的陽光之下，其他的軍官也覺得有位精神科醫官處在他們之間也算是不錯。祖父跟他的頂頭上司密爾敦．霍爾希（Milton Halsey）將軍以及師部總醫官肯尼斯．薩莫斯（Kenneth

Somers）都建立起一種還不錯的互相信任關係。他也跟軍法處處長拉爾夫．雅伯羅（Ralph Yarborough）走得很近，雅伯羅後來成了德州選出的國會參議員。另外，師部醫務官派德。佛雷塞也跟我祖父頗有交情，他是一個吝嗇的橋牌搭檔（我祖父則是個可怕的搭檔）。還有留著兩頭尖尖翹起，像魔鬼般鬍鬚的牙醫軍官比爾．希爾（Bill Hill）。我的祖母則駕著貝西跟著祖父的軍營一個接一個跑，在每個軍營附近的鎮上找地方建立起落腳的家。

祖父母和准尉艾爾伯特．瓦克斯曼（Albert Waxman）、霍爾希的副官陶德．達菲爾德（Todd Duffeld）以及他們的妻子成了一個小社交圈。瓦克斯曼也是來自布魯克林的猶太孩子，大家都習慣稱他為「瓦克希」（Waxy），最後連他自己都忘記原來的名字是艾佛瑞德而正式改名為艾爾伯特。他的太太席爾維雅一直被稱為「女版瓦克希」。達菲爾德被稱為達菲，他的個子很高，一頭紅髮，個性活潑開朗，幽默感都帶有點顏色，嗜好蘇格蘭威士忌。達菲和他的妻子桃蒂養了一隻名叫喬治的可卡犬。你如果叫喬治送一些東西給「女版瓦克希」，牠會立刻將那東西宅配到席爾維雅的跟前。

每天晚上或週末，瓦克希都主持一個「地下酒吧」。軍官從前門進出，士官兵則從後門進出。撲克牌比賽是必有的節目，他們也經常舉行觸身式足球賽。到了晚上，就是軍官俱樂部活動，每個人都帶來他們自己喜歡的酒，調配出馬丁尼和曼哈頓雞尾酒，他們也喝當地出產的酒，譬如說在密蘇里，那就喝葛瑞斯迪克啤酒。我想，我祖父在一般情況下不會去喝那種酒。

一九四四年八月，我祖父休假去探訪舊金山，他和祖母跳進貝西駛往灣區，和住在那邊的哥哥艾利．賈菲做一次簡短的家庭團聚。他們三個人去了漁人碼頭、舊金山公園、金門大橋，開車沿著海岸上下巡遊。跟往常一樣，我祖父並不多話。幾天之後，艾利在寄給妻子的信中寫道，「他們兩個都很熱情，雖然我的那個兄弟還是深藏不露」。祖父那時可能腦筋裡面有很多東西縈繞著，因為就在那個時候，祖母應該已經發現自己懷孕了。

一九四五年一月七日，我祖父離開隆帕克市的家前往師部。他把淺色的領帶別進深色的醫官制服裡，頭上的船形帽微微斜戴著，衣領及帽子上兩條銀色斜槓，說明了他的軍階是上尉，他的制服左肩上是第九十七師的標章——嵌在天藍色薩克遜盾上的海王星三叉戟。祖父去到跟其他醫官及通訊官員共用的庫克營六〇一六號樓，在分配給他並放有打字機的桌前坐下，打開他隨身攜帶的精神病學資料，取出一九四三年十二月華府行前教育的案例及所記下的備忘筆記。他準備向孟寧格報告師部的士氣現況了。

我祖父當天所準備的統計報表顯示出到一九四四年秋天為止，他已經檢查了八百二十五名因為精神病或其他原因而就診的兵員，有些是在例行篩檢過程中引起他的注意，有些是各行動指揮官發現某人有適應上的問題而推介給他看診。對於那些較輕的案例，他或是重新為他們分派在師部裡更合適的工作，或是在做過一些心理治療後讓他們回原單位。一般而言，大約每七個病例中會有一個神經或精神失常到必須讓他們解職的案例。他經手的案例中，大約有四分之三有輕微精神官能症或完全沒事——根據衛生署長的說法，這些都屬於可預防的案例。

祖父在那一年採行的都是徹底的預防精神病學，具體的作法就是向師部裡的醫官傳達問題的本質及其急迫性。他在傳達通告裡寫道，「在這場戰爭中，精神受創是一個主要的問題」，很明顯地反映出他在華府行前教育中所學。傳達通告裡列出了處理問題的一些重要關鍵：移除很明確不適宜再繼續服役的兵員；幫助那些病情較輕者，協助他們做出適應；改善師部的整體士氣。

祖父在傳達通告中對同僚說，「通過這幾個簡單的方法，我們就可以達成節省人力的目標，讓部隊更加有效行動，減少訓練方面的損失，同時降低潛在的精神受創案例發生」。祖父就是這樣把他內在的「孟寧格思維」傳達出去，同時提醒其他的師部醫療官——讀起來有些像對巴頓將軍那種「愛之深，責之切」理論的反駁——重建患者信心、同理心以及耐性才是減輕焦慮的最佳解藥。

祖父也寫了下面的這一段話：「一個神經症的癥狀其實像是個撐住快傾倒建築的支柱，如果沒有其他可以替代的支撐，千萬不要盲目將之拆除……如果我們沒有做一些事來幫助一個人去面對他的問題，或者至少協助他在面對自己已經出問題的意識時「保住面子」，那麼，這個癥狀就會愈來愈糟。記住，我們的工作是幫助人、治療人，所以我們常常要克制自己想要踢他們一腳的衝動」。

醫療人員必須要先瞭解問題，才能真正去處理它。如果想真正達到預防的目的，就也有必要去瞭解跟士兵朝夕相處的行動指揮官。我祖父根據戰爭部於一九四四年二月發出的第十二號技術通告，針對問題設計出一系列的演講資料。這些講座為各單位主管提供了如何因應心理健康問題的策略——更重要的是，還有一些讓人很容易就懂的警語。其中有一些是強調意志的重要性（「拿破崙認為士氣的重要性是非精神物質的三倍」），有些是描述環境因素會影響部隊的適應（「軍官應該認知自己是「父親」的替代角色」）。有些則解釋有關精神崩潰的錯誤認知（大多數在前線的精神崩潰案例是發生在「正常人」的身上）。

我祖父告訴孟寧格，他的那六場講座「相當令人振奮，也有啟發性」。他甚至複寫油印了整份技術通告，發給所有的行動指揮官，供他們在閒暇時研讀。

但我祖父也向孟寧格承認，他的方法對士兵而言「相對上碰到比較多困難」。他採用了一九四四年二月號戰爭醫藥期刊內的一篇文章來為對士兵的演講作準備，他還準備了一個投影機，把文章中的一些卡通圖表投射上屏幕，其中有一幅係描述「思考」的概念，圖像是一個人的頭上籠罩著烏雲，在這個人的腦部則有一個「思考框」。

我祖父對孟寧格說，「我只是想把事情的呈現做得愈簡單愈好」。

那篇文章的第一個概念就是如何應對「想家」——你如何能通過幽默或堅忍來克服想家的意念，而絕不應該用「思考」的方法去做。第二個則有關於組織方面，強調有時不妨對軍隊的訓練發出抱怨，也好過默默承受。第三部份對恐懼做出解釋：英雄也是「跟你我一樣的普通人，他們也跟我們一樣感到恐懼」，但他們可以通過好的訓練來克服恐懼。

我祖父對信函中的統計數字做出解釋，簽好名並在頁面的底端打上「機密」字樣，然後就送出去了。

這時軍營裡已充滿耳語：軍方已經決定將九十七師送往太平洋戰場，師部也已得到出發的指令，但到了出發前，陸軍方面顯然又改變了心意。盟軍戰線在德軍發動突出部之役後受到猛烈攻擊。當時九十七師實際上已經派出大約四分之一兵力，也就是三千人作為海外補充兵力。現在，陸軍方面下令全師趕往歐洲戰場前線去增援。

出發的日期日益靠近時，軍營裡開始出現了耳語，「你如果想錯過運兵船，就趕快去找賈菲」。面對這個狀況，我祖父也想出了標準答案，「如果我去（戰場），你也必須去」。一九四五年一月三十日，運兵火車開始橫越美國將九十七師官兵從加州載運往紐澤西州的基爾摩營。我祖父長達數個月的預防精神病學訓練總算有了回報，在部隊出發之前，只發生了三起神經緊張的案例，而且沒有一個人留在後方，全數往前線開拔。

至於我祖父怎麼處理他自己跟家人分開的焦慮，卻並沒有紀錄在他的統計案例中。他當然也跟妻子道別了——也許還摸了摸她那已有六個月身孕、略微隆起的肚皮。出發的當天，他一拐一拐地走上登船的梯板。他是先前在玩觸身足球時傷到膝蓋。戰爭還沒開打，他已經開始支離破碎了。

一九四五年二月十八日，九十七師官兵搭乘渡輪跨越赫德遜河前往紐約港，並在第九十七軍樂隊演奏中，領取了紅十字會在現場發放的咖啡和甜甜圈，之後登上海軍軍艦蒙提賽羅號。蒙提賽羅號本來是義大利的豪華郵輪——戰爭開始後不久被巴西奪取——只不過現在已經不似從前，根據師部發出的新聞信（發信地點是：海上某處），在船上每殺一隻老鼠可以獲得以船上小店兌換券發放的美金五十分獎賞。跟蒙提賽羅號一起航行的還有負擔保護任務的驅逐艦跟獵潛艦。為了躲避德國U型艦的攻擊，艦隊是以之字型的前進方式橫度大西洋[4]。

九十七師最後於三月三日抵達法國哈佛港下岸，然後從那邊再前往坎尼—巴維爾北方五英哩處的七喜營——美國陸軍在海外的「香菸營」之一，其他還有以老金、駱駝、切斯特菲爾德、抛莫爾……等為名的軍營。他們在這個中轉區待了大約三星期，我祖父也這那裡接受了有關地雷、誘雷以及戰壕腳病的訓練。他每晚睡在單人帳篷裡，地上又冷又硬，致使他的肩痛毛病更加惡化。到了三月底，他開始發燒，師部總醫官薩莫斯上校讓他去戴批的野戰醫院報到。

可是他並不想去。他想起當年演習時作為一個分遣兵，一個人從華府到路易斯安

4　譯註：U型潛艇是第一次世界大戰和第二次世界大戰時德國使用的潛艇。由於德國潛艇的編號都用德文Untersee-boot的首字母U加數字命名，如U-511。為了區別於同盟國的潛艇，在英語裡使用「U-boat」來稱呼德國潛艇

那州的痛苦經歷，現在是真正的置身於戰爭中了，想必會更加艱苦。最後，是在薩莫斯同意出發命令下達時會派出救護車來接我祖父，他才答應去醫院接受治療。

薩莫斯駕吉普車把我祖父送到野戰醫院，把他交給曾經在梅佑診所工作過的一位年輕醫師，診斷的結果我祖父是患了滑囊炎——三角肌滑囊內積水。我祖父後來將之描述為「變種的中國水刑」（中國水刑是一種讓水長時間滴在犯人頭上的酷刑，不會傷人但卻會讓人發瘋）。那位年輕醫師用吸滿鎮痛藥物奴佛卡因的針筒「像支撥火棍」一樣地插入滑囊之中，我祖父痛得彈身而起，結果很神奇地，幾分鐘之後，他竟然可以舉起手超過頭頂了。又等了一會兒，他聽到救護車呼嘯來到，把他帶回了戰場。

第八章

解放亞洲之戰

「大東亞戰爭的目的是要將亞洲從外國、歐洲的侵略者手中解放出來，把那些侵略者從我們的土地上掃除出去，然後建立我們自己的東亞新秩序」。

——大川周明，《建設大東亞秩序》，一九四三年。

一九四一年時，全日本有六百六十萬無線電收音機——排在美國、德國、英國之後為全球第四位——所以大川周明在當年十二月十四日所做的廣播，理論上都可以通過這些收音機聽到。當天是珍珠港事變發生之後的星期日早上六時三十分，大東亞戰爭才發動了一天，日本人民已經充滿了勇氣與興奮，接下來日本軍隊迅速地在太平洋建立起主宰的地位，一個星期內奪取了關島、泰國南部，在馬來亞海岸擊沉兩艘英國戰艦，作戰部隊長驅直入菲律賓。與此同時，日本政府官員則在努力協調大眾媒體宣傳攻勢，報紙上出現的政治漫畫是一個代表日本的大拳頭，連結起美國、邱吉爾及蔣介石的頭像。

至於公眾人物方面，可能沒有人能像愛國哲學家大川周明這樣具有煽動群眾狂歡情緒的能量了。多年以來，大川周明一直以鼓吹日本從西方國家壓迫之下解放東方而名聞遐邇。這次，他當然不會放過這個機會，整整六天，大川周明的廣播充斥著對日本發動戰爭的邏輯思辯，甚至將好戰主義、侵略主義予以合理化，這一切，都構成了大川周明的獨特見解與立場。開始廣播的第一天早上，他就告訴日本放送（廣播）協會的聽眾，廣播的目的就是要彰顯「敵人的真正面目」，他提醒聽眾他在一九二五年就已提出的預言——總有一天，美國和日本會為了全球的控制權「進行一場殊死戰」。大川再一次為「佈滿黑霧的夜晚」已被「燦爛的黎明」所取代而高呼勝利。媒體上擬人化的日本朝陽高舉著血紅的劍揮向天際，將象徵美國的滿天星斗一一斬落地面。

大川周明在廣播中指出，亞洲的復興將會為新的世界秩序以及提高全人類生活水準鋪好道路，但如果沒有日本和美國之間的戰爭，世界的歷史就不可能走到這一步，或者更準確地說，沒有日本的勝利，就不會走到這一步。

大川把這個廣播稱為「美國入侵大東亞的歷史」，他也在述說這個「歷史」的過程中，不時以滔滔雄辯來印證美國長期以來對東亞的進犯。大川的廣播是以一八五三年美國馬修·培里船長率領艦隊打開日本門戶為開場白，他在第一段廣播中用了相當長的時間回顧培里當初是如何「膽大妄為」地強迫日本違反自己意願開放口岸，白人根本是在假定「這個世界是為著他們的利益才被創造出來」而為所欲為。第二段廣播集中在討論美國工業家、企業家如何把中國視為一個擁有豐富資源，但又力量衰弱可以任意予以欺負的國家，更重要的是，美國居然還不願意跟日本人分享。大川周明的目的就是要把日本與美國眼前的衝突，跟過去所發生的事連結起來。

大川周明在接下來的三段廣播中細數美國多年來在遠東所進行的偽善外交。他指出，美國投資者在門羅主義教條下在拉丁美洲享盡特權，可是當日本想要在滿州享有一些「特殊利益」時，美國官員卻發出「強烈抗議」。美國官員一方面要求前進東亞，另一方面，美國政客又限制日本移民的權利。當美國政客推動和平關係及裁減軍備的同時，美國代表又在海軍軍備條約上堅持己見——第一次是一九二一年的華盛頓會議，第二次是一九三〇年的倫敦會議——讓日本在海軍艦艇的比例上處於不利地位。

大川在第五段廣播的結尾中指出，「這只是幾個美國明目張膽又不知滿足的利己主義及貪婪的特出例子而已」。

大川周明向來是個善於玩弄言詞的人，他知道如何搓揉字句來傳達自己想要傳達的訊息。他把九一八事變歸咎於中國叛亂份子，但實際上——大川周明其實心知肚明——是日本自己的關東軍故意挑起爭端。大川把九一八事變描述為日本為了「在整個東亞維持和平和秩序」的一個例子，但實際上卻是日本往大陸擴張的侵略行為。他說日本「從來沒有夢想過在滿州動武」，但他自己就是那些曾經夢想在滿州採用武力的人之一。在他的最後一段廣播中，他指責羅斯福總統不但沒有認清日本在中國的戰爭是為了在東亞建立新秩序，反而認為日本的行為違反了國際和平協定。

在整個廣播過程裡，大川周明用了相當詭辯的說服技巧，使得就算是反對者都很難辯駁。他不利用日本方面的公開指控來凸顯美國的侵略性，而是引用美國過去自己的說法來彰顯出其矛盾之處。譬如說他不指控美國代表團在一九三〇年倫敦海軍會議上的不公正，而是引述美國國務卿亨利．史汀生當年在美國參議院聽證會上所說，日本很勇敢地同意所簽署的海軍軍備協定，因為「這個協定會讓他們綁手綁腳，直到他們的敵人都超前」。他就是利用這種狡辯能力，將西方國家說過的話轉而為對自己有利，使得批評者也不得不承認他的論點，甚至不得不否認他們自己所說過的話。

一九四一年十二月十九日，大川曾經費盡力氣解釋，大東亞戰爭並非要擴張帝國日本在東亞的地盤，而是要趕出美國，甚至在強辯時有點失去了耐性。他告訴聽眾，在十三世紀時，一位名叫北條的日本將軍曾經擊退了來自北方的蒙古人入侵，所以「當敵人來自北方，我們有北條將之擊退。現在當敵人來自東方，東條（指東條英機）將會打敗他們」。他在廣播節目結束前說道，「這並不僅是一個巧合而是天意」。

做完第一季的六個廣播節目之後，他緊接著又推出大英帝國的「入侵歷史」，前後多達十二集。雖然當時戰火正熾，五十五歲的大川周明在做完這些節目之後，聲勢達到了他一生的最高點。這些節目相當受歡迎，甚至於在第二個月就被編撰成一本書（兩年之後，這本書出了名為《盎格魯——美國人在東亞的侵略歷史》的英文翻譯本）。大川周明本人也不再僅僅是日本天賦使命的鼓吹者而已，他已經是全日本都在傾聽的人。

大川周明在戰爭初期公開表現出的信心，其實跟他私下的真正想法是有差距的。他那時曾經寄信給住在酒田市的母親，確認她一切安好，同時也寄去足夠她安度幾個月日子的生活費用。他對大川塾的學生表示，他不認為當時正在進攻中國的日本軍隊，可以同時擊敗美國跟大英帝國。他還寫了一首名為「正在作戰」的詩，其中的詩句語氣跟他在國家廣播電臺中表現的亢奮跟狂喜恰恰相反，「走在死亡的路上，門前的冷杉就像個里程碑，毫無喜悅，毫無喜悅」。

其實他在一九三七年秋天出獄之後，就已經開始逐漸懷疑自己過去所堅持的信念。他出獄後曾經去了一趟南京，正好遇上日軍入侵南京城，對滿城的中國平民百姓進行了慘絕人寰的南京大屠殺：大屠殺事件前後進行了數週，中國婦女遭日軍強奪、強暴、毆辱，孩童和手無寸鐵的平民遭日軍殘殺。根據一些估計，死亡的人數達到六位數。

大川並未親身見證日軍最糟糕的非人道行為，但他自己倒是差點意外成為受害者。事情緣起於有天兩位日本軍官誤以為他是中國人而準備對他動粗，大川急著表明身份之後，兩位日本軍官匆匆道歉之後逃之夭夭，但大川的自我意識已經因此而嚴重受損。如果他對亞細亞主義的信念像他一向所堅持的那樣真實，那麼，他應該會很訝異地發現，自己多年以來鼓吹為日本領導亞洲做好準備，結果培養出來的竟是充滿暴戾的種族優越。無論如何，他赫然發現，亞洲團結這件事原來這麼遙不可及——這也意味著，東方還沒有做好跟西方對撞的準備。到了一九三八年早期，他也開始質疑，日本執行上天所賦予使命的時機，是否真的已經到了。

在那次之後，大川的想法已經有所改變，也就是他認為日本應該先贏得對中國的戰爭，再考慮是否跟美國開戰。他那時作了一個怪異的決定來「減輕國際緊張情勢」。他跟美國地產大亨哈瑞．強德勒（Harry Chandler）成了商業夥伴，共組了一個名為「泛太平洋貿易及航運公司」（Pan-Pacific Trading and Navigation Company）的企業。大川有點天真地認為，通過這個公司，可以把大筆美元輸送給在中國的日軍。一九四〇年七月，大川找到老朋友東條英機，希望對方協助促成貿易協定。東條英機當時剛剛出任陸軍大臣，有相當可觀的政治影響力。大川在發給東條的信函裡寫著，這個日－美貿易協定將會是結束中國方面戰爭的一個「雷擊」。

大川寫道，「我相信，這是解決當前危急情況的唯一辦法」。

結果東條方面毫無反應，大川於是決定當面請求東條。他跟東條說日本必須先結束在中國的戰爭，才能繼續在東亞擴充，否則的話就會刺激西方，也會枯竭珍貴的資源。東條對大川的說法很不以為然，而且以嘲諷的口吻說道，如果日軍在獲得很明確的勝利之前就離開中國，那些戰死的日軍英靈會怎麼想？大川對東條的回答感到非常失望，一怒之下決定永久切斷跟東條的交情。

所以，這意味著某一部份的大川周明實際上已經在開始反對他自己一直在鼓吹的解放亞洲戰爭。一九四一年春天，大川周明的國際貿易生意宣告收場（美國國務院懷疑那個公司根本是一場騙局）。那時，大川對東條做為一位領袖的信心也已喪失殆盡（大川那時開始稱呼東條為「木屐」，意思就是說他只配待在政府的底層）。那段時間，大川必須上電台廣播時，他還是一副愛國者的表現與腔調，但私底下卻苦於另一種無法言說的保留情緒。他從出獄之後就一直睡不好，常常上床之後又跟太太抱怨自己頭腦不清，然後又起床，好像再也無法從過去那一個亞洲的夢想裡得到任何慰藉了。

所以，幾乎從大東亞戰爭開始之日起，大川周明就在國家前途與自己的良知之間掙扎。日本勝利的消息不斷傳來，香港在一九四一年十二月陷落，新加坡在一九四二年二月中投降。到了三月間，美國的道格拉斯。麥克阿瑟將軍不得不從菲律賓撤出退到澳洲。五月底，最後一批英軍撤出緬甸。日本帝國的地盤在太平洋地區每隔一周就持續擴大。大川周明看著自己的同胞在街上、在火車上表現出一致團結的模樣，男人都穿著卡其色衣服，戴著鴨舌帽，讓自己看起來像軍人。女人都穿著名為「山袴」的寬鬆褲子，大家都在唱愛國歌曲。到了一九四二年春天，日本的太陽旗已經在亞洲的大片土地上飛揚，大川周明一方面十分欣喜，但另一方面內心裡也感到有些不踏實。

他內在的那位愛國者歡欣鼓舞地慶祝戰爭的勝利，七月裡有三天，接著是九月，他都上到電台討論日本在中國所進行戰爭在全球意義上的重要性。可他內在的那位哲學家，卻對日本皇軍的表現感到悲傷——日軍的殘暴以及欠缺紀律，仍然像他一九三七年在南京時所發現的那樣——因為日軍的作為已經在整個區域內使得人們過去對亞細亞主義所產生的信心開始變質。後來印度領導人尼赫魯和甘地公開譴責日本的擴張主義，大川還特地針對他們發表公開信，堅稱亞洲團結的根本有其一定的合理性，日本意欲解放亞洲也是出於真誠。

只不過東條英機的種種作法讓大川周明感到痛心。一九四二年十一月，東條英機設立了一個新的內閣部門——大東亞部，其功能為協調並監管區域內日本所稱的「共榮圈」。但大川周明認為這個部會不但沒作用而且有妨礙。他認為大東亞部就像英國所設立來控制印度殖民地的單位，很可能會引起亞洲人民的敵意及對抗，「我根本不認為東條有能力正確掌握大東亞的概念」。大川對東條的不信任導致後者派人跟蹤他。大川周明所遺留下來的一些照片就顯示出，背景中可以看到兩名鬼鬼祟祟的警察。大川周明當時就曾說過，「我受到他（東條）的迫害」。

當年夏天，日本皇軍的好運似乎走到了終點。美國軍隊在中途島獲得勝利，擊沉了四艘日本航空母艦。到了八月，美國海軍陸戰隊在所羅門群島主島瓜達卡納爾登陸。一九四三年二月，美軍迫使日軍撤退。不過大川還是堅定支持日本政府，他在二月底再度上電台呼籲亞洲團結（在戰爭期間，他總共廣播了大約三十次）。同月，他在《日出》雜誌發表文章，鼓勵大東亞共榮圈內的所有國家「從西方國家的桎梏中解放出來」，並且共同合作。大川指出，只要大家努力去做，「一切就都會好起來」。他那時也在著手趕寫一本名為《建設大東亞秩序》、歌頌帝國日本偉大使命的書。這本書在一九四三年八月出版，內容就是為日本政府在戰時所施行的所有政策辯護。

大川在書中寫道，「大東亞戰爭的目的就是要把外國、歐洲侵略者趕出亞洲，把他們從我們的土地上掃除，然後建立起東亞新秩序」。

他知道許多亞洲人的感覺並非日本人是來解放他們而是來迫害他們，只是他不願意承認而已。但也並不是只有他才這樣。東亞國家裡許多獨立運動的領袖起初也都認為日本發動的戰爭是擺脫殖民走向自由的一步。一九四三年十一月，日本內閣總理大臣東條英機在東京召開亞細亞主義大會，與會的團體代表——日本、滿州國、緬甸、菲律賓、泰國、印度以及中國的通敵（漢奸）政府——發表了建立亞洲聯合的共同宣言。緬甸代表巴莫在會場上慷慨激昂地說道，「我的鮮血統永遠為其他亞洲人而流」。大川也以貴賓的身份參加了那次集會，但同樣的，他不會讓他複雜的情緒展現出來。

雖著戰爭的腳步進行，日本在亞洲的表現卻愈來愈像西方帝國主義的壓迫行為。日軍領導人為了蒐集戰爭物資而大肆搜刮佔領地區，在地方進行日本化，迫使當地人成為從屬，強迫佔領區內的年輕婦女充當士兵洩慾的「慰安婦」。高高標舉的泛亞兄弟情至此已變成荒誕可笑的盡情剝削。巴莫事後也承認，日本民族主義過於強勢，致使他們根本無意於在文化上去瞭解別人，「大多數的日軍領導人都欠缺真正的亞洲視野」。現實所發生的事情把亞細亞主義的幻象一個一個擊破，只剩下一些像大川周明這樣的死硬派還在撐著。

在整個戰爭期間，大川周明都在懊惱著，如果他早一點建立起大川塾，事情一定都會不一樣了。大川塾設立於一九三八年，主要的功能是培養未來可以推動、宣傳亞洲團結的人，招生的標準是年齡十七歲的學生，必須有堅強的意志、責任感及強健的體魄。大川親自坐鎮監督所有的遴選，符合標準的申請者還必須通過嚴格入學考試，之後就入住位於東京都目黑區、就在大川寓所左近的學校，兩年之間的學習過程中，生活費完全由大川塾負責，戰爭爆發前，各班級都從日本各地招收到了二十名學生。

從一開始，大川塾的學生就密集學習錯綜複雜的東亞關係，每一位學生都必須從大川根據他對亞洲文明的瞭解而列出的名單中，挑選一個自己準備鑽研的國家。名單中的國家包括遠東部分的印度、暹邏（泰國）、法屬印度支那、荷屬東印度。中東的阿富汗、土耳其、阿拉伯和波斯（伊朗）。畢業生則通過日本政府或大川的安排，進駐前述的國家之一，有些進入日本駐外使館，有些進入商業公司，有些進入報館。大川希望他們在個別的工作崗位至少待上十年，深入學習當地文化，同時要求他們不時送回心得報告，如果他們能發現任何可以幫助個別國家解放運動的辦法，那就更好。

大川塾的畢業生都擁有一流的外交訓練，除了他們所選擇國家的語文之外，他們還必須學習英文及法文。他們所學習的課程包括日本及歐洲歷史，國際政治及東亞經濟，平時的上課及生活有如軍事學校般嚴格，早上五時半起床，晚間十時就寢，早上七時五十分升旗典禮，九時準時開課，下午一時正再開課，四時三十分是洗澡時間。他們在學校也練習從柔術分支出來的合氣道，授課老師就是日本著名武術家、合氣道的創始人植芝盛平。

除了每天上午例行的講話之外，大川周明還開了殖民歷史及日本精神的課程，他最受歡迎的課程後來集結出版名為《亞洲創建者》的書籍。大川在書中追溯了五位亞洲領導人的事蹟——印度的甘地、尼赫魯，阿拉伯的伊賓．沙烏德（Ibn Saud）、土耳其的穆斯塔法．阿塔圖克（Mustafa Ataturk）以及波斯的夏．巴拉維（Shah Pavlavi）——這些人都歷經審判、牢獄的折磨而「引導亞洲走上正確的道路」。這些人單憑一己之力扛起整個國家對抗壓迫的希望，對大川塾內將來會成為代表日本在外國土地上實現日本偉大使命的年輕人而言，無異是極大的鼓舞力量。有位畢業生就在日後做出這樣的回顧，「大川塾的學生都有這樣的想法，也就是他們都將成為亞洲人獨立的墊腳石」。

然而大東亞戰爭卻打亂了大川周明的計畫。原先可能考慮進入大川塾的年輕人，現在都去從軍了。雖然目前有的紀錄並不完整，但根據大川首席助理的說法，一九四一年以後，大川塾的就學率大幅下降，已經派往亞洲各國的畢業生也都被徵召入伍，許多都因為他們學有專精，特別是對區域內反叛團體的瞭解而被賦予特別任務。他們之中有二十人死在戰場。

由於陸軍部負擔大川塾的部分經費，其標榜的教學任務又跟政府鼓吹的「新秩序」有密切關係，因此大川塾也被許多人認為是所培養間諜的學校。另外，大川塾的招生簡章中也特別強調了一些跟間諜訓練有關的標準：來自普通家庭，外表沒有明顯特徵，必須能保守秘密……等。大川塾的共同創辦人岩畔豪雄就是日本知名的陸軍中野課報學校創建者。日本陸軍將領田中隆吉也曾到大川塾，教導學生如何做敵後破壞工作。正是因為這種種跡象，大家才強烈懷疑大川塾與諜報有關係。

不過大川周明卻對這種連結頗有反感，而且提出強烈否認。他堅稱不管是陸軍部或是也提供若干經費的外務省，都不曾過問大川塾的教學課程（不過外務省官員確實認為大川塾的畢業生就算是不能真正從事地下工作，也會是很好的蒐集情報者）。大川則相信他的學生可以負擔起雙重任務：一方面累積文化方面的知識以便能協助日本領導東亞，另一方面則是日本真誠希望解放亞洲的代表。當他告訴學生如果他能早一點開辦大川塾，日本現在所發動的戰爭可能就會有不同走向時，學生都理解為如果亞洲國家都能團結一致發展出更強韌的關係，那麼，東方擊敗西方的機會就將大增。

然而到了一九四三年晚期，大川周明似乎已經認命，亦即前述的機會可能已經一去不返了。他並不是唯一有這個看法的人，大多數的日本人都感覺到戰爭的浪潮已經開始反撲。當年四月中旬，日本艦隊司令官山本五十六大將座機遭美國戰機擊落殉職[1]。同年五月底，日本失去阿留申群島。十一月，日本在吉爾伯特群島中的重要據點塔拉瓦環礁宣告陷落。大川常常和分散各地的大川塾畢業生通信，在那個令他深感不祥的一年裡，他告訴那些學生要準備好接受失敗甚至死亡的命運。

一九四四年秋天，大川回到家鄉酒田市。他每次回鄉都一定會去探望老母，也會去看看他的姪兒們。有時太太兼子會陪他一起去，全家就會在老家草坪上拍一張全家福。在老家附近走動時，大川有時會穿著深色和服，有時則穿西服，打著蝴蝶領結。他也時常邀些軍界的朋友來家裡，大家圍坐在窗邊的一張桌子，面對遠山閒聊。幾乎

1 譯註：山本五十六曾留學美國哈佛大學，在日本海軍中歷任重要職位，進行了多項重大變更與改革，尤其是親手組建了日本海軍航空兵部隊。二戰時在太平洋戰場擔任日本海軍聯合艦隊司令長官並策劃或指揮了數次戰役，例如偷襲珍珠港以及中途島戰役。

每一個家鄉人都認識他——他在家鄉就是個傳奇人物——他那一次的回鄉，就有團體邀請他做演講，他也欣然同意。

一九四四年晚期，盟軍在太平洋戰場已經毫無疑問取得控制權。二月間，美軍攻下馬紹爾群島，同月下旬，美軍的空襲行動摧毀加羅林群島上的日本海軍基地。之後，日軍在中國東部孤注一擲，發動了最後一次大規模攻擊，但已經為時太晚。當年夏季，美軍進襲馬里亞納群島中的塞班島，重挫日本海軍。在日本官員一片要求改變的呼聲中，東條英機在七月間辭去總理大臣，一九三一年三月和大川周明共同籌劃那次流產政變的小磯國昭取而代之成為新任總理大臣。也許正是因為小磯成了總理大臣，使得大川又懷念起從前。

一九四四年九月底或十月初，大川周明去到酒田市歸庵寺準備做演講，他這次決定說一些從未在公眾前面說過的內容——一些發生在過去，大家都知道但從未有人討論過的事。他也許並不知道台下坐著一位東京每日新聞酒田市支部的記者芳賀三郎。不過，就算是他知道，應該也不會在意吧。

大川當天的演講非比尋常的直白，他談到一九三二年發生最後導致刺殺總理的「五一五事件」。他對自己在標誌著帝國日本開始擴張之路的九一八事變中扮演的角色感到有點後悔。他對群眾說，「我覺得自己應該為讓日本走上一條原先未曾預期的道路負責，這整個事情都以九一八事變為起點」。他也表示，至於這些帶來變革的事件究竟是好是壞，就要由未來的世代來評斷了。

大川也提及他對東條在一九四〇年擔任陸軍大臣時不願意配合結束在滿州的軍事行動，感到十分失望，「他（東條）對我的計畫嗤之以鼻，拒絕接受」。聽起來，大川似乎是想用懇求原諒來換取承認錯誤。

大川發表演講之後，芳賀三郎對大川的表現及演講內容都感到有些困惑，這不是酒田市居民所認識的大川周明。儘管他力求鎮定，大川顯出他似乎為自己過去的記憶所苦。芳賀三郎事後回顧，感覺到當時的大川周明是否已經因為內在壓力的積聚，開始出現了崩潰的最初跡象。

就在同一時間，大川兼子也察覺她丈夫的精神狀態開始下滑。他們那時在東京西南方的神奈川縣愛甲區購置了一棟房子。那個地點十分寧靜，那座房子坐落在山丘上，可以俯瞰下方的河流及遠山，而且離主要的街道有段距離，走路的距離就有個維護得很好的佛教寺廟。大川周明不時去到那裡，似乎很努力地要找尋內心的平靜。兼子留意到她的丈夫變得十分陰鬱，前一分鐘可能還興致很高，但下一分鐘就變得很糟。他也開始不注重穿著——對大川而言，這是非常不符合他原先個性的改變，他一直是個很重視自己穿著、外表的人。他也開始顯得有些健忘，過去只在晚上才讓他覺得煩惱的事，現在似乎在白天也會困擾他了。

大川周明現在四顧茫然，到處都是對日本來說不幸的事。一九四四年秋季末，就在大川周明酒田市的演講過後不久，麥克阿瑟率領美軍入侵雷伊泰島，取得決定性的勝利之後再凱旋回菲律賓。一九四五年三月初，盟軍攻克菲律賓首都馬尼拉，英軍在四月間解放了緬甸第二大城曼德勒（瓦城）。春天的時候，美軍進襲硫磺島和沖繩，大軍已經兵臨日本城下，日本軍隊則在五月間開始從中國撤出。

一九四五年三月初，東京大轟炸開始。美軍的B-52轟炸機一次數百架次飛臨東京上空，扔下如彩帶滿天飛舞、殺傷力極高的燐彈、汽油彈。這樣的轟炸每隔幾天就發動一次，而且不對軍事設施或平民住宅作任何區分，數以十萬計的的日本人死於轟炸，生還者也只能在廢墟中找尋食物、衣物及避難處。接下來的幾週，為數百萬計的人開始逃離東京，希望能在城外找到一線生機。

一九四五年五月二十四日，數百架轟炸機將皇宮以南的東京夷為平地，大川聽到天空中轟炸機的聲音，第一個想到的是位在目黑區的大川塾是否也會被炸，他也很快就發現，大川塾的辦公樓及其中保存的紀錄，都已變成石礫跟灰燼。對他來說，亞細亞主義奮起拯救日本的希望，也像那餘燼中最後的微弱火焰，終於消失無形。

大川周明用無線電廣播鼓吹的戰爭，也在另一個無線電廣播中告終。一九四五年八月十五日中午，一個陌生的聲音從收音機中傳出。大川和其他的日本人一樣，從未聽過昭和天皇說話的聲音。十天之前，原子彈落在廣島和長崎，所有的人都知道結束的時刻已經要來到，但還是要等到天皇宣布，才算真正結束。在那個事先錄音、沒有任何前例的廣播中，昭和天皇裕仁告訴全國同胞，他同意接受盟軍所開出的投降條件，「我們向美國及英國宣戰，是出於自保以及尋求大東亞穩定的真誠願望，我們從未想過要侵犯其他國家的主權，或者是企圖擴大自己的領土」。

大川周明的思緒在戰爭初起之時他自己傳達出的訊息，和現在戰爭結束之際，日本人所敬愛天皇發出的最後訊息之間激盪。他聽完天皇的廣播之後，走回書桌取出日記本，記下簡短的一句話。他寫道，長達四十年努力於亞洲復興的工作，此際「已像肥皂泡一般破滅了」。

日本餐通常都是被翻譯成「套餐」的定食形式。一個標準的套餐包括了味噌湯、一碗米飯、數盤天婦羅、烤魚和壽司、一小盤醃漬黃瓜、中間有一盤甜豆腐做為點心。

就算是一個不挑剔的食客，都要很努力才能吃完這麼多食物，況且我是一個非常挑剔的人。根據說話的音調以及手勢，我常常感覺到我的翻譯千秋老是因為我留下這麼多食物沒動，而在跟餐廳的女侍不停地道歉。我們在一起吃過很多餐飯，千秋每次都吃得乾乾淨淨。

有一天晚上，我和千秋在酒田市的一個壽司店吃飯，我們點了套餐跟日本清酒。日本人喝清酒的習慣是不停幫對方斟酒，沒有人會為自己斟酒。我當晚跟千秋說，「我真不知道妳（吃這麼多）怎麼能保持得這麼苗條」。

她答道，「這些都是健康食物啊」。

千秋那天晚上做了很多斟清酒的運動。

我們那時已經見了不少熟悉大川周明生活與工作的人，但是圍繞著他的謎團卻似乎愈來愈多，這種難以捉摸的狀況，已經開始讓我有些煩惱。有人認為他很真誠地鼓吹亞細亞主義，有人則認為那只是掩護民族主義跟反西方主義的幌子。有些人真心相信他想避免戰爭，但有些人相信他只想避免日本無法贏取勝利的戰爭。有些人認為他真的瘋了，可又有些人認為他的瘋，太像一個事先已經擬定好的計畫。對於我，大川周明就像一個隱身在歷史背景裡的變色龍。我下意識又敲敲我的空杯杯沿，千秋於是趕緊又為我斟滿。她說，「無論你現在有什麼想法，大川都會證實你是對的」。

我們從酒田市回到東京後不久，我就發現千秋說的真是至理名言。

幾天之後我們去東京女子大學拜訪臼杵陽，我們跟他在一個會議室碰面，那個會議室內陳列了一些書，我只能假定臼杵陽也許是個不拘一格的人，因為我注意到其中一本是亞歷克斯·哈雷的名著《根》，並列的卻是一本名為《包皮切割術》的書。

臼杵陽不久前才出版了一本大川周明在日本有關伊斯蘭研究扮演了領頭角色的暢銷書，這個角色的顛峰就是大川在被免除東京大審後完成了可蘭經的翻譯工作。他當時是在「恢復心智」之後完成翻譯，所以有些人認為他根本從來未曾失去心智。

臼杵陽說，「我還在作學生的時候，對他（大川）的印象很壞，因為他是一名右翼政客，而且他被提上國際法庭（遠東國際軍事法庭，亦即東京大審），然後他就發瘋了，可又這麼快就復原了。為什麼？」。

臼杵陽教授會說英語，所以只在幾次碰到必須使用特別字句時求助於千秋。他有一個典型學者的外表，滿臉白鬍鬚，眼鏡架上裝有繞在脖子上的黑色線繩。我們面對面坐在一個長桌的兩邊，桌上擺了幾疊大川周明的著作，以便我們在談話中可以隨時取來參考。臼杵陽隨手翻出一本書說道，「舉例來說，這本書……不對，不是這本。

是這一本……不對，也不是這本……」。最後，他終於找到一本一九〇八年的紀事，那是大川周明第一次寫到有關伊斯蘭的事情，他當時才二十出頭。

臼杵陽有一套辯證理論，指稱大川周明日後的智識發展都源起於這篇小文章。那篇文章的主題有關於伊斯蘭中一個名為「蘇菲主義」的教派。臼杵陽相信那篇文章反映出大川周明字年輕時就醉心於追求靈性及理想主義。他把那本紀事放下，又去翻找其他的書，這次他找到一本相當厚的彙集，然後翻到大約在中間部分的一頁，他把那空白的頁面舉到我的眼前讓我看，然後解釋道大川在戰後曾經想寫一篇有關蘇菲主義的文章，但卻一直沒動筆。臼杵陽的理論是，大川在戰前涉入繁瑣的現實政治，戰爭開始後又汲汲於更繁瑣的亞細亞主義，使得他根本無暇顧及自己有關追求靈性及理想主義的核心問題。

臼杵陽停了幾分鐘之後說道，「他（大川）的一生中，在很多層面都是自我矛盾，他的內在是分裂的，他連自己都無法統一，所以在東京大審時，他只得瘋了」。

我問臼杵陽，「你認為那就是他瘋掉的原因？」。

臼杵陽發出了神經兮兮的笑聲，「當然，他是真的拍了東條英機的腦袋，但他被送到醫院後，就沒那麼瘋了。不管怎麼說，我是認為他在理想主義的理想和日本現實問題上的互相矛盾，給他自己帶來了大災難」。

臼杵陽在大川周明生活充滿矛盾這一方面的看法，當然是正確的。他在日軍侵略滿州的事件上採取合作的態度，但同時又鼓吹亞洲團結。他堅持不動搖的日本優越信念，但又譴責帝國主義。他宣揚對西方的憎恨，但同時又滿腦子西方思想家的思維。他對大川塾的學生傳授人類和諧的崇高理想，但同時又幾乎夜夜跟藝伎及軍界朋友廝混買醉。他的生活是神聖理想跟粗劣執行之間的無止境互相衝突。

臼杵陽等了一會兒又說道，「大川周明一直是有兩面，在表面的是政治生活，內裡則是精神生活」。

他舉起雙手象徵著大川的兩種生活，然後把兩掌拍合在一起說道，「這兩種生活實際上互相衝突。在日常生活當中，他「壓迫」自己的精神層面，所以二次大戰後，他就毀了他自己」。我想，他的意思是「壓抑」，但這個錯誤可能事實上還更正確些。

「所以，你認為他發瘋的部分原因是由於壓抑和表達思想之間的矛盾與衝突？」

臼杵陽答道，「這就是他為什麼他終其一生無法寫出蘇菲主義的原因」。他又順手抽出那個彙集說道，「你看，是空白的」。

千秋真的說中了要害：不管你對他有什麼意見，大川周明都會證實你是對的，因為他無所不在。按照臼杵陽的說法，大川周明之所以讓人難以理解，就是因為他終其一生都處在自我矛盾之中，「他是個有很多面向的人」。我們當天談了幾個小時，就在我們離開之前，臼杵陽又說了一些話，似乎在告訴我們他年輕時對大川的看法——右翼份子、戰犯以及拍打東條腦袋的人——在他多年下來逐漸熟悉大川周明哲學家的一面後，已經有所轉變了。

臼杵陽說，「大川是個相當引人入勝的人，所以，請從正面去詮釋他。當然，他也有負面的地方，譬如說自我矛盾，但總體來說，他是一位非常……我想，一個好人」。

我問他，「所以你可以漠視那些政變企圖、五一五事件以及滿州事件？為了要瞭解大川周明，你認為那些都不這麼重要了？」。

「大多數的日本人……」，然後他轉向千秋，說了一個他似乎不太能用英文表達的句子。

然後千秋轉向我說道，「吃不到葡萄的人，會說葡萄是酸的」。

第九章

崩潰

「回想起來，在戰場上看到那些在訓練時都表現得很正常的人，卻在戰鬥的壓力下精神崩潰，然後到我這邊來尋求如同我過去在民間所提供的精神分裂症協助，實在讓人吃驚、訝異不已」。

——丹尼爾．賈菲，《一個戰場心理醫師的回憶錄》，大約一九九六年。

一九四五年三月二十七日，第三二二醫療營離開鴻運營（以鴻運牌香菸取名）開往前線，一路上很少停留休息。車隊橫過法國北部，直接穿過比利時進入荷蘭最南端的瑪斯特瑞奇市，然後繼續向德國西北部進發。天色向晚之際，我祖父乘坐的吉普車到達了邊界，很快就進入盟軍當時已經攻下的第一個德國城市亞申。就在那裡，我祖父聽到了砲聲以及子彈從頭上飛過的咻咻聲。他們還沒有真正抵達前線，就已經開始遭到攻擊了。

受訓的時候，我祖父隸屬參謀處，但現在上了戰場，他被編在第三二二醫療營。二次大戰時，陸軍師部的醫療體系大致分為好幾層次，步兵和砲兵有自己的醫療分遣隊，以便能在戰場上立即做檢傷分類。這種分遣隊就是電影中所看到，跟地面部隊跑在一起躲子彈的醫療兵。師部方面則有規模較大的醫療單位，在前述的前線醫療隊跟後方總醫院之間提供中介的醫療服務。

第九十七步兵師共有兵員一萬四千人，這個中介的醫療單位就是第三二二醫療營，下分A、B、C三個輸運連隊，每個連隊分別為隸屬師部的三個步兵團提供服務。這三個連隊負責把戰場傷患送到離前線大約二至三英哩、由D連隊負責的臨時傷患處理中心。

三二二醫療營抵達歐洲時，共有四百兵員以及二十四名醫官，醫療兵負擔各種不同的工作，擔架兵被戲稱為「精神耗弱，背脊強硬」，他們負責把傷兵搶到安全的角落，救傷車駕駛兵和勤務兵再負責把擔架上的傷兵後送。醫官在進行救護、治療時，由醫護技術員在旁協助。大多數的醫官都是來自民間的醫師、外科醫生或牙醫，其中有些只負責行政事務。所有的醫官當中，只有一名是精神科心理醫師，他多數的時間都待在傷患處理中心，所以大體上等於隸屬D連隊，就是因為萬一輸運連隊送回的兵員有戰場精神崩潰的情況，就可以立刻處理。

我祖父在亞申聽到第一個砲聲時，想必十分緊張，不過後來應該很快就明白其實並無真正立即的危險。醫務兵通常不攜帶武器（至少官方規定是如此），他們只靠吉普車、鋼盔及臂章上的紅十字標誌作保護，以免於敵人的砲火（還得對方是遵守日內瓦協定的敵人）。

其實我祖父在亞申聽到的砲彈聲是曳光彈，是師部發射提醒他們要遵守夜間行進不得開燈的規定。當時三二二醫療營的吉普車開著頭燈行軍，接到警告後立刻熄滅車燈，駛入四周一片黑暗之中。

一九四五年四月五日，三二二醫療營沿著萊茵河往南走了五十多英哩，避開德軍在杜塞道夫的堅強據點。當天從早到晚斷續下雨，他們經過沿河包括科隆、波昂在內的一些工業城市最後抵達巴德戈德斯貝格，然後利用浮橋過河，吉普車過橋時隨著浮橋上下震動。過了萊茵河之後，醫療營略微北轉，往西格河的前線進發。當時師部的計畫是從西格往北向杜塞道夫挺進，當步兵繼續前進時，我祖父所屬的醫療連隊停在距前線幾英哩的地方，準備設置傷員處理中心。他們找到一個位在山嶺上、可以俯瞰萊茵河的雄偉大廈，那就是著名的柏林霍文城堡，醫療營的人就只稱它為「城堡」。

柏林霍文城堡是一個巨大的紅磚建築，周圍有數個白色的城塔，黑色的屋頂中間隆起如圓錐體，看起來有點像那些城塔戴了巫婆的帽子。德軍是在幾個小時前才撤出城堡，九十七師的步兵單位立刻跟著進駐，幾名士兵還對著大廳懸掛的水晶吊燈練習打靶。進入大門之後就有個大宴會廳，醫療營就用它作為處理中心，在宴會廳各個角落裡設置好包括醫療設備、手術台、牙醫部門、精神科部門……，然後在大門外立起紅十字旗，開始等傷兵上門。

一九四五年四月，盟軍已經把德國陸軍的B軍團圍在直徑大約八十英里的魯爾，這就是著名的魯爾包圍戰[1]。魯爾山谷是納粹德國的工業重鎮，盛產煤炭、鋼鐵——一位九十七師的成員就將魯爾稱為「德國的匹茲堡（匹茲堡是美國工業重鎮）」——因此魯爾也是當時搖搖欲墜德意志國防軍最後一個主要的戰爭物資供應地。

德意志國防軍B軍團共有兵員三十二萬五千人，司令官是以打防衛戰出名的瓦爾特．莫德爾（Walter Model）。他是希特勒口中的「最佳陸軍元帥」。魯爾地區河川縱橫叢林密佈，易守難攻，是實施拖延戰術的極佳地點，唯一的問題是遭包圍之後補給斷絕，致使士氣也急速下降。如果盟軍能收緊包圍迫使莫德爾投降，就可切斷魯爾對其他德軍的物資供應，向結束戰爭邁進一大步。

駐紮在「城堡」裡的D連隊從城塔上可以很清楚地看見三、四英哩外的前線。

1　譯註：第二次世界大戰歐洲戰場的戰事即將結束之際，盟軍對納粹德國的大包圍之一，發生在德國工業重鎮魯爾。在此戰役中，德軍意圖突圍且欲將已直入國土的盟軍趕出德國，最後有約三十萬名德軍投降成為俘虜，其中包括三十名將官。

那個時候，九十七步兵師已經在魯爾包圍圈以南的警戒線西格河完成集結，隨時準備渡河。德軍當時已炸毀橋樑並集結在地勢較高的北岸，西格河水深約五呎，相當湍急。師部情報顯示，對岸的德軍大約有七千五百人。

德軍最堅強的抵抗將會是卡爾－漢茲．貝克（Karl-Heinz Becker）上校麾下的第三空降師。貝克上校的暴烈名聞遐邇，他曾經在缺少兵員的情況下，下令所有醫務兵取下紅十字臂章，衝上前線。另外還有至少兩個砲兵營支援第三空降師，這兩個砲兵營配置有專門對付戰機及坦克的八十八厘米高射砲。一位三二二醫療營的醫官事後說道，「那可能是德軍所擁有最具威力的火砲」。

師指揮部最後決定，讓步兵能順利進入魯爾的最有效辦法，就是由密集火砲轟擊河岸作為掩護。這個作法就讓傷員運輸站不得不設在砲火猛烈之處。九十七師的砲兵將陣地設在距離「城堡」幾英哩的地方，所以他們那可以打到九英哩遠的一五五厘米榴彈砲彈，就將成一弧形飛過「城堡」的上空落在西格河北岸。

四月七日十一時整，攻擊行動開始，德軍用八八厘米高射砲回擊，雙方你來我往直至深夜，彈片如雨飛落在「城堡」邊樹林上，德軍砲兵應該是以九十七師砲兵陣地為目標，可是八八厘米高射砲的射程似乎差了一點。待在「城堡」裡的醫療隊都嚇傻了，他們擔心德軍是否根本就是以「城堡」為射擊目標。

這個砲擊所產生的心理效果立刻就出現了。負責站衛兵和巡邏的美國大兵都拒絕出到「城堡」的圍牆之外。有一位醫療技術士溜進「城堡」的地下室後，就再也不肯出來了。我祖父也發現在砲聲隆隆中，根本就無法休息。他在回憶錄中寫道，「砲火之下導致神經緊張所造成的衝擊，如果不是身臨其境，根本無法體會」。一位名為羅伊·彼得曼（Roy Peterman）的運輸車輛駕駛兵躲在城塔旁邊的一個小屋子裡監看他的車輛，結果看到一名士兵在附近焦躁地踱步，旁邊還有一位醫療兵不停地安慰他。彼得曼問那位醫療兵出了什麼事，對方答道那位士兵有一點「受到砲彈的驚嚇」。

我去拜訪羅伊。彼得曼時帶了一張空白支票。他住在馬利蘭州的奧克蘭市，位在華府西邊大約兩百多英哩，靠近西維吉尼亞州邊界。那天正值夏季中期，氣溫有逼近三位數的態勢，七十號州際公路旁邊不時冒出一些小野火，飄出的濃煙更使得高速路上的駕駛人不得不把速度降低到可能引發危險的程度。有一段路的濃煙造成追撞意外，我等於是純粹靠運氣，才能小心駛出濃煙籠罩的區段。

那張空白支票不是準備給彼得曼而是要給他的鄰居。彼得曼當年和我祖父都待在三二二醫療營的D連隊。那個連隊大約只有一百人，彼得曼是車隊駕駛，我祖父是醫官。所以，就算我祖父是喜歡交際的人，他們之間也不太可能有什麼交流，更何況我祖父根本不喜歡交際。彼得曼在電話裡就告訴我，他想不起來祖父是哪一位，但有一本連隊日記可能幫得上忙，只不過很多年前，他把日記借給了鄰居，結果後來鄰居過世了。但鄰居的太太不是找不到那本日記就是根本沒想真正去找。

彼得曼在電話中說，「我真希望自己可以有那本日記，這樣就可以給你跟你祖父有關的訊息，可是我好像沒法要她拿出來」。

所以我就帶了那張支票去了。我根據她的姓（彼得曼曾經提過）還有她家跟彼得曼家的距離（開車五哩路），推算出她家的地址。由於我祖父把戰時的信件全燒毀了，所以我對他在軍中的情況只知道一個大概，根據僅有的一些模糊訊息來追查他的過去，就像是開車在路邊不時有起火狀況的高速公路橫越美國一樣，一方面充滿希望，另一方面又充滿迷惘，這樣是寫不出歷史的。那本日記一定要找到，如果彼得曼無計可施，也許我的空白支票可以派上用場。

我到的時候，彼得曼坐在他家門廊的椅子上等我，他的頭部上方掛著兩面美國國旗，穿的T恤上有「驕傲的美國人」字樣，上面也有兩面美國國旗。他當年已經八十七、八歲，告訴我他退休之後，幾乎每天早上都坐在那裡。他有個圓圓的鼻頭，雖然禿頂，但頭部兩側及腦後卻有著濃密的白髮，眼光相當銳利，如果是六十年前，我大概不敢逼視。握手的時候讓人覺得相當堅實有力。

我在彼得曼的對面坐下，我們之間有張鋪著紅藍白三色桌巾的小庭院桌，上面放了一些照片。

「幾年前有一場火災，我們損失了不少東西，好在有一盒照片沒有被燒完」，彼得曼說道，「我們把它們放在後邊的車房裡，我昨天翻了一下，還真找到一些當年在德國作戰時，我們在那邊設立的那個叫做『城堡』的相片」。

那些照片是彼得曼於一九八五年帶家人舊地重遊時所拍。那時，「城堡」已經變成一家大電腦公司的基地，彼得曼繞著圍籬往內窺視，很確定那就是當年的那個建築。彼得曼的兒子跟門前的警衛攀談了一下——「你知道嗎？我父親一九四五年時在這裡待過」——結果警衛竟然讓他進去了。

「看起來不一樣了嗎？」，我問他。

「還是一樣」，他有點猶疑地回答，「完全一樣，到今天為止，我還能很準確地描述那個地方，包括裡面的一切。因為我在那邊照料的第一個人，一位受到槍傷的步兵士官，就死在那兒。我還可以說得出來當時照料他時所站的正確位置，不過他還是死了」。

我們一邊翻看照片，一邊談有關「城堡」的事，一個鐘頭很快就過去了。之後我拿出一張紙，我們企圖為D連隊畫出一張長官部屬的階級圖表。幾分鐘之後，我們畫到了一等士官長鮑曼，彼得曼的眼神突然「銳利」了起來。鮑曼，就是那位寫日記的人。彼得曼又開始埋怨他的鄰居，那位他出借日記給對方的鄰居，結果對方過世了，遺留下來的寡婦顯然又沒有要交還日記的意思。

彼得曼說，「我沒有要去煩他的寡婦的意思，但那本一等士官長的日記確實在他那邊，所以我等了一段讓她哀悼的時間，終於給她掛了個電話，那應該已經是一年以後了，也許是好幾年，不過她當時還沒有檢查過他留下來的東西。所以我又給她更多的時間。這次得到了你的消息，我又掛電話給她，她還是沒找到。我現在知道了，如果你想要保存什麼東西，就千萬不要把它借給別人」。

我們大致畫出D連隊的族譜後，我問彼得曼手上是否有什麼團體照——這樣的話，我們可以按圖索人，比對一下。他就朝著房裡喊他的老婆琴恩，「我有一張捲起來的相片——我想應該就是連隊的合照，妳知道放在哪裡嗎？」。

「也許在車房裡，跟那些被火燒過的東西放在一起」，他老婆說，「我去看看」。

我可以從琴恩的語氣聽得出來，她曾經去過車房，所以她知道她能——或者說在這件事上，她不能——找到什麼東西。現在，我覺得找到彼得曼似乎已經沒什麼用，我一定得找到那個寡婦才成。我盡量不去想如果她又拒絕幫忙找日記的話，我下一步該做什麼事，或者她要的錢超出我的能力，我又該怎麼辦。你又能對一個老婦人幹嘛呢？一些包括搞亂她的花圃或郵箱的想法浮上腦際，但這些都解決不了問題。我的心情也愈來愈沮喪。大約十分鐘之後，琴恩出現了，手上多一個沾滿陳年黑灰的盒子，還有一些顯然準備給我們擦拭之用的濕紙巾。

「我不知道你們想要的是什麼，但是找到這個東西」，琴恩一邊說，一邊把那個髒盒子放在門廊的另一頭，「這玩意兒很髒，髒透了」。

彼得曼走過去翻揀那個盒子，我則把電腦關掉，等著他告訴我那些究竟是什麼東西。彼得曼高聲地宣告他的發現，一些九十七師的三叉戟臂貼，幾個腐蝕的信封。

琴恩說，「我跟你打賭，他二十年來都沒動過那個盒子，但我沒看到他說的那個捲起來的照片」。

彼得曼那邊突然沈默了很長一段時間，他的手上有個大信封。「我真的不知道有這個東西」。我在好奇心驅使之下走過去看，他把信封裡的東西拿出來，然後把信封交給我看，信封上的郵戳註記是一九七三年。然後，他把那些從信封內取出的紙頁交給我。

我問他，「這就是那個日記嗎？」。

紙頁的上方角落寫著「日記」，只不過錯把「Diary」拼錯成了「Dairy（乳製品）」。下方署名「一等士官奧格斯特．鮑曼（August J. Baumann）」。

彼得曼興奮地大叫，「耶！沒錯！」。

「真的嗎？」，琴恩說道，「真的是那日記嗎？」。

彼得曼說，「我一定是另外還有一個複本」。他滿手都是烏黑的陳年灰塵，銳利的眼神變成有點不好意思又有點心虛的露齒而笑。

一等士官奧格斯特．鮑曼的「乳製品（原文如此）」。

三二二醫療營D連隊

一九四五年四月五日——「我們在柏林胡旺（原文如此）著名的歐本海瑟（原文如此）城堡設立據點，就稱做『城堡』……賈菲上尉在此加入我們，開始處理有關神經精神問題的案例」。

我祖父在「城堡」開始處理的精神創傷案例之一是來自三八六步兵團第二營G連隊的一等兵強生。

四月七日砲擊之後，第三八六步兵團在沒有強烈抵抗之下利用浮橋跨過西格河，但過河之後遭到德軍M-42機槍和二十厘米高射砲猛擊，不過他們還是在入夜之後穿過魯爾包圍圈攻下了幾個市鎮。第二天清晨，第二營以G連為中堅再度發動攻擊，迎面而來的是二十厘米及八十八厘米高射砲齊發。來福槍兵一等兵杜瑞格在營隊日記中記錄著，「這是至今所承受最猛烈的砲彈攻擊」。部隊接到的命令是作戰直到深夜。

德國部隊消失在密佈的叢林裡，營情報單位擔心他們可能「趁夜晚滲透我們的防線」。結果這個擔憂果成真，敵人的一個中隊趁夜色截擊了第二營的指揮站，開槍擊中一位出外小解的一等士官的頭部，美國部隊趕走了入侵的德軍，然後繼續以極快的速度推進，到了四月九日，美國部隊已經拿下十六個市鎮，驚恐萬狀的居民從窗口伸出白被單表示投降。四月十日，第二營又攻下十四個市鎮，但抵抗力道相當強大：村子裡到處都是狙擊手，開闊地則有砲火，二十厘米高射砲轟擊得比前幾日都要猛烈。

根據第三八六團的團史記載，當時士兵「已經疲倦得幾乎走不動了」，但是部隊推進的速度仍然很快。四月十一日早上，在師部砲火掩護之下，G連在穆許鎮旁的河邊發動攻擊，九點四十二分時，步兵回報德軍砲兵開始反擊。三分鐘之後，在德軍的砲火中，一等兵強生被送到傷員處理中心，後送的理由是「衰竭」。

三八六步兵團的傷員是由三二二醫療營轄下的B連負責撤下後送。根據當時的紀錄，一輛B連的救護車從戰場的急救處將強生送到「城堡」，把他的擔架放在入口處之後立刻又轉回前線。擔架兵把強生抬進「城堡」之後，接待處的軍官──通常是安斯沃斯上尉──就要他們把強生送到我祖父的角落。我祖父在回憶錄中寫道，「那些因為戰場衰竭或砲彈休克被送進來的人，在真正崩潰之前看起來都很正常，但開始崩潰之後，所顯現出來的症狀就跟民間那些急性精神分裂症一個模樣」。也就是說跟他在醫學院、聖伊莉莎白醫院還有自己家裡所看見的都一樣，唯一不同的是，他現在穿著軍服。

不管是哪一個戰場，不管是哪一個師，也不管個人經驗如何，二次大戰時在戰場上精神崩潰而被送往傷員處理中心的人，所表現出來的情況幾乎都一樣。他們像是迷失了方向，講話前言不對後語，腦中都是幻想，眼中都是幻覺，或者是混合一種以上的前述癥狀。戰時的那些案例也都顯示出患者的某種癖性──譬如說某個一等兵的手臂不停的抽搐；當醫生詢問他的名字時，那位上士想不起來，只好掏出掛在脖子上的名牌；曾經因為作戰英勇而獲頒銅星勳章的技術士，現在不停地哭泣、顫抖——唯一的共通點是，他們都無法自我控制。

他們口中說的，也大抵是同樣的事。一位八十八步兵師的士兵在傷員處理中心告訴精神科醫官，「我就是無法承受那個要命的砲聲」；一位八十五步兵師的一等兵說，「每次砲彈一來」，他就止不住全身發抖；三十六步兵師的一等兵說他已經無法再回戰場，因為「只要幾發砲彈下來，我就變成廢人了」；九十一步兵師的一位上士什麼也不用說，但只要一點點聲音就會讓他像瘋了一樣亂跳，連傷員處理中心的醫務人員都沒法靠近他。二次大戰時協助衛生署長辦公室負責監管軍方精神病服務的威廉・孟寧格，在戰爭結束後的幾個月把這些案例做了一些整理，並得出一個結論，「當最後一根稻草壓在那些士兵的背上時，立即產生的結果都十分相像」。

第九十七步兵師在戰場上待了四十多天，被送到三二一醫療營的神經精神崩潰的案例共有三十八個，D連隊的伊特上尉給這些案例都做了記錄，其中大約一半是屬於很清楚的交戰衰竭——就像一等兵強生那樣——或者是因激烈砲火而引起的輕微焦慮。對這類案例，我祖父會開出速效而且能持久的鎮定劑異戊巴比妥鈉，劑量隨病人的嚴重情況而做調整，主要就是讓病人熟睡三十六至七十二小時。病人醒來之後，祖父會略微登記一下病史，同時跟他們談話，建立他們期待復原的信心。根據正式的紀錄，醫官在這個時候會要他們去沖個澡，然後吃一餐熱騰騰的食物。這個基本療程大約持續三天，然後大多數的病人都能再回到戰場。伊特上尉在師部報告中指出，兵員回到戰場後，復發的機率「相當小」。

對一些士兵來說，這樣的療程稍嫌不足。有大約一半送進處理中心的病人會被轉送到師部的休息營，由比較不這麼忙碌的醫務員對他們做額外幾天的觀察及治療。這些人通常都不會再被派回戰場，而是改派一些非戰鬥任務。九十七步兵師的官兵裡，有七名精神崩潰的情況十分嚴重，最後都被送往後方的醫院。

對於一些較難處理的案例，我祖父會採用一種名為「麻醉療法」的密集療程來處理。他是在一九四三年參加前述為新師部精神科醫師舉辦的華府行前教育時習得這個方法。他先用巴比妥藥物讓病人放鬆，然後用輕鬆開玩笑的方式跟病人談他們所受到的精神創傷，讓病人釋放自己的情緒，直到達到醫學上所稱的「宣洩點」。根據伊特上尉的紀錄，我祖父曾經處理過一個特別案例，一位傷員因為「歇斯底里失明」被送到處理中心，結果我祖父成功地讓他恢復了視力。

三八六步兵師第二營的紀錄顯示，一等兵強生在歷經「戰場衰竭」之後又回到

G連，重新拾起戰鬥任務。第二營總共有E到H四個連隊，他們送到處理中心的傷員，顯然特別引起我祖父的關切。我祖父在受訓時的一位好朋友是瓦特．達菲爾德（Walter Duffield，暱稱達菲）上尉。他原先隸屬于師部參謀處，但在啟程開拔往歐洲之前主動請調往戰鬥單位，霍爾希將軍於是將達菲派去指揮三八六師的F連隊（祖父的另位好友瓦克希則留在師部，無須參與直接戰鬥）。我祖父從未提過這些事，但在傷員處理中心工作時一定十分掙扎，因為他一定很想見到自己的好友，但他也知道如果是在處理中心見到他們將會是意味著什麼。

二次大戰時的戰場精神科醫師基本上負責監督三個層次的處理機制。首先，他們激勵在戰場急救中心的營部醫師，立即處理那些精神崩潰情況較溫和的傷員。其次，他們自己置身於第二階層的傷員處理中心，負責處理中度情況的病人。至於那些需要額外復原時間的傷員，就進入第三階層的處理，也就是送往師部的休息區，那邊會有更充裕的空間及醫療人員。當初設計這個系統的佛瑞德瑞克．韓森就在一九四四年晚期寫道，「這個機制在戰場上操作得十分良好」。

當時負責軍方精神病計畫的官員也認為，經過這個三層機制處理的精神創傷傷員，都很有機會再回到戰場。總的來說，他們的看法都算正確。在設置師部精神科醫官這個機制之前，受到戰場精神創傷者都是送回後方的醫院處理，大約只有百分之五到十的比例有辦法再回到戰場。然而到了一九四五年三月，前線精神科醫師已經做到讓百分之六十的精神病案例，在經過兩到五天的治療後重回前線，這還不包括在戰場急救中心就處理的案例，因為他們在那邊不留紀錄。另外，大概只有十分之一的戰場精神創傷傷員必須撤出戰場後送。前述傷員能夠重回戰場的比例，還是在醫療人員極度欠缺的情況下達成：譬如說歐洲戰場，每十個需要動手術的案例可以分配到一名外科醫師，但對於精神病的案例來說，是每二十三個案例才能分配到一名精神科醫師。

戰場精神病的計畫單單在盟軍執行諾曼地登陸時取得的成功，就已經值回所有的努力。D日之後的兩個月之內，[2]美國第一軍團內平均每兩個後送醫院的傷員中，就有一名是精神創傷的案例。如果沒有前述醫療及搶救精神科傷員的機制，可想而知美軍的人力資源將會受到怎樣的嚴重影響——根據一項估計，作戰師至少將損失五分之一戰力。有了戰場精神科醫師之後，他們在維持部隊搶灘的動力上發揮了很大作用。一個為了D日設置的休息中心至少讓百分之八十的戰場精神創傷病例完全或部分復原。舉例來說，第一軍團在一九四四年六月至七月間總共通報了一萬一千名戰場精神創傷案例，但最後人力損失僅有四千例。這並不是說如果沒有戰場精神科醫師，盟軍就會輸掉那場重要的戰役，但可以肯定的是，絕對會贏得更艱難。

根據衛生署長辦公室的說法，師部精神科醫師成功的最大關鍵，就是可以立即處理相關案例，不讓那些病徵「有時間站穩腳步」。大多數在前線就馬上處理的案例，僅僅需要鎮定劑讓病人好好休息，同時再上一點重建信心的閒聊即可。休息，可以讓戰士恢復身體的疲勞——就理論上來說，「戰場衰竭」很大程度上就是因為身體極度疲乏而引起。重建信心則是心理的部分。理想的狀態是，精神科醫官用溫暖的言語跟病人建立起醫療關係，但同時也要注意維持做為軍人的權威。他必須說服病人相信精神崩潰是面對戰場壓力的正常反應。

美國軍方精神科醫師史提芬．蘭森（Stephen Ranson）戰後在一份有關傷員處理中心的報告中指出，「精神科醫師必須強調那是根據情境因素而產生的反應，不會持續太久，而且跟所謂的『發瘋』無關」。精神科醫官也要很清楚地表明，傷員將會很快地重回戰場（一般來說，爆炸震盪所造成的精神創傷通常是在心理層面，大約在幾星期內就會消失）。

2　譯註：D日在軍事術語中經常作為表示一次作戰或行動發起的那天。迄今為止，最著名的D日是一九四四年六月六日諾曼地戰役打響之日，亦即同盟國開始反攻在二次大戰中被納粹德國佔領的歐洲大陸。

傷員處理中心的設置重點是要讓被送來的人感到可以舒適地復原，但又不至於舒適到他們不再想回前線，他在那邊有熱食可吃，可以沖澡、刮鬍子，但他必須自己排隊領食，上廁所時也不會有人幫忙。他有醫療技術士的照顧，但這些人也穿著迷採野戰服而不是穿著制服的醫院護士。幾英哩以外休息區的氣氛也是一樣，大概接受治療幾天之後，病人就必須參加行軍以及其他基本的演習，只有那些經過一星期還沒有改善跡象的才會被後送到一般的醫院。就算是在那邊，治療的目標也是要讓他們能回去部隊承擔些非戰鬥任務。這整個體系的精神就是要保全人力資源。就民間的標準來說，「戰場衰竭」不算是個精確的名詞，因為實際上發生的狀況其實不止「衰竭」而已，但就軍事來說，倒頗為符合實際。

用這種方法來處理精神創傷，也有其一定的合理性。讓戰士盡量留在接近前線的地方，可以減少精神科醫師所說的「附帶獲益」[3]。大多數的戰士都面臨互相矛盾的願望：一方面想避免進一步的傷害，另一方面又想和同袍重聚。在相對舒適的醫院環境裡，「繼續生病」的想法可能就會佔上風。然而在軍隊氛圍濃厚的傷員處理中心，要跟軍隊同袍在一起的心理就相對要強些。師部精神科醫官在重建患者信心的階段，都會提醒戰士要對各自的單位忠心相向。

我祖父在他的自傳中寫道，「一起生活又一起面對危險的人，自然會形成結合在一起的感情，這種感情力量之大，甚至於會超過個人希望自保的想法」。所以，造成精神崩潰的環境因素，同樣也會為復原提供相應條件。

休息和重建信心的方法，看起來雖然很簡單，卻證明了非但有效而且持久。一個戰後的精神病學研究顯示，接受鎮定劑療法的戰士，在初次的精神崩潰復原之後，平均還可以再繼續服役十一個月。而且這並不止意味著人回到戰場而已，其中四分之三的表現都是「令人滿意」或「相當好」。衛生署長辦公室在其年度檢討報告中指出，師部精神病醫師的效用「已經毫無疑問完全建立起來了」。不過，戰場精神病學本身還並非永遠的解決辦法，百分之十五到二十接受前線治療的精神創傷案例仍然會復發。精神科醫師知道，有些案例如果用民間所採行針對個案的療法，應該會有更好的結果，但那要耗費相當長的時間，戰爭時的緊急情況顯然不允許那樣做。

二次大戰時的部隊精神科醫師用減輕症狀的方式來搶救受精神創傷的兵員，沒有

3 譯註：精神醫學上所謂的「附帶獲益」即是案主藉著病人的角色來規避其他該負的責任，譬如說不再回戰場。

人知道這種作法對那些人的長期健康會有何影響。威廉・孟寧格後來承認，「陸軍的經驗，特別是作戰的經驗是否會對人的個性產生永久性的影響，只怕要經過很長的時間才能讓人瞭解」。這個，恐怕也要等到贏得戰爭之後，才有更好的機會去發現。

當第九十七師往杜塞道夫挺進之際，「城堡」裡的傷患也開始愈積愈多。九十七師和德軍第三空降師的部隊在西格堡的街上進行巷戰，然後往北向特洛伊史道夫推進。根據砲兵指揮官謝爾曼・哈斯布魯克（Sherman Hasbrouck）將軍的說法，美軍在那邊遭遇到「魯爾包圍圈內最艱苦的戰鬥」，被砲彈片傷到的人是受槍傷者的三倍之多，按照「城堡」的工作能量，應該可以同時為一百五十名傷者治療，但到了四月中旬，「城堡」的醫務人員已經無法承受每日的工作量，情況嚴重到醫療營的指揮階層都需要把行政事務放到一邊來參與治療的工作，任何有醫療或外科手術背景的人，都必須參與緊急救護——包括我祖父在內。

鮑曼士官長在他的日記中寫道，「這真是讓人印象深刻又讓人感動的救傷場面，每一個人都累到最後連動都不想動了」。

我祖父的回憶錄對在「城堡」中一起工作的醫療人員，並未著墨太多，但通過不同的記錄和回憶，大致也讓人能看到那些跟他在一起工作了那麼久的人的相關描述。

三二三醫療營的指揮官是一位臉圓圓的、有著晶亮小眼又滿嘴髒話，來自田納西州的赫德中校，在當年的師部大合照中，赫德戴著細框圓形眼鏡。赫德是在美軍跟日軍在瓜達卡納爾島血戰之後，於一九四四年二月加入第九十七步兵師，他的同儕都說他是個傑出但技術很糟的醫師，那些認識他的人也都說他喝起酒來無人能敵——一次喝掉整瓶七百五十毫升的威士忌但卻完全像沒事一樣。

醫療營的執行官，或者說是副指揮官是吉立亞少校。吉立亞的笑聲斷斷續續，有時頗愛耍點官威，但天生是位滿和靄也富有同情心的人，有次在排隊領餐時，有位兵員突然感到不適嘔吐，他立刻就脫下鋼盔把對方的嘔吐物接住，以免掉進大家等著領取的早餐食物中。在「城堡」經歷傷員大爆發的那段時間，吉立亞幫忙處理了大部分需要醫藥照顧的傷患：無須動手術的傷口以及一般的疾病等等。

還有里奇少校。根據鮑曼的日記，里奇相當有錢，他在戰爭開始之際負責帶領D連，但他卻「沒事就莫名其妙請病假」，所以在實際操作上才由伊特上尉負起傷員處理中心的指揮任務。伊特是有點脾氣的典型德州佬，也是一位很好的外科醫師——根據一些耳語，他對女人也頗有一套——他跟赫德一起負責處理那些最棘手的案例。伊特在入伍之前就認得我祖父，是在喬治華盛頓醫學院晚我祖父幾年的學弟。

佛雷賽中尉則是我祖父在受訓時的橋牌搭檔，他的人緣頗差，後來還拒絕參加三二二醫療營戰後的同袍聚會。凱利赫上尉就更糟糕了，只要知道他也會參加，大家就都不去了。米勒和陶德上尉從一開始就在三二二營，兩人是換帖酒友，但他們就是沒辦法讓營牧師摩提蘭諾也參加一起喝酒——就算是發誓一定上教堂作為交換也不成。安斯沃司上尉是牙醫師，他也在傷員處理中心擔任前台登記的工作。根據鮑曼的日記，法利上士每天接待如潮水般送到「城堡」的傷員，最後自己也「累倒在床」。

我祖父在五十年之後，還清楚記得他第一次看到士兵死在擔架上的情景。那是一位腹部滿是砲彈破片的老士官。我祖父寫道，「他的生命跡象逐漸消失，我彎下身子，慌亂地插入輸血針。我一輩子忘不了他在生命逐漸消逝時說的那幾句話，『醫生，告訴我，我可以撐過去——我的太太和四個孩子還在等我回家』」。

來到傷員處理中心的戰士通常都不會留在那裡太長的時間，但來的人都需要立即的照應。「城堡」裡的醫生和技術員隨時都準備了彈力綳帶及止血帶，為來人更換在戰場急救處敷好的藥膏，為傷兵裝上或調整夾板，甚至在必要的時候整做套的輸血程序。他們的任務並非治癒受傷的軍士，而是要確認他們能夠忍受撤往後方醫院的七十五英哩跋涉。

傷員處理中心的醫務人員還有件不太心甘情願的工作，就是他們在必要時也要照應區域內的德軍或德國百姓，大多數的案例都跟身體疾病有關，譬如說有次在科隆爆發的斑疹傷寒就傳到了「城堡」。就跟當時大多數的疾病一樣，對付的方法就是盤尼西林。其實在那個時候，也只有盤尼西林可用。根據鮑曼士官長的紀錄，有次一位當地的婦女是因為在圍裙口袋裡藏著手榴彈衝往美軍而被射殺。

當時的醫療營裡，至少有一位技術士能說德語，摩提蘭諾牧師則會說義大利語，一些高階的敵人也都會說英語。伊特有次就為一位會說英語的德國黑衫隊狙擊手動手術[4]，這位狙擊手大吹他如何發了十一彈擊斃九名美軍。負責載運他撤往後方醫院的救護車司機也聽說他如何吹牛殺了九名美國人，結果完成載運任務後回報說那位狙擊手在半途死了，「我也不知道怎麼回事，但他不小心被一條毯子包住頭還是怎麼樣的，就死了」。

一九四五年四月十四日，由於第九十七師已經深入魯爾包圍圈，醫療人員也必須

4 譯註：德國武裝黨衛隊是納粹德國親衛隊領導下的一支準軍事部隊，由親衛隊特別機動部隊發展而來。戰爭中武裝親衛隊在各級武裝部隊中定位為親衛隊全國領袖 海因里希．希姆萊（Heinrich Luitpold Himmler）的精銳部隊，因此它在二戰初期是德軍裝備最先進的部隊，俗稱黑衫隊。

跟上，他們在瓦立特男爵所擁有、位在瓦爾希德的城堡設立了新的傷員處理中心。鮑曼將之稱為「男爵城堡」。這個地方有個很美的中央噴泉以及更美的巴洛克式教堂，牆壁上掛了許多「不太美的」男爵與希特勒的合照。醫療營的人一進去就大肆掠奪，後來發現有些珠寶不見了——美國人可能會說它們「被解放了」——營指揮官以軍法審判為要脅，強迫掠奪的人把它們交出來。結果，他們顯然交出來了，因為男爵很大方地把地下酒窖打開，拿出封藏已久的香檳，每位醫官及若干醫務兵都獲贈一瓶。我祖父把他的那一瓶藏進他存放精神病資料的文件箱，準備在遇到特別日子時再享用。

有一天晚上可把我祖父嚇壞了。三八六步兵團第二營F連的十名官兵同時被送到傷員處理中心。五名受到砲彈破片傷，一人死亡。還好，裡面沒有達菲。

第二天下午，他因為必須處理一名精神崩潰的案例而被免除協助外科手術的工作。這名精神傷患是三八六步兵團第二營E連的一等兵帕森斯。帕森斯是在第二營進行了連續三天的閃擊戰，先後奪取了好幾個市鎮時突然精神衰竭。第二營在四月十二及十三日兩天往前推進時並未遭到頑強抵抗，但在靠近比臣時卻遇到德軍猛烈反擊，德軍狙擊手似乎無所不在，八八厘米高射砲整晚砲聲不絕。而且，到處都是傳言指稱德國國民突擊隊已經滲透入整個區域——德國國民突擊隊以在盟軍戰線內發動伏擊而聞名[5]。

四月十五日當天，第二營在早上七時整發動攻擊，E連位在左邊側翼。他們希望能做另一次快速推進但卻遭遇到德軍第三空降部隊的猛烈砲火，以及報告中所稱來自八八厘米高射砲的「中度」砲擊。

記錄顯示，帕森斯後來又回到前線。而根據鮑曼的日記，醫療營也在當天離開「男爵城堡」跟隨部隊開拔前進。

第九十七師後來在魯爾包圍圈內進展順利，幾乎是如入無人之境。德軍的防衛則在莫德爾元帥認識到失敗已無可避免，同時下令B軍團不再抵抗之後全部瓦解，戈培爾[6]立即譴責莫德爾是叛徒，莫德爾本人則在森林中開槍自戕。當時投降的德軍擠滿街頭，第九十七師在魯爾就接受了兩萬兩千名德軍俘擄。負責清理戰場的連隊也離

5　譯註：國民突擊隊是納粹德國在二戰最後階段成立的國家民兵部隊，其成員為十六至六十歲尚未被徵召服役的身體健全男性公民。該部隊並非傳統上由德意志國防軍負責建立，而是納粹黨根據希特勒在一九四四年九月二十五日發布的元首命令所設立。

6　譯註：保羅·約瑟夫·戈培爾擔任納粹德國時期的國民教育與宣傳部部長，被稱為「宣傳的天才」，他以鐵腕捍衛希特勒政權和維持第三帝國的體制而知名。

開了「男爵城堡」遷往伯格葛萊巴的一所納粹學校，三天之後又搬去索林根歌劇院，那邊有一個巨大的管風琴和一個史坦威演奏用大鋼琴。那時已經沒有什麼傷兵，但也並非沒有意想不到的事。鮑曼在日記中寫道，一位行政官員卡密尼中尉讀錯了地圖，結果把D連帶到尚未投降的德軍步兵前方，「我們是否落荒而逃？那還用說」。

一九四五年四月十八日，杜塞道夫也不戰而宣布投降並由霍爾希將軍接收。當天，我祖父從索林根歌劇院發無線電回總部，告知他已下令將四名有嚴重戰爭衰竭狀況的士兵送往休息營。熾熱的戰爭已經結束，但包圍圈內仍然還有很多事等著他們。

一位名為德沃金（Dworkin）的軍需連駕駛兵表示，他有次在那段時間裡運送了幾位精神病患者前往野戰醫院。那些精神病傷患有可能就是我祖父下令後送的那四名，也有可能是另一批。總之，當德沃金駕車延著萊茵河往南走的時候，車上的勤務兵開玩笑地說，這些精神病患者都是在耍花招而已，因為他們已經完成了戰爭任務，可以昂首闊步凱旋回鄉，現在做的只是要避免回鄉之前可能遇到的危險。這個帶有鄙夷意味的說法，當然是暗指他們是裝病。不過，德沃金卻並不是這麼確定。他事後回憶道，「他們就好像受到催眠一樣，整個人在那邊恍惚、發呆，他們都不說話，我個人認為，他們應該真的是精神崩潰了」。

四月二十一日，戰場清理連在大雨中離開索林根往巴伐利亞的森林進發，中途在艾森菲爾德附近的野地露宿，他們把病人遮蓋好以後再架起自己的帳篷。根據鮑曼的日記，他們度過又濕又冷的一晚，第二天晚上抵達靠近現今捷克邊境的伍塞戴爾，並在一所學校裡設置了傷員處理中心。當時，九十七師已經與巴頓將軍的第三軍會合，準備對後撤的德軍予以致命打擊。所以，他們預期還會有更多傷患。兩天之後，在正式行動前的寧靜之中，我祖父在陸軍星條報的報尾巴上看到自己的名字，那個欄目上面有張包著尿布的嬰兒圖片，原來祖母生了個兒子。祖父於是把那瓶放在資料箱裡的陳年香檳取出，一口氣喝光了。

然而當祖父獲知第三八六步兵團第二營的新任務後，他的前述慶祝情緒很快就消失了，而且轉化成他日後所說的「十分焦慮」。師部下達的命令是要求他們作為巴頓將軍所率領部隊的左翼掩護，支援巴頓將軍前進德國南部及奧地利，那就意味著穿過捷克邊境奪取切伯市。切伯市是當地的行政中心，室內有戰爭物資工廠以及規模頗大的機場。

三八六步兵團當然並未期待會受歡迎。根據情報，往東撤的德軍已在城市四周佈下雷區、詭雷陷阱以及路障。當時師部派出第二營以及一排工兵營人員，前往確認部隊可以進入切伯，但即使可以進入，他們恐怕也將面對深溝高壘的德軍。達菲和F連就在這個任務裡扮演十分重要的角色。

所以，大家其實都有點害怕。四月二十五日晨，一輛F連的運兵車被人發現棄置在流往捷克邊界的埃格爾河畔，車身焚燬，車上的士兵蹤影全無。儘管如此，往切伯挺進的計畫仍然如期進行。第三八六團第二營的部隊在坦克、火砲的支援下，面對著德軍的機關槍和高射砲對切伯進行攻擊。整個攻擊行動持續了九小時。

當天晚上，他們已經奪取了切伯市北邊的沿河高地，夜空中都是德軍八八厘米高射砲、二十厘米機關砲的砲火。第二天，三八六團和從南邊攻上來的三八七團在市中心會師，在跟德軍狙擊手進行巷戰並掃除市內一些負隅頑抗的敵軍據點之後，切伯成為盟軍奪取的第一個捷克城市。

伍塞戴爾的傷員處理中心那時也忙得不可開交。有兩位工兵營兵員被送來處理中心，他們運送武器車輛被德國國民突擊隊打成了蜂窩。伊特上尉還幫另一位醫官完成了一個德軍的腿截肢手術。三八六步兵團解放了一千六百名被關在德國工廠內的俄羅斯奴工，其中有一百名病得很嚴重或是極度營養不良而被送到傷員處理中心接受醫療照顧。根據鮑曼的日記，我的祖父受命指揮對他們的照護工作，札傑克和安得瑞喬斯基（Zajac and Andrzejowski）兩位士官擔任傳譯員。

在那種一團亂的情況下，我祖父想必也特別注意有沒有任何來自F連的傷員。一等兵瑪申（Mathern）因為兩腿槍傷被送來，查連斯基中尉（Zalenski）是頭殼傷，一等兵希斯基（Hiskey）受到的是一般輕傷。就像先前一樣，沒有達菲。

切伯的戰役異常激烈，連一位在戰場服務的醫療兵都受不了了。一等兵陶斯（Toth）是C連救傷車的助理駕駛兵，他和一等兵湯瑪斯（Thomas）共同負責一輛救傷車，在戰場上搶收三八七步兵團的傷兵。

根據湯瑪斯的說法，陶斯被徵召時已經接近四十歲，幾乎每晚都寫信給他的兩位年輕女兒，「我認為離開自己的孩子這麼遠，讓他覺得很受傷」。陶斯是位好駕駛——他在入伍前就是駕駛大貨車的職業司機——但他在砲火之下卻會神經過敏。有一天晚上切伯的戰況正激烈，湯瑪斯從伍塞戴爾的傷員處理中心返回到處找他的同伴，結果發現陶斯神魂不定，坐在一個老農舍旁的圍牆上。湯瑪斯回憶道，「我跟他說，『我們還需要再跑一趟喔』。他說，『我不去了，我要回家』，那就是我最後一次見到他」。

威廉・孟寧格從衛生署長辦公室派出一個代表到交戰地區去研究為何美國士兵在一九四四年春天會在戰場上發生精神崩潰。他挑選了軍方心理衛生主任強恩・艾培爾承擔這個任務。艾培爾在慘烈的卡西諾和安吉歐戰役尾聲之際抵達義大利。前後六週的時間，艾培爾加入了六〇一戰場清理連以及其他幾個在馬克·克拉克將軍所率領第五軍進軍時所成立的醫療站工作。就在美軍向羅馬進軍的那段時間，他先後觀察了數百名精神崩潰案例，然而就在他執行這個任務的同時，一些軍方官員還在對精神創傷的準確性表示懷疑。艾培爾則在抵達時就立刻採取釋疑的行動。

艾培爾寫道，「只要看一眼那些精神崩潰者腳步蹣跚走進醫療站，他們的面部表情抽緊呆滯、不時低泣、全身顫抖，提到『那些炸彈』和戰友斷腿斷手或死亡時就發抖不已，已經足夠說明事實了」。

根據艾培爾的評估結論，他認為部隊精神崩潰案例的發生，跟戰士所參與戰事的強度以及時間長短都有直接的關係。他估計步兵可能發生精神崩潰之前，平均大約只能承受九十天的戰鬥，有些是一聽到砲聲就崩潰，有些是一直等到身體的疲憊慢慢消磨掉自己的心理建設，還有些是可以慢慢適應自己所處的怪異新世界，但當戰鬥夥伴被砲火擊中，自己就崩潰了。艾培爾寫道，這個九十天代表了一位戰士「最有效率的頂點」，一旦超過這個時間，他的價值就會「開始持續下降」。另一個同時間作的另一份分析報告也證實，大約有五分之一的戰士會在參與戰鬥三個月之後崩潰。艾培爾幾十年後再回顧他在戰時的日子時寫道，「戰場生活的壓力，就如同性交一樣，沒有親身經歷過的人，根本無法體會」。

有些挺過九十天的人，最終還是有可能崩潰。他們也許能逐漸建立起自己對戰爭恐懼的免疫力，但是當他們的作戰夥伴因為受傷甚至戰死而消失在他們眼前，他們就失去了在最艱難時候的支撐力量，這時，長時間累積的身體上及精神上壓力，就會壓垮他們。有經驗的軍人其實也很擔心這一刻會到來——即使只是根據平均率的法則。他們有意識地把這種恐懼轉化為小心預防，但反而會使得他們因此而真正喪失掉支撐自己的能力。有時，他們的表現也會讓替補的新兵喪失士氣。當這些老兵也崩潰的時候，他們跟那些一聽到砲聲就崩潰的人也沒什麼兩樣，這種狀況還有一個專有名詞「老士官徵候群」。艾培爾估計，大概只有百分之十的戰士能夠撐過兩百天逐漸加重的戰事。他寫道，「就像兩噸半的卡車會在行駛一萬四千或五千英里之後開始變得破舊一樣，那些兵員也會因為持續作戰而變得疲憊不堪」。

有兩個因素會影響到戰士如何處理所參加戰爭的強度及長短的能力。第一個牽涉到領導者。一個欠缺效率又無法以身作則的行動指揮官，會讓他屬下的兵員更容易精神崩潰。艾培爾曾經對一個步兵團做了記錄，顯示出該團大約有三分之一戰場精神創傷的案例，來自於一個指揮官一聽到槍砲聲就到處躲避的連隊。

同一戰場先前的研究也支持此一結論。例如一九四三年夏天的西西里之役，同個步兵團裡，一個營的戰場精神創傷案例是其他兩個營的兩倍，這個營裡大約百分之四十的兵員都指稱他們的指揮官不值得他們支持。相反的，有些指揮官非常受兵員敬重，但當他們有事不在任上時，兵員們都會感到沮喪。第四十四步兵師的精神科醫師提奧多·蘇拉特（Theodore Suratt）就在一份報告中指出，有一個連隊的八名士兵在他們敬愛的指揮官負傷後，同一天裡先後精神崩潰。其中一位在崩潰前已經服役一百一十四天，在那之前從未發生任何問題。

另外一個因素則是個別戰士對戰爭所具有的信念。有人認為「為何而戰」——或者是不知「為何而戰」——是美國部隊發生戰場精神病例比其他國家軍隊更嚴重的主要原因。美國陸軍因病解職的案例中幾乎有一半是精神病，俄羅斯部隊的這個比例是百分之十七，英國部隊是百分之三十。艾培爾對這個令人驚訝的差異所做出的解釋是，俄羅斯和英國部隊希望能為那些在戰爭中死去的人進行報復，同時希望能藉由作戰恢復自己祖國的榮光，但美國部隊只是「不得不上戰場」（孟寧格也懷疑，德國部隊戰場精神崩潰發生比例很低的原因，是納粹德國對他們進行了精密設計的教條洗腦）。美國部隊經常是認為自已經盡力完成了作戰，所以才可以「贏得」回家和所愛的人相聚的權利。一位戰場精神科醫師就曾經在戰後寫道，「在瓜達卡納爾戰場上，家書對美國部隊所造成的傷亡，並不下於敵人的子彈」。

艾培爾從戰場回來後，就開始著手準備究竟是什麼原因造成戰場精神崩潰以及如何予以限縮的報告。他認為軍方應該為步兵建立一套明確的輪調制度（將他們參與戰鬥的強度及時間的長度極小化），送上戰場的替補兵員至少要三人一組（加強他們互相支撐的群居效應）。艾培爾寫道，「依照現行的政策，一個人必須要處在『完全無用』的情況下，才有可能被免除上戰場，這等於是他必須被殺掉、受傷或者完全精神錯亂」。衛生署長辦公室把這份報告轉呈參謀總長喬治・馬歇爾，儘管馬歇爾一向對軍中精神病的問題不這麼友善，但他也認清報告中所提出的問題確實重要，於是轉發給三大主要戰場的司令官：義大利戰場的馬克・克拉克，歐洲戰場的德懷特・艾森豪以及太平洋戰場的道格拉斯・麥克阿瑟。

一九四五年五月末，美國陸軍通過無數討論及內部爭議後，確認了在戰爭期間合併服役不得超過一百二十五天的輪調制度，以及集體替補兵員的制度，代表了從戰爭開始以來，軍方對精神崩潰問題的理解往前邁進了一大步，亦即從一開始認為只有那些膽小懦弱的人會崩潰，到認知任何人都可能精神崩潰，再到瞭解了許多精神崩潰的人還是有復原的可能。戰爭精神官能症不僅僅是單純出於懦弱，就如同孟寧格在一九四五年晚期指出，戰爭精神官能症之所以會發生，是因為戰場上所出現的無法預期情況，讓某個人所承受的壓力、賴以挺立的社會支持乃至於每個人的個性之間出現失衡現象，最終導致精神崩潰。當然，當美國軍方終於達成共識並決定實施新的精神病計畫時，歐戰已經結束了，而且許多人也已經因為參加戰爭而精神崩潰了。

我祖父後來得知達菲在切伯之役時發生了槍管爆炸的意外，但還好本人並無大礙。他們兩人在戰後一直還是很好的朋友，有一年，祖父一家人駕車直到加州拜訪達菲一家，那時還是小孩的我父親記得達菲把威士忌混進一大杯牛奶裡，因為他當時患有潰瘍，醫生不准他喝酒。我的姑姑和叔叔都說，我祖父只有在拜訪達菲一家時才會談到有關戰時的事。有一次，達菲直視著我的叔叔說，「我和那件事（戰爭）有關係嗎？」。那是一種我祖母無法理解的笑話。達菲是個十分喧鬧的人，跟我祖父完全是兩個樣子。

「他根本像是來自另一星球」，我叔叔有次說道，「如果不是那場戰爭，他們絕無可能成為朋友」。

達菲在我出生前很久就過世了——胰臟癌——他沒有孩子。我在找尋有關達菲的資料時，偶而看到一位退伍軍人尼爾．奧克森韓德勒（Neal Oxenhandler）寫的書。奧克森韓德勒當年就在三八六團F連服役，直屬長官就是達菲。戰爭開始之際，奧克森韓德勒對自己是否能挺過那場戰爭頗有懷疑，他在幾位夥伴戰死之後寫道，「究竟有什麼值得我們去賣命？我們在一起經歷過許多事，也許我值得為他們去死」。那天晚上，他在站衛兵時擊斃了一名入侵的德軍，他就站在那名德軍的屍體旁直到天明，心裡毫無所感。

「後來我的朋友都靠近來，一種團結在一起的感覺突然湧上，那種空虛感也因此煙消雲散。自此以後，我心裡已經不再有任何疑問，只知道自己將一直作戰下去」。

作為一位師部精神科醫師，我祖父很清楚戰士之間的同袍情懷在戰爭中可以產生的心理建設，但根據我的瞭解，他自己卻沒有發展出什麼同袍。他有天和祖母及姑姑坐在一起討論所寫的回憶錄，大多數的時間，她們都在企圖梳理祖父根本無意梳理的內容，我姑姑後來終於理解我祖父根本不想再為歐戰時期的夥伴添加任何新的內容，於是就對他說，「你根本就沒有哥兒們」。（這在錄音帶上聽起來還不算太刻薄）。

我祖母這時插進嘴，「難怪你每天都寫信給我」。祖母接著又喋喋不休祖父把她藏在閣樓裡的戰時信件悉數焚燬，讓她多麼的沮喪，「都四十年了，你為什麼要那樣做？」（這在錄音帶上聽起來還真是一樣刻薄，怒氣沖沖）。

祖父悶不吭聲，於是他們又轉到另一主題。

我追蹤到的三二二醫療營成員，都說不出任何有關我祖父的「大事」。羅伊·彼得曼說他只是常常看到祖父在傷員處理中心進進出出。D連一等兵哈洛德·伯格（Harold Burg）說他只是見到我祖父時舉手敬禮，從未交談過。C連擔架兵裘伊·孟尼葛利（Joe Menneghelli）只知道祖父是營裡面少數幾位比他還矮的人。在鮑曼士官長日記所附的的營部名冊中，我祖父是唯一有姓沒名的人。很顯然地，沒人記得他的名字是什麼。

我所找到最接近我祖父的年齡、階級及單位的人就是華倫·米勒（Warren Miller）。在一個有點反常溫暖的十月天，我開車到維吉尼亞州的甘尼斯維爾鎮去拜訪他。米勒身高大約六呎，禿頭，戴著一副大眼鏡。以九十歲的年齡來說，他的體格保持得相當好，記憶力則堪比二十五歲的年輕人。他當年是總部所派出分遣隊的情報副官，就我和他所知，他應該是全營唯一至今還在世的軍官。

我們坐在米勒家的廚房桌旁談話。他說，「當時，只要救傷車載運戰俘到來，我就會進到傷員處理中心。我的工作就是跟他們問話，找出他們究竟來自哪個單位，那邊的生活狀況又是如何——諸如此類的事情——然後再向師部做報告。問話的時候，那些外科醫生就在我的身旁為人動手術」。

六個小時很快就過去了。米勒的記憶力十分驚人，我拿出三二二醫療營的名冊，只要唸出一個名字，他就能說出一段軼事（我在這裡只引述一些，因為米勒說的很多故事並無法去求證，而且其中有些頗為敏感）。例如有一位中尉被人指為「那就是我反猶太的原因」。有一位士官的名字是「桃麗絲」，他因此受人嘲笑而痛苦不堪。有一位士兵非常不注重個人衛生，結果被下令去洗澡。有一位卡車駕駛兵每次開車時都扯開嗓子演唱歌劇。一位白鬍子的瑞典上尉為了個人需要，竟然私闖醫務室。一位訓練營准尉晚上進到鎮裡偷了一輛巴士，然後開上街跟乘客收費而被送上軍事法庭。一位義大利裔救傷車駕駛兵被敵人俘虜後，想盡辦法哄騙看管他的德國士兵，讓他騎腳踏車回到美國部隊這一邊。一位經常遭到同儕嘲笑的墨西哥裔士兵，有天終於忍不住對同僚拿刀相向。一位來自德州的副官可以「喝得爛醉」但卻看起來很正常，而且什麼都不怕。還有先前說過的那位一聽到砲聲就鑽進「城堡」地下室，再也不肯出來的醫療技術士。

他說的最好聽的故事之一事有關於伊特上尉。就是那位我祖父從醫學院時代就認識的外科醫師。那時有位德國黑衫隊的少校因為背部中彈而被送到傷員處理中心，但因為伊特的階級低於他而拒絕伊特幫他開刀。伊特氣得滿臉通紅，轉身對一位在旁幫忙的大兵說道，「你不是一直試著想挖出一顆子彈嗎？就交給你囉」。

米勒所記得最糟糕的一次，是一位士官遭到機關槍火夾擊之後被送到「城堡」。「我想，我應該是一輩子都忘不了」，米勒說，「軍中牧師當時在為他做最後祈禱，我記得他對牧師說，『牧師，你一定要幫我撐過去，你一定要幫我撐過去』，伊特在一旁看著，但牧師搖頭說道，『我沒辦法』。牧師能做的只是盡力安慰那位士官，可是他當場就斷了氣。那樣的事情真正會讓你覺得很震撼」。

我告訴他，那個故事很像我祖父說過有位軍官懇求他救對方一命的事。我不知道那是否就是同個人。

「是喔，那還真可能是同個人」，米勒說道，「我記得當天所有的外科醫官都忙得不可開交」。

我後來拿出我祖父在軍中的大頭照，可米勒說他應該只在戰爭快結束時見過我祖父一次，那時我祖父是在設在德國班伯格附近的醫療營帳篷中跟一位病人講話。「他的個子不高，對不對？」米勒說道，「五呎六吋？五呎七吋？」。

因此，在很多人的印象裡，我祖父就是一位戰時大多數時間獨自沈浸在沉思以及神經分裂案例中的矮個子精神科醫師。

一九四五年四月二十七日，當時派駐在太平洋地區的艾利．賈菲接到我祖父寄給他的縮印郵件（用微型膠片縮制的郵件，寄達目的地後再放大以供閱讀），祖父在信件中表示他相信戰爭很快就要結束了，「根據他們的『神聖土地（指德國）』目前的慘況來判斷，超人（指希特勒）在這邊的表現很糟，我可以告訴你，我們會看到好結果的」（我祖父寫的這段話之可以保留下來，是因為艾利在他自己的郵件中轉述了）。那封信其實在戰爭結束前幾個星期就寄發了，但已可以反映出第九十七步兵師在攻取切伯之後的高昂情緒。第二天，醫療營在維登鎮設置了新的傷員處理中心。根據鮑曼的日記，當地的啤酒是戰爭中最好的報償，有位戰士就連續狂飲三天佐證了鮑曼的說法。幾天之後，希特勒自殺的消息傳出，卡米尼中尉當天的文書記錄工作是寫在一張希特勒的照片下方，照片上還有希特勒親筆簽的「致好友」字樣。

維登醫療站所面臨的種種狀況，讓醫療人員終於理解到他們為何而戰。根據鮑曼的日記，有天一位「營養不良瘦成皮包骨」，曾經在塞爾維亞部隊中服役的美國公民被送來傷員處理中心。醫療記錄顯示出他是從佛羅森伯格集中營被送來的席維斯特．

克雷斯維奇（Sylvester Kressewitsch）。

納粹在一九三八年設置了佛羅森伯格集中營，主要的目的是讓戰俘到附近的花岡岩採石場工作。他們在奧伯法茲山凹裡的佛羅森伯格村設置了營區，負責管理集中營的黑衫隊成員則住在可以俯瞰村莊的山丘上。根據納粹集中營史學家艾利希亞．尼特基（Alicia Nitecki）的說法，這樣的配置有其一定的隱喻，「這樣一來，黑衫隊的奴隸就在他們的背後，眼前是往外延伸一望無際的世界，山下的村民則需要仰望未來將成為德國典範的黑衫隊」。集中營和市鎮之間架設了通電的鐵絲網互相分隔。

就今日來說，由於奧斯維茲及達赫奧兩處集中營廣為人知，使得佛羅森伯格集中營比較無人注意，但實際上它是在德國土地上規模第四大的集中營。這個集中營原先收容政治犯，特別是那些被認為是國家敵人的外國人，戰爭結束之前，集中營內有一些相當知名的人士：例如前奧地利總理克特．蘇士尼格（Kurt Schuschnigg）、曾經參與刺殺希特勒計畫的德國牧師戴德瑞奇．邦侯佛（Dietrich Bonhoeffer），比利時國王里歐波德（King Leopold）也曾在那邊受到短暫關押。最高峰時，佛羅森伯格集中營內關押了一萬七千名戰俘，這個數目是其容量的三倍。

一九四五年四月十四日，盟軍東進已經迫在眉睫，海因里希．希姆萊發了一封電報給佛羅森伯格集中營指揮官：「不能讓任何囚犯活著落入敵人手中」。

兩天之後，集中營內大約一千六百名猶太人被轉往他處。剩下的囚犯在四月二十日早上集合，一人發給一塊麵包，然後開始行軍——日後被稱做「死亡行軍」。任何跟不上隊伍的都被當場槍殺倒斃路旁，有些時候，乾脆就挖一個大坑，然後把那些走不動的囚犯驅趕進入，悉數射殺。三天之後，美軍第九十步兵師解放了佛羅森伯格集中營。

四月二十九日，第九十七步兵師的幾位代表獲選去為集中營做歷史紀錄。指揮部的代表是霍爾希將軍跟哈斯布魯克將軍，師部總醫官薩莫斯上校為集中營倖存者作健康評估。牙醫官比爾．希爾所拍的一張照片顯示，薩莫斯滿臉驚訝地注視著一個皮包骨的囚犯。後來成為參議員的第九十七師軍法官拉爾夫．雅伯羅負責與集中營戰犯的面談工作。師部的新教牧師湯普森、天主教神父提夫蘭以及一位猶太教教長則為死者舉行適當的埋葬儀式。一些大兵也陪伴他們前往，根據雅伯羅的說法，艾森豪將軍下令部隊的所有階層都派出代表前往見證，因為他「知道日後一定有人會說那種慘絕人寰的事根本不曾發生過」。我祖父當時也參加前往，不過不是以醫官的身份，而是因為在必要時，他可以用猶太語跟集中營裡的戰犯溝通。

第九十七師前往集中營進行調查時，大概只有一千五百名戰犯還留在那邊，大多數是「死亡行軍」開始後，因為已經疲弱不堪而被遺留在集中營的醫務所。九十七師的通訊兵團負責拍照留存記錄，醫療營人員則負責緊急醫療照顧。C連的一等兵羅傑斯負責為戰犯餵食牛奶，因為他們的身體已衰弱到無法進食固體食物。師部則負責完成集中營生活狀況的基本報告。佛羅森伯格的囚犯每天都必須在花岡岩場辛苦工作，但每天的食物僅有早餐時一杯咖啡，午餐時一碗馬鈴薯酸菜湯。至於那些身體已經太衰弱的人，就會被注射苯酚然後推放在推車上，運往營區地道裡的焚化場。雅伯羅在記錄中寫道，那些已經死亡的人「就像柴木一樣被堆起來」等待焚燒。彼得曼則指出，「老天，到處都是屍體——每個房間裡都堆滿了屍體，你永遠不會忘記那種景象」。

就算考慮到我祖父本來就是個沉默的人，他在回憶錄中對於那段經驗的隱誨，無疑還是會讓人覺得訝異、失望。但那些事其實還是深植在他心中。幾十年之後，他有次在一個猶太節日帶家人到當地的教堂，正好遇到喬治·林肯·洛克維爾[7]（George Lincoln Rockwell）帶領了一群新納粹黨成員在外邊示威。洛克維爾當時穿著一次大戰時德國衝鋒隊員的制服，我祖父一看到就火了，我的叔叔事後說，那是他第一次看到我祖父盛怒之下企圖攻擊另一個人。後來由於警察介入阻止了雙方衝突，但我祖父還是和其他的一些人對洛克威爾和他的同伴大聲叫囂，怒稱大家打了一場戰爭，就是為了「要消滅你們這些混蛋」。我的叔叔永遠記得我祖父當時說了一些有關集中營的事。他說，「你如果是個神智清楚的人，但卻生活在不理智的社會裡，你就無法保持清醒」。

對於九十七師而言，之後發生在歐洲戰場的戰事，對他們而言，已經基本上無事了。一九四五年五月七日，三八七步兵團的一等兵馬濟塔（Mazetta）在克連諾維克森林（Klenovic）裡對著一名德軍狙擊手開了一槍。這一槍就是二戰歐洲戰場的最後一槍。慶祝勝利活動開始之際，戰場清理連駐紮在捷克小鎮塔喬夫。興奮的男人忍不住對女人提出大膽挑逗的問題，得到的回答也很大膽挑逗。有一批車隊的幸運的年輕小夥子在湖邊洗車，結果不知道從哪裡冒出來一批妙齡德國女孩，脫了衣服就跳進湖裡游水。鮑曼士官長在日記中回顧，「街上擠滿了人，啤酒館簡直就變成了『瘋人院』」。

幾天狂歡之後，第九十七師掉頭轉向幾個月前下船的法國哈佛碼頭。接下來的幾星期，第九十七師分批往西移動穿越歐洲。這段時間裡，我祖父也針對了幾位在戰爭

7 譯註：美國納粹黨創始人。

中出現問題的戰士做了些訪談，他對他們的評估並未列入正式紀錄。同時，根據鮑曼的日記，那時傳出的說法是第九十七師將受命趕往日本，參與那邊尚未結束的戰爭。最後，那個傳聞已經傳遍了整個陸軍，因為那時還駐紮在太平洋地區的艾利．賈菲都在發自一九四五年五月二十五日的一封信中告訴他的妻子，「我讀到一則消息，第九十七師將在美國休假之後被派來這邊（太平洋戰場）」。

結果那個假期長達一個月，運兵船在一九四五年六月二十四日從歐洲抵達紐約港，大兵興奮地在巴西號的甲板上跳舞，還在下船的舷梯掛起巨大的三叉戟師部旗。我祖父下船之後直奔布魯克林，跟和她家人同住的妻子和兩個月大的孩子團聚。同個月，祖父晉升少校，晉升令是由巴頓將軍簽署。祖父一家在賓州波可諾渡假區與訓練時期就是好友的瓦克希一家共聚，一起喝酒、露營、歡笑。當時，有人還在祖父的房門上貼了一個標示，上面寫著：「來到這裡的人，應該讓他好好檢查一下你的腦袋」。一個月的時間很快過去，到了應該歸隊報到的時刻，祖父還沒準備好跟家人告別，所以就帶著他們一起去報到地點。

第九十七師在北卡羅萊納州的布萊格堡重新集結，他們將在那裡接受前往太平洋戰場前幾個星期的叢林戰訓練。那時是八月初，正當大多數軍官跟士兵都陸續報到之後，原子彈投擲在日本的消息傳來，後來報到的人就正好趕上收聽昭和天皇（裕仁）宣布投降時所發表的廣播。沒有人知道軍方的下一步將會是什麼，有些人甚至認為回家的時間已經到了。結果，他們聽到的消息是將被派往日本擔負起佔領軍的任務。

一九四五年八月十七日，我祖父跟妻子及幼兒告別，登上駛往美國西岸的運兵火車。他那時已經知道戰爭結束了，但他如果認為戰爭所帶來的瘋狂也跟著結束了，那他就搞錯了。

第十章

無意識的自覺

「我發現自己處在一種茫然的清況，有一種失去人性的神秘感覺，或者好像是超脱於自己之外，反過來看自己的四周正在發生什麼事，也有點像是自己在看另外一位自己，而兩個自己都是同樣一個人」。

——丹尼爾・賈菲，《一個戰場心理醫師的回憶錄》，大約一九九六年。

「請抹掉所有大周明曾經為歷史所做過事情的痕跡」

——大川周明，一九四六年春天。

我祖父不是唯一不想再被派去日本的人。當時在第九十七步兵師要出發之前，發生許多兵員擅離職守的事，甚至於在運兵火車往西部進發而在進出車站必須放緩速度時，都有兵員乘機跳車逃跑，那些沒逃跑的，也並不就意味著心甘情願，有些兵員在火車上到處塗鴉，發洩心中的不滿，部隊還必須派出特遣小隊將之清除。師指揮官霍爾希將軍也因此面臨相當嚴重的士氣低落問題，因為部隊官兵認為戰爭已經結束，「沒有再被派遣到海外的心情」。艾森豪將軍也特地從歐洲致函霍爾希，警告他部隊重新布署海外將會是個艱難的工作，他向霍爾希提出建議，可以在第一時間讓那些符合資格的兵員解甲還鄉，就算是會造成兵員不足，都沒有關係。艾森豪在信中寫道，如果沒有妥善處理，「恐怕會讓部隊失去信心」。

當然，霍爾希無法一次讓所有符合資格者都解甲，所以在師部開拔之日愈益接近時，部隊裡的緊張情緒就日益高漲。在西雅圖的勞頓堡營區，我祖父就在幾天之內跟官階較高的同僚赫德上校發生兩次衝突。赫德當時已經在兩個不同的戰場服過役，好不容易戰爭結束了，現在又要被派去海外，心中的怨怒可想而知。他們第一次的不愉快是因為一位個子矮小、被人譃稱為「小鬼醫生」的醫務人員。我祖父在勞頓堡跟「小鬼醫生」進行了面談之後，認為對方苦於臨床抑鬱症，因此建議讓他免於日本佔領軍的任務。然而赫德顯然因為他自己無法免除任務而不願意見到任何人可以輕易避開，所以就取消了我祖父的命令並直接跟我祖父對上。

「赫德問我『你以為你是誰？你有什麼資格發出暫緩執行令』」我祖父事後回憶道，「就我的立場來說，我認為自己是師部精神科醫師，當然有這個權力」。

開船的前一天，他們兩人又發生了衝突。我祖父當天沒有知會赫德就下船去遊覽西雅圖，那就意味著赫德必須留在船上值班，這也使得赫德十分惱火。不過造成那種狀況也並非無法理解：在非戰鬥的情形下，我祖父隸屬參謀部，直接向司令官霍爾希負責，所以他根本不認為有向赫德報告的必要。但赫德卻不這麼看，他第二天上午又直接面對我祖父，而且很明顯地非常生氣。

八月下旬，運兵船離開港口駛向日本，長達一個月的航程相當顛簸，大家的心情也都不佳。我祖父在回憶錄中寫道，「我們每天像呆子般看著一望無際的太平洋，大家都想回家，都厭倦了軍中生活」。沒有人知道究竟誰已經合乎解甲還鄉的資格，也沒有人知道究竟什麼時候他們可以知道。有位戰士企圖鼓舞大家的精神，於是到處散發他手繪的幾乎全裸的裸女圖片，上面還寫著「衝啊！」兩個大字。有裸女圖片可看固然不錯，但對我祖父還有許多其他人而言，被人提醒這世界上還有裸女這回事，也真夠讓人覺得沮喪了。

一九四五年九月二日，船上的新聞信宣布日本代表已經簽署了投降文書，等於正式宣告戰爭結束。兩天之後，軍方宣布所有累積點數四十五點或以上者將可以免除海外服役。二次大戰期間，兵員可以通過不同的「成就」累積點數：每服役一個月可以累積一點，海外服役每月另加一點，有一個孩子可獲得十二點（上限是三個孩子），每獲一個作戰勳章可得五點……等等。這個新聞不適用於像九十七師這種已經奉派擔任佔領任務的部隊，但至少對他們來說是一個目標。我祖父當時已累積了大約四十點，參加歐戰之後，長官為他提報了銅星勳章，那是對個人功勳的獎勵，只不過還在等正式頒發。他當時想，如果勳章頒發下來，他就有可能在抵達日本之後不久就可以免除海外服役而回美國本土了。

結果赫德上校才是那位符合資格的人。當運兵船於九月二十四日到達橫濱後，赫德大搖大擺走下船梯，象徵性地接觸日本土地後就再回到船上。其他的人都轉往東京西北約四十英哩處的熊谷市稜威原空軍基地，並在那裡設置了指揮中心開始進行佔領任務。那是個吃力不討好的任務，因為大家都覺得沒希望。一份美國陸軍的刊物中就寫道，「第九十七步兵師也許是美國陸軍中運氣最差的，師裡的每個兵員都相信他們會在日本待上兩年」。

我祖父在熊谷市開始適應新生活之後，就發現自己的精神狀態開始下滑。營區內木造的營房擋不住寒氣，肥大的老鼠一天到晚在房椽上東竄西竄，那些老鼠肥到兵員都用牠們來練習打靶。那裡的食物也很糟糕，我祖父必須要靠日本三得利威士忌再追加啤酒先麻醉自己的味蕾，才能勉強下嚥。遠離家人、對未來的不確定、骯髒的新居住環境，這種種都開始困擾他，影響到他一向的泰然自若。他開始覺得茫然、疏離，「就像是自己在看另外一位自己，而兩個都是我自己」。作為一名精神科醫師，他當然知道什麼是「人格解體」，但是自己也親身體驗到，卻是一種既詭異又讓人畏懼的感覺。就這樣經過了幾天，情況並未改善，祖父開始擔心自己是否也會崩潰，而在瞭解到自己無處尋求幫助後，他的焦慮感就日益加深。畢竟，他是師部精神科醫師，如果他都沒法幫助自己，誰又能呢？

一九四五年十二月十二日，美國佔領軍逮捕了大川周明。當局是在他位於東京西南郊區愛川町的住家進行逮捕，然後將他送往市區的巢鴨監獄。大川事先已經知道他會被逮捕，他當天早上坐在火爐邊，好整以暇地望著山腳下霧氣中的中津川，霧氣跟火爐裡的煙混在一起輕輕飄揚，讓大川也有一種虛無飄渺的些微快感。前一天晚上，他的鄰居幫他辦了一個盛大的告別派對，就好像是歡送戰士上前線而不是送人去坐牢。「去巢鴨就好像是上戰場」大川後來寫道，「對日本人來說，上戰場就意味著要做好回不來的打算」。

日本投降之後，麥克阿瑟將軍刻意引導日本轉型為非軍事化的民主國家。麥克阿瑟很喜歡做一些有象徵意味的舉動，譬如說他就把佔領軍總部設置在日本皇宮正對面的大樓。另外，為了響應波茨坦宣言中所呼籲對戰犯的「嚴格正義」，麥克阿瑟把日本戰時的內閣總理大臣東條英機當作首要嫌疑人拘捕。盟軍士兵抵達東條寓所進行逮捕時，發現他已開槍擊中自己胸部，只不過槍彈並未擊中心臟，盟軍把他送往醫院並輸以美國人的鮮血，讓他的狀況穩定下來（據稱東條當時曾說，「我不要在征服者的法庭中受審」）。接下來的逮捕行動循著政治及社會階梯逐漸升高——前樞密大臣木戶幸一是乘坐豪華轎車進入巢鴨監獄——但豁免了裕仁天皇。

巢鴨監獄靠近池袋火車站，佔地大約六英畝，四周用圍牆圍起。盟軍當初進行猛烈轟炸，東京地區大多無法倖免，但巢鴨監獄卻意外完好無缺。現殘破的街道上充斥著當街攔客的妓女，找到盟軍顧客後又雙雙消失在巷弄中。巢鴨監獄有六座主要的牢房區，大約可容納一千五百名囚犯。一位美國記者將之形容成，「一組正方形、暗灰色的醜陋三層樓建築」。戰爭期間，巢鴨監獄成為惡名昭彰，專門關押政治犯的地方，牢房的牆上佈滿血跡，到處都是蜘蛛網，還有一位戰爭初期曾被關押在那邊的人所說的「難以言說的體液氣味」。不過當年秋末，巢鴨監獄經過徹底清潔、重新裝修成一個很能讓人感覺舒適的地方，許多人都將之稱為「巢鴨旅館」。

像大川這樣的新囚犯到達時，都必須先在檢查室脫光衣服，從頭到腳噴灑消毒殺蟲用的D. D. T.粉。監獄裡的每層樓有兩排牢房，一排十二間，走道的中央有個欄柵，獄卒可以站在那裡監看上下樓層的牢房動靜。每間牢房都設有活動桌板，底下則是盥洗盆，也有便池、睡墊、毛毯、棉被。麥克阿瑟下令巢鴨監獄裡的犯人「不分階級及地位」關押在一起，大家共用澡堂及囚樓之間的運動場。如此一來，反而出現了囚犯之間沒有先例的互動，原先階級地位低的人，現在可以和皇軍的高級軍官、政府領導人以及貴族階層共處，也常常可以看到某個囚犯向另個囚犯彎腰敬禮的鏡頭。

大川周明入獄之前已經做好把監獄當作戰場的心理準備，不過他卻發現獄中生活反而是一個生活步調還不錯的轉變。他當然對於必須離開妻子感到沮喪，但還好妻子的生活還有女傭照應，他們也沒有孩子之累。倒是在獄中，他的四周反而多了過去不見得常常能見到面的老友，譬如說橋本欣五郎上校就在那邊，籌劃一九三一年政變的老戰友白鳥敏夫還有經常到大川塾講課的松岡洋右，當然還有時敵時友的東條英機。特別是在剛入獄的那段時間，他甚至認為獄中生活比好像寺廟一樣的家裡好多了。佔領軍當局還為巢鴨監獄裝設了暖氣。

大川那個時候還不知道他的命運將會是如何，其實盟軍的檢控小組也不知道。被關押的人都認為像東條英機這個階層的人會被提控，至於還有哪些其他的人，就說不準了。一直到了一九四五年十二月，檢控小組才開始就個別的嫌疑人開卷審查，他們的焦點放在任何曾經在日本「對外侵略政策」上扮演過重要角色的人——從侵入滿州開始直至偷襲珍珠港，不過他們缺少「確鑿的證據」，而許多線索也不過就是一些道聽塗說而已。

有一份在大川被捕之前就做好但沒有註記日期的文件就顯示出，美國在這一方面的情報也很欠缺、不準確。那份備忘錄很準確地把大川描述為「推動『亞洲人的亞洲』最堅定又最具說服力的人」，可是卻沒有提到他在一九三一年政變及一九三二年五月十五日刺殺內閣總理大臣事件中所扮演的角色，而且錯誤地把他跟一九三六年軍隊叛變的事件連結起來。檢控小組也把從東條家搜出的一封大川的信件拿來大做文章。那封信的內容其實是有關兩人斷絕朋友關係，可是檢控小組卻說那是兩人在戰爭期間有「親密政治關係」的證據。十二月十九日，監獄當局把大川周明遷移到一樓保留給低階人員的監房，更顯示他們似乎不知如何將他分類。

造成這個現象的部分原因是檢控小組根本就沒有準備好。大川周明第一次接受問訊時，那位傳譯員的日文說得比英文還差，因此有好幾次，大川乾脆直接用英文回答負責問訊的美國人。還有一次，那位傳譯員竟然直接插入大川和問訊人員之間的對話，更顯出他毫無經驗。

當時，大川回答一個提問時說道，「我不知道（No Idea）」。

那位傳譯員說，「『我不知道』不算是一個回答」。

大川有點不高興地說，「你是哪一根蔥？」。

「我……是傳譯員，你不知道嗎？」。

「當你說『我不知道』不算是一個回答」時，你是在翻譯誰講的話？」。

到了一九四六年初，巢鴨監獄的情況終於開始有點像大川周明先前所預期的「戰場」了。他的飲食狀況不太好，米飯的量似乎不太夠，他的蛀牙也讓他無法啃蘋果，所以他用蘋果和同監的笹川良一交換橘子和香菸[1]。他們兩人也對流傳獄中有關審判的新聞進行討論，笹川的結論是審判「絕對不會公平、公開」，大川也同意他的看法。一九四六年一月十七日，大川告訴笹川，他唯一確定的就是當局認定他是個麻煩人物，所以會設法讓他待在牢中，至於關多久或是以什麼名義，那就還不知道。

我祖父出現的人格分裂癥狀持續了好幾天，他自己都覺得不像自己了，好像是他跟自己的身體是不同的、可以互相審視的個體，也好像是生命分成了兩半，一半是有現實意義的夢，另一半是夢想中的現實。

所以他就去到熊谷的師部找達菲，同時告訴達菲自己遇到的問題。當然，達菲並非精神科醫師，但是彼此談談總是好的。他們企圖找出問題的根源，為什麼賈菲少校會注視著另一個賈菲少校？他們談及來到日本的事，也談到不得不離開家人的事，我祖父忽然就明白了，他是在為國家服務和重新過自己的生活之間被撕扯著，而這卻不是一個很容易解決的心理衝突。他在當年珍珠港被襲的新聞從汽車的收音機傳出之後，就下定決心要保衛美國，但問題是，他認為自己已經完成了任務，可是現在軍方卻以在他心目中武斷、不公平甚至解釋不清的理由，讓他無法去過自己想要過的平民生活。

最後，他瞭解了自己正在經歷他在戰時治療過的精神官能症。我祖父後來在回憶錄中寫道，「他們心中原先所具有的同袍愛，那種愛的力量曾經強到足以克服撕裂他們心智的憎恨及恐懼，最後終於消磨殆盡了」。

1 譯註：笹川良一是日本社會活動家、著名的右翼領導人物，二十世紀三〇年代曾任「國粹大眾黨」總裁，積極從事各種支持軍國主義的恐怖主義活動。一九四一年，笹川開辦「南進協進事務所」，極力配合日本軍閥侵略東南亞。戰後以甲級戰犯受審。

跟達菲談過之後，他也感受到那種讓他覺得鎮定的效果，至少可以暫時把心中的恐懼卸下一段時間。

但當時的日本能讓他轉移注意力的事並不算多。他不時在佔領區內四處走動，看看部隊裡其他人是怎麼撐著，也和那些跟他一樣想回家的人談話，向對方甚至自己提供一些安慰及支撐。有些人會去東京的銀座區逛店，但那時的東京市裡還瀰漫著死亡的味道，店裡的貨如和服、絲衫或日本娃娃，幾乎是一到貨就售完。雖然那時的藝伎演出已經少了傳統的優雅，許多大兵仍然會去藝伎館找尋慰藉，當時的一份軍報就曾寫道，「歡樂已經降低成大家所能享受的最小公分母」。也許是因為瞭解到食物真的難以下嚥，指揮部也把部隊每人每週只能買三瓶啤酒的限額提升為六瓶。

那段時間，每個月都會有醫務官員離職，還留下的人就必須承接他們原有的工作。到了十一月，因為確實沒有人補缺，除了原先精神病方面的工作之外，我祖父又接下師部總醫官的工作。他首先要處理的就是當時在步兵單位裡已呈氾濫現象的性病。患了梅毒的兵員必須接受前後八天的盤尼西林治療，至於那些染了淋病者，就在營區裡禁足兩星期。性病的問題一時無法根絕，我祖父就親自駕車去造訪妓院，那裡的女孩子都很迷人，絕無可能禁止大兵不去找她們，所以我祖父就採取了另一不尋常的作法，他開始為妓女治療性病，企圖從根源上解決問題。一九四五年十二月，師部宣布累積點數達五十五點以上者，就有資格回國。那一個月共有八十七名軍官、超過一千五百名士兵獲得榮譽解職令。我祖父這次又沒有份。那些一天到晚纏著他想要獲得精神病解職令的人，並不知道其實他也很想回家。

有一天，我祖父終於知道了為什麼他一直等不到那枚可以讓他的點數達到回家水準的銅星勳章。那個消息來自於三二二醫療營的人事副官，也是他的橋牌老搭檔佛雷賽（Frazier）。我祖父等待的那枚勳章是在第九十七師參加歐戰之後就上報師部了，但推薦書被赫德上校半途攔截，一直未送到霍爾希將軍的桌上。赫德這樣做的原因就是要報復我祖父因為「小鬼醫生」跟他發生衝突，還有那次未知會他就去逛西雅圖。這個消息簡直讓我祖父崩潰，幾個小誤會竟然改變了他的生命進程——更重要的是，影響了他的精神狀態——這真讓他難以忍受。

不過他還是看到了一線曙光。如果是赫德半途攔截了勳章推薦，那就意味著霍爾希將軍並沒有實際上否決過，現在赫德已經不在師部了，他應該再試一次，也許就成功了。而且新任的醫療營指揮官伊特少校是他在喬治華盛頓醫學院的校友，本人也因為在「城堡」充滿傷兵的時候努力工作獲頒過銅星勳章。伊特同意為我祖父提出另一次銅星勳章推薦，我祖父也因此充滿了希望。

特別是他看到其他同袍的例子，更是無比樂觀。戰場清理連的安斯沃斯和吉立亞都因為在歐洲戰場的表現獲頒勳章，安斯沃斯在「城堡」的工作是把送到的傷患分到適當的處理部門。吉立亞是赫德的直接下屬，是處理緊急狀況能力很強的醫務人員，他是因為前進魯爾包圍圈時的表現而獲勳。我祖父根據這些同袍的成功獲勳來估算自己的機會，當然大為鼓舞，他在工作上的表現，絕對不比他們差。

不幸的是，這時霍爾希將軍已經不在位，他在橫濱離開了師部，新任師指揮官是賀曼・克萊莫（Herman Kramer）將軍，這就意味著我祖父的受勳推薦必須由不熟悉他在醫療營工作的人來決定，更別說克萊莫顯然對我祖父所兼任但又不怎麼內行的師部總醫官工作沒什麼深刻印象了。結果克萊莫說我祖父的工作「值得嘉獎但還不到頒勳的程度」。一場受勳和提早回家的夢就此泡湯了。

一九四六年一月下旬，大川周明還是不知道他的命運將會是如何。麥克阿瑟將軍宣布了遠東國際軍事法庭憲章，主控官約瑟夫・基南（Joseph B. Keenan）和他的屬下於是根據憲章展開了工作。他們要從巢鴨監獄內高層級的嫌疑犯中挑選出符合甲級戰犯者來作為東京大審的被告。基南和他的下屬很清楚他們該怎麼做。首先，他們要剔除那些不符合憲章中所設定「破壞和平罪」者。其次，他們要找出從一九二八年到一九四五年在日本擔任領導人物的被告，而且要有各方面的代表性。最後，他們只起訴那些罪證確鑿的被告，根據檢察官索立斯．霍維茲（Solis Horwitz）的說法，「把被告有可能獲得開釋的機會降到最低」。

接下來的幾個星期，檢控小組開始翻天覆地找所有相關文件證據以及能提出確切指證的證人。這並不是容易的工作：日本宣布投降後已經燒毀了大量文件，數百位關鍵人物已經自殺身亡，其中也包括了戰前的日本內閣總理大臣近衛文麿。大川周明過去的那些公開活動，讓他也成為調查小組搜索證據的對象，他們到東京的帝國圖書館找出他多年來所出版過的書，也找出他當年有關「五一五事件」的法庭證詞以及其他的官方犯罪紀錄。他們找到證人做出宣誓證詞，指控大川周明涉入「九一八事變」，以及他在領頭宣揚亞細亞主義中所扮演的角色。到了一九四六年三月初，檢控小組基本上已經確認大川周明是對日本帝國主義興起的最有影響力者之一。

當時負責檢控大川周明的人，是一位相當年輕又精幹，來自肯塔基州、名為休．賀姆（Hugh Helm）的檢察官。他對大川周明作了四次總共六個半小時的詰問，問題涵蓋了大川做為作家及活動家的所有層面，賀姆從那些提問所引出的回答，也證明了他確實是位幹練的人。他設計了一系列的問題來證明大川周明終其一生都是日本擴張主義的支持者、鼓吹者。他那美國南方人慣有對人尊重的態度，也贏取了大川對他的尊重——他每次稱呼大川時都不忘加上「博士」，大川事後也說跟賀姆交談是件滿愉快的事——但他也沒有忘記提出尖銳的問題來完成自己的任務。

賀姆最後完成了就算是他自己寫也不見得會寫得更好的，他和大川周明兩人之間的正式問答。他們討論了大川對全球戰爭的觀點（一個必要之惡），日本的偉大使命（人性的道德架構），九一八事變（大川知道事變會超過三個月），暗殺行動是否是政治改革中可以接受的代價（是的）。賀姆對大川所提詰問中的很大一部份，是他從大川的著作中挑出來的「邪惡內容」，然後讓大川來證實確實是他自己寫的。

當賀姆得到的是他不想要的答案時，他的作法就是予以忽略不列入記錄。大川有幾次顯示出不合作的挑戰態度，賀姆就耐心地把兩人對話再導回他想要的結論。大川以為自己已經準備好作戰，但其實並沒有，所以多數的時候都是他投降。譬如說兩人在三月七日討論到大川曾經預言日本和美國遲早一戰。官方的翻譯版本如下：

賀姆：在你做公開演說還有你能夠發生影響力時，你一直企圖讓日本的戰爭機器做好面臨這個衝突（日美之戰）的準備？

大川：不管我說了還是沒說，那確實是我的想法。

賀姆：請回答我的問題。

大川：我不是個宣傳工作者。

賀姆：我可沒這樣說。

大川：我並沒有在作宣傳，但事情就是那樣，那些確實是我的想法。

賀姆：你盡了所有的力量，並且利用你能發生的影響力，藉由演說及寫作來讓日本的戰爭機器為日美衝突做好準備，是這樣的嗎？

大川：不是，我不是個宣傳工作者。

賀姆：我沒有說你是，我是說你是日本人的領導者。

大川：是的。

賀姆：所以，對於我先前所問的問題，答案是「是的」？

大川：是的。

大多數的情況下，大川都回答得很直率甚至於有些怪異地採取默認的態度。大川周明一開始沒有認真抵抗，很可能是因為他並未認清盟軍檢察官其實是把他當作一個很重要的檢控對象。在接受第一次詰問前，大川認為他只可能因「九一八事變」而被控。後來賀姆把他當作是太平洋戰爭的首要宣傳工作者之事已經愈來愈明朗，大川才驚覺而且感到震驚——接著而來的則是害怕。他在三月九日接受詰問時，特地帶了一本詳細記錄當年他與美國人合夥泛太平洋商業貿易公司的提議書，企圖證明他在那個時候還要跟美國做生意，因此他當年的作為是要阻止雙方發生戰爭。可惜他的動作帶來了反效果。賀姆指稱大川周明當時的想法，只是企圖把戰爭延遲到日本完成團結亞洲的使命之後。

整個詰問的過程中，兩人其實都在各說各話，他們對那場戰爭的看法南轅北轍，完全沒有交集。大川認為「從白人手中」解放亞洲的觀念完全正當，也從未否認自己的立場就是那樣。賀姆則認為那就是大川鼓動日本征服世界的動機。所以，他們之間的談話就出現了雞同鴨講的滑稽效果，而且各自都認為自己才講到了重點。

賀姆：事實上，你的一生就是在努力為泛亞細亞主義奉獻。

大川：是的，但是因為戰爭，一切都變得不可能了。

賀姆：但是你知道如果要達成你的目標，就必須要跟英國和美國開戰。

大川：不錯，因為我不相信他們會坐視我們往前行，如果他們自願解放（東亞的）人民，那就根本不需要戰爭。

賀姆：但是你知道他們不會那麼做，所以你要日本準備好作戰？

大川：沒錯。

在詰問結束之前，賀姆其實已經確信大川完全符合甲級戰犯的條件了。一九四六年三月十五日，他向檢控小組的英國主控官亞瑟．康明斯．卡爾（Arthur Comyns Carr）提出簡報，將大川描述為「日本軍方極端份子的智囊」。五天之後，賀姆又獲得情報官員戴維斯提供的另一讓他極為鼓舞的訊息。戴維斯戰前已經待在日本長達二十年，他在跟賀姆談話之後表示，大川終其一生支持日本的所謂「亞細亞主義使命」，所以比東條英機更應該為戰爭負責。

「我很有興趣看到法庭能對大川周明做出某種處置」，戴維斯說，「因為很多日本人都說，『不能讓他（大川）輕易脫身』」。

一九四六年三月二十一日下午，檢控小組召開了執行委員會議，賀姆在會上提出有關「嫌疑人大川周明」的報告。那份長達二十二頁的文件基本上就是根據他對大川的詰問而寫就，重點就是大川周明所作所為完全符合東京大審憲章上所訂出的「破壞和平罪」的標準。賀姆為他自己的報告做出結論，指出所有的證據都表明，大川周明是全日本「最邪惡的人」。

換句話說，早在東條英機和他的那一夥亡命之徒出現之前，大川周明博士就已經開始忙於流血政變，也早已開始以無比邪惡的決心，來促使日本對抗並無意與日本對抗的世界，以便完成救世主的使命。

檢控小組執行委員會當場就決定起訴大川。

一九四六年開始之際，我祖父覺得好像只有他回不了家。先是他那駐紮在太平洋哥哥艾利．賈菲可以解甲回家了。艾利也有適應戰後軍中生活的問題，他在當年十一月初寄給妻子葳爾瑪的信中寫道，「復員這碼子事真是會影響士氣」。他當時因為人格解體的癥狀去看了馬尼拉第四總醫院精神科醫師，艾利的症狀和他的弟弟、我祖父幾乎一模一樣。事實上，當時艾利在自我想像中已經變成了他的弟弟——精神科醫師丹尼爾——也許是藉此告訴自己精神狀態已日益惡化。

然而他的狀況其實還更糟糕。當年的耶誕節，他寄了一封信給葳爾瑪，內容充滿了焦慮、絕望。他在信中寫道，「親愛的，最重要的是，別讓任何可能降臨到我身上的事……影響或傷害到妳」。他甚至鼓勵葳爾瑪不要管他，去找另一個男人，追求自己的幸福。與此同時，他也另外寫信給我祖父尋求協助。

我祖父在回信中告訴艾利，像他這樣的戰士處在那種情況下會感到焦慮，其實是很普通的事。他也告訴艾利，他自己作為精神科醫師，也不能免於類似的焦慮。艾利可能沒考慮到的是，他之所以這麼焦慮、憤怒，其實是看到其他士兵以同樣的理由要求解職退伍。他們抱怨晚上無法睡覺、白天吃不下飯，心中充滿焦慮，所以他們要回家。可是，他也想回家呀。在我祖父的信寄到之前，艾利已因「長期焦慮」而得到精神病的退伍解職令，已經搭上名為「希望」的醫療船在回國的路途上。

新年之後，第九十七步兵師的官兵也開始大批離開日本。一九四六年一月，大約有一百四十名軍官、四千六百名士兵合於累積點數超過四十五點的標準，獲准調回美國本土。二月間，又有四十多名軍官及大約兩千名士兵離去。同月，師部頒下了二十七枚銅星勳章，雅伯羅中校也獲得一枚，他在戰時的駐地跟我祖父所在的傷員處理中心比較起來，要更遠離前線。不久之後，軍方宣布第九十七步兵師將在三月底停止運作，但那也並不意味著人人都可以解甲還鄉，許多人會被轉分發到佔領軍的其他單位。

當第九十七步兵師於一九四六年三月三十一日宣告停止運作之後，我祖父就是那些還留在日本的人之一。也就是在那個時候，困擾他已經幾個星期的夢想（回家）變得更糟了。他站在碼頭看著船隻離港，有時是看著火車離開車站，但基本的場景都是一樣。他的精神狀態就算是一般人都能看出來。「那真是充滿痛苦的一段時間」他後來寫道，「創傷都是相對的：戰鬥所引起的創傷難以言說，因為分離而引起的創傷又是另一回事」。他那時還不知道，他那回家的夢還要持續好多年。

同年四月，他加入了位在東京的第三六一駐地醫院，那也是佔領軍照顧精神病案例的中心。醫院位在流入東京灣的隅田川東側，具體的位置是在從東京市區越過跨河大橋的另一端。那時的東京在歷經一九四五年美軍大轟炸之後早已破敗不堪，大約百分之六十五的東京住家遭到摧毀，流離失所又飢餓的日本軍人和那些孤兒、寡婦一起擠在設置於火車站或廢墟裡的收容所，墨田區內都是整排整排被夷平的建築，偶爾才可見到一兩棟完好無缺的房子，就好像有人駕著一輛巨大割草車駛過市區，但卻不小心漏過幾塊該清理的地。河岸邊不時還會看到被沖上岸的屍體。

三六一醫院是區域內少數倖存下來的建築，整個自然環境也讓曾經是美國童子軍的祖父相當心喜，軍官俱樂部的外面是一個收拾得很清爽的日式花園，裡面有規劃很好的步道，池塘上還有一座美麗的拱橋。花園的一角有座五層的飛簷佛塔，四周布置了日本味道濃厚的石燈座。寶塔裡存放著一些小木盒，裡面是一九四五年東京大轟炸死者的骨灰。往上游走一兩條街，種植了一些通常在四月上旬盛放的櫻花。

這些風景美麗的地方，並無助於我祖父消解他心中的荒涼感。對他來說，生活就是白天在醫院應付病人，提供一些敷衍的諮詢，晚上一人獨處時，則要面對種種煩人的想像，日子像轉盤一樣重複循環。軍官俱樂部有吧臺、鋼琴、舞池，有時確實也可以讓我祖父打發一些時光，但他除了在第九十七步兵師就已認識的牙醫官比爾．希爾以外，並沒有太多其他可以談心的朋友。他被調到三六一醫院，所以前任的精神病科主任就可以回家了——這位醫生來自巴爾的摩，他們兩人後來還有來往，他還常常謝謝我祖父當年讓他可以離開日本回國——我祖父則不禁暗自神傷，自己該不會是最後一個留在日本的美國精神病醫師吧。

一九四六年三月下旬，大川周明在等待自己被以「甲級戰犯」名義起訴時讀完了艾德華．吉朋（Edward Gibbon）所著的《羅馬帝國衰亡史》。他當時已經患了失眠，必須要靠藥物才能睡眠，但睡著後又會作各種奇怪的夢。有一個夢境中還有麥克阿瑟將軍，他醒來之後覺得英文才是他的本土語言而非日語，所以就開始經常說英文。在另外一個夢裡面，明治天皇現身了，並且以「響如霹靂的聲音」告訴他要好好看一下日本受到的折磨。大川因此認為巢鴨監獄只是戰爭的延伸，換句話說，明治天皇是要他把自己武裝起來。

大川周明後來寫道，「我從來沒懷疑過敵人的終極目標——他們企圖重寫自明治時期以來的日本歷史——所以我要盡我一切的力量來跟他們奮戰到底」。

大川那時跟松井石根關在同一牢房。松井當年是日本皇軍在中國的指揮官，因此被認為必須要為南京大屠殺負責。然而大川周明卻十分敬重松井，認為松井是當時已少見的行事成熟、臨危不亂典型。至於松井，他也衷心擁抱大川周明盡其一生推動的亞細亞主義。他有次寫道，他一生「最大的遺憾」就是沒有辦法實現「一個亞洲的新生命」。他們兩人在大川於一九三七年晚期出獄後創設大和社，推動日本文化改革時就彼此相熟，現在在巢鴨監獄裡，這份友情又重新開始熾熱。

很快地，大川和松井兩人就形影不離，他們在一起吃飯，一起在監獄的庭院散步，一起消磨時間。松井對漢詩情有獨鍾也頗有涉獵，所以他也教導大川有關漢詩的種種。他們甚至連祈禱時都在一起。松井曾經塑了一尊興亞觀音像並且隨身帶了一張照片。顧名思義，興亞觀音就是有關於亞洲復興的佛教神祉。松井是用取自南京戰場的黏土塑出那尊神像，他們兩人在獄中做了一個小神壇，每天早晚七時正都一起祈禱，有時聲音大到其他的囚犯都群起抗議，大聲吆喝要他們小聲一點。

四月尾，獄方把松井遷到另一牢房，才算把兩人分開。可是大川此時的怪異行徑又更加明顯了，他到哪裡去都穿著中式服裝配上日式木屐，晚上一人高聲自言自語，不時對獄中警衛大聲吼叫。松井被轉移牢房兩天之後，大川周明突然大鬧，後來必須注射鎮靜劑才安靜下來。他的視力本來就不好，現在更是差到無法閱讀。他在那本《歷史學家的世界歷史：第十冊》上亂寫些無厘頭的詞句，日文、英文、音譯的德文都有，寫滿了書中的空白部分。

把所有提到大川的人都幹掉。

五月五日執行，大川宣告死亡。

把歷史中有關大川的所有印記都抹去。

一九四六年四月二十九日，盟軍檢控小組公佈了甲級戰犯起訴名單，當天是昭和天皇四十九歲生日——又一個麥克阿瑟所喜歡的具有象徵意味舉動——所有的囚犯在早上八時三十分集合唱日本國歌。十一點整，二十八名東京大審的被告名單出爐，大川是唯一不具軍方及官方職位的人。

當天稍晚，大川一人坐在牢房裡，頭戴一頂鴨舌帽，頸上披了一條白色毯子，手上拿著一個裝滿私人物品的小提袋。他後來叫住正在打掃牢房外走道的同囚笹川良一，然後用很嚴肅的口吻要對方為他打開牢房門，因為他決定要回家了。笹川當他是在惡作劇，就告訴大川如果他想打開牢房門，就應該去跟警衛說，然後逕自繼續掃地去了。不一會兒，就聽到大川高聲呼叫警衛幫他開門。

巢鴨監獄的其他囚犯都相信大川瘋了。笹川在那段時間裡的日記中寫道，「日本最偉大思想家最後的日子沒有什麼值得羨慕」。笹川也很懊惱大川浪費了一個可以在東京大審裡為日本進行辯護的機會，「就在他（大川）可以站上那個光輝舞台的當下，在全世界人的注目下，他竟然瘋了」。

大川瘋了的傳言也傳到巢鴨監獄另一樓層兒玉譽士夫[2]的耳裡。兒玉和笹川一樣都躲過戰犯起訴，但都還關在獄中。他聽到大川發瘋的新聞也感到十分沮喪。

兒玉當時對另一位囚犯說道，「天才和瘋子只有一線之隔，大川是個天才，現在那根線被扯斷了」。

不過監獄裡的美國警衛可沒那麼客氣。他們停止了大川的供食，把他關在牢房裡一星期，不得外出，並且隔著欄柵觀察大川的一舉一動。笹川寫道，「美國軍方顯然相信大川是在裝瘋」。

一九四六年四月末前後，大川和希望幫他進行辯護的律師大原信一碰面。大原是經由當時日本最知名的辯護律師清瀨一郎推薦。清瀨一郎曾經在當年「五一五事件」發生後做為大川周明的代表律師（清瀨也是東京大審時東條英機的首席代表律師）。當大原抵達巢鴨監獄並表明要會見大川時，監獄警衛用手指著頭部轉了幾個圈圈，表示大川腦袋出了問題。

大川出現時穿著木屐以及像睡衣般的衣服。他在會見室中隔著鐵網的另一邊坐下，然後開始解釋為何他在即將來臨的審判中並不需要律師為他辯護。他說，「大原先生，這是一個政治審判，就像中世紀時的宗教審判一樣，非盟國的公民會被判有罪，

2　譯註：兒玉譽士夫是日本右翼運動家，於第二次世界大戰時在上海擔任「兒玉機關」領導人，戰後於韓戰時期在美國中央情報局掩護下致富，捐資成立自民黨，為日本戰後到一九七〇年代黑社會領袖，在洛克希德政治獻金事件與首相田中角榮皆被求刑。

是因為他們是誰而非因為他們真正有罪。因此，我很懷疑你是否能為我進行真正的辯護」。

雖然大川的事前宣告有點離題，他最後還是接受大原作為他的辯護人，他們也就審判交換了意見，大川有點擔心法庭方面會提出天皇應該為戰爭負起責任（許多日本人也有這種憂慮。事實上，麥克阿瑟相信，如果把日本天皇也提上國際軍事法庭，他可能需要把美軍的駐日佔領軍擴大成一百萬人。這也是昭和天皇能夠躲過起訴的主要原因）。儘管大原的英語能力欠佳，但大川還是使用英語跟他交談，而且每當有美國警衛走過，他就立刻轉用德語或法語，等到警衛走遠了，他又恢復用英語。

大原事後回憶道，「看到他這些表現，我認為他根本沒有瘋」。但當大原問大川為什麼不用日語時，大川的回答又讓他覺得困惑，「因為今天是我的英語日」。

從時間精準的發作到同樣精準的消失於無形，大川的發瘋有許多令人疑惑的元素，其中最具挑釁性的莫過於暗示東京大審其實是戰爭的延伸。大川的這個想法讓一些日本人不禁懷疑，他是否在進入法庭之時，就準備好要不計一切代價全身而退。知名作家有佐藤優在他於二〇〇六年出版、有關大川周明的著作中就指出，那個震驚全世界的巴掌聲，可以很輕易地就被視為是某種形式的「知識份子的戰鬥」，當然，同樣也可以很輕易地就被認作是個瘋子的行徑：我的理解是，大川周明從心底相信他是在取笑法庭……他要藉之拆除遠東國際軍事法庭成立的法理基礎，批判法庭表面上是要追索事實，但實際上卻是要展示力量。他（大川）認為把法庭變成一場悲喜劇的演出，所能得到的效果，遠勝於在法庭上根據法理基礎去力爭。

我和翻譯千秋是在有佐位於東京新宿區的小公寓裡與他會見。他當時的年齡大約五十出頭，蓄著像軍人一樣的短髮，眼睛半閉著——有佐以每晚僅睡三小時而出名。有佐是位頗具爭議性的人，有人讚美有人憎惡，但他是著作廣為人閱讀的當代知識份子——在很多方面都可說是現代大川周明。我們在整面牆書架旁的大桌子面對面坐下，我拿出一份我祖父在東京大審時所做的報告交給他。

「我認為你通過你祖父和大川周明產生連結的這件事很有意思，不過我想先說說我和大川周明的連結——那就是心理上的連結」。

二〇〇二年，有佐在日本外務省俄羅斯部門工作時被逮捕，罪名是不當使用公款。在整個法律過程中，甚至當局提出交換條件要他認罪，他都堅持自己的清白，他認為自己是因為政治迫害而被開除。當時小泉純一郎剛剛就任內閣總理大臣，而有佐顯然跟他意見不合。有佐被關在監獄中等待審判時感覺到跟大川周明有一種精神上的連結，特別是兩人都覺得受到不正義的對待。當他被提審時，就像大川周明在東京大審開始之際，他的感覺就是整個法庭像是設計好的一場笑劇，「我那時就想起大川周明，如果我也往坐在我旁邊那個人的頭上呼一巴掌，法庭裡的人將會有怎麼樣的反應？」。他當時就想到有一天要寫本有關大川周明的書，結果在坐牢五百十二天以後，他真的去做了。

我問他，「你寫到大川周明在審判庭上的那部分，你認為他喊，「這個法庭就是一場笑鬧劇」，還有他拍打東條英機的腦袋，都是故意的？」。

「這很難去判斷」有佐說，「我相信他當時是處在無意識的自覺情況下，我不認為他是裝瘋，但當時法庭的情況非常緊繃，他可能在無意識的情況下，直覺地認為那是該做的事」。

「你的意思是，他有可能是瘋了，但有一部份的他還是清醒地想要做出一些表達？」。

「他的個性有些不安定的成分」有佐說道，「這並不是所謂的發瘋，而是他的個性有不正常的情況」。

我自己也覺得有些奇怪，但我不得不承認，我確實覺得有佐的理論有些意思。戰後，大川從東京郊區舒適的家移往充滿壓力的監獄，終於，這個壓力很大的新生活把他帶到了崩潰的臨界點，這不就是戰場精神創傷在前線發生的模式嗎？也許大川並不像那些日本戰士在戰場上直接跟美國人作戰，但他確實有自己想像中的戰場，所以他也同樣會在壓力下崩潰。日本戰敗了，美國派出佔領軍，他的被捕以及遭受詰問，一生致力於亞細亞主義，最終竟成泡影——這一切，都只是一場狂熱的夢想，最後隨著日本被西方擊潰而粉碎，大川對於這個世界的願景，也在自己的眼前無情地崩塌。

我祖父在日本所經歷的短暫精神分離狀態，也可以用同樣的方法來解讀：一個原來很健全的心智被送進戰爭的絞搾機中，終於產生了無可避免的結果。當我祖父發現自己所面臨的問題時，還不能算真的瘋了——如果你知道自己瘋了，那就表示你沒真的瘋。這就是所謂的 Catch-22[3]——但他確實是難以自我控制，也就是有點無意識

3 譯註：Catch-22 這個名詞源自於美國空軍。二次大戰時，轟炸機飛行員出任務九死一生，軍法規定出五十趟任務便可以退役返鄉。但軍方一再藉故延長飛行員的飛行次數，於是造成大家不滿。許多飛行員開始藉故裝病或是假裝發瘋，規避出任務。軍方於是定下「Catch-22」條例，說明如果精神上有不適任者，只要「親自提出申請」，便可由軍醫評鑑退伍。但這條款中卻暗藏詭計，亦即那些自行提出申請的飛行員，既然能夠提出申請，就應該評定為有行為能力，所以沒有人可以通過鑑定。於是日後大家便引用「Catch-22」為左右兩難、進退維谷的局面。

的自覺。

與此同時，有佐的觀點也不見得就全對。它完全忽略了我祖父所做的醫學報告，或者也可以說，它太著重於自己和大川的「心理連結」。這也是我們面對精神錯亂時的盲點：我們無法予以徹底瞭解，所以我們傾向於把它套入我們自己的經驗，如此一來，我們反而陷入更不瞭解的困境。造成精神錯亂這麼引人入勝的部分原因是，那些真正瞭解它的人——發瘋的人——卻無法解釋給其他的人聽。

第十一章

大川周明精神狀況的判別及法庭的判決

「這個病人無法分辨是非，也無能力為自己辯護」
——丹尼爾·賈菲少校，〈大川周明的檢查結果〉，一九四六年五月十一日。

「這不是一般的法庭而是戰爭的延續」
——大川周明，內村佑之醫師，〈大川周明精神狀況檢驗報告〉，一九四六年五月十一日。

一九四六年五月四日，大川周明拍打東條英機腦袋並且干擾到東京大審的一天之後，他又出現在東京都市谷區的法院，這是他第二次出庭，也是最後一次。主審法官威廉·韋伯早上八時三十分在法院內室召集相關各方討論有關大川周明的情況，他同意大川的辯護律師大原信一以及主辯護律師比佛利·柯曼（Beverly Coleman）上尉所提，讓大川做行為能力檢驗，以決定他是否能夠繼續受審。當時的決定是檢控方及辯護方各自指派一名精神醫師為大川做檢驗，如果屆時雙方意見不統一，軍事法庭就再指派一名仲裁者。當天法庭程序正式開始後，韋伯宣布法庭的決定，然後下令庭警將大川周明帶出，大川離開法庭時一路大聲咆哮。

法庭在當天上午十一時休庭，大川和其他被告一起乘坐巴士回巢鴨監獄。在車上，大川宣布他已在東京的尾鷲藝伎屋訂好宴席，要請大家吃午餐。大川說，「天皇也會來參加，大家一起都來吧？」，結果沒有人回應，大川還接著說，「他（天皇）會付帳喔」，好像意欲增強要大家赴宴的誘因。

大川還跟大家說，他已經被昇任為美軍少將，因此是巢鴨監獄指揮官羅伯．哈迪（Robert Hardy）上校的長官，「所以從現在開始，你們在監獄裡要聽我的命令」。

當天稍晚，大川被送進三六一駐地醫院病房。那是一個星期天，晚間開始下起毛毛雨。大川在病房裡經常把煙灰灑得到處都是，還經常對護理人員頤指氣使地下命令，不過晚上倒是睡得挺好。

幾天之後，我祖父到醫院檢驗室去見已經等在那裡的大川。他們兩個在一起實在不太搭調：一位是年齡五十九歲又瘦又高、戴著厚鏡片眼鏡、穿著邋裡邋遢的日本人。另外一位是比他足足矮了半呎，制服筆挺的三十一歲美國軍醫。大川見到我祖父，就像見到老朋友一樣熱情招呼，然後立刻像是一天之前在東京大審法庭面對美國記者時，開始轉為一種略帶嘲弄揶揄的態度。他對我祖父說他已經不再需要食物了，因為他發現了把空氣轉化為營養的方法。他也談及他和美國棒球大聯盟理事長「快樂的錢德勒」的交情，還問我祖父是否也認得他（錢德勒）。他說他正處於「像上帝一樣忘乎所以的極樂狀態」。

我祖父當然注意到了，他後來把這些觀察都記錄在正式的報告中。

> 毫無疑問，他確實表現得極為欣喜，他也不太注意外表，有時甚至顯得不愛整潔。

當他們兩人都稍微鎮定之後，我祖父開始問到大川的過去。當時房間裡也有翻譯員，但是大川就像他夢到麥克阿瑟將軍之後一樣，說起話來經常就轉為英語。他談起自己的生活時，敘事相當精準。譬如說他是在一八八六年出生於本州北部的一個小鎮，他當年是一位早熟的學生，對古典及宗教特別有興趣，但也頗調皮，不時會惹些小麻煩。他能說許多種語言，擁有印度哲學學位以及殖民地研究的博士學位。

> 他相當機警靈敏也很合作，說起話來滔滔不絕，有點緊張。

大川在他們兩人的談話中解釋，在年輕時所做的一些追求，讓他從內在逐漸發展出民族主義者的精神，也渴望藉由寫作與外界分享。他說他對日本的忠心，激勵他參與日本的擴張行為。他承認自己在日本入侵滿州中扮演了一定的角色，也承認涉入一九三二年刺殺日本總理大臣的事件，還因為該事件被判刑五年。

他的說話前後相當連貫，對所提出問題做出的答案也都沒有離題。

對大川的生活作了大致瞭解之後，我祖父問到他的過往醫療歷史。大川說他在三十三歲第一次有性經驗時就曾染上性病，不過後來就沒有再得過。他結了婚但沒有孩子，長時間吸菸偶而會暴飲，也曾斷續使用過鴉片，除了他的父親曾經有酗酒的問題之外，家族其他人不曾有過健康上的問題，他的母親已經高齡八十一，但還活著，身體也很健康。

大川說話時並無明顯分心以及思慮脫線的現象。

當談話的主題從身體健康轉而為心理健康時，大川顯出有些生氣的樣子，可能是他不喜歡有人質疑他的智力。他說他有些特異功能，但強調那是因為他從大自然得到了啟發性的知識，譬如說他堅持自己具有僅靠接吻就可殺死對方的能力，因為他可以從空氣中取出一些元素，然後再從這些元素中萃取毒物。他說他用這個方法殺死過兩名中國人，但還必須要殺幾百個人來測試並解說這個殺人機制。

他的心情和他的情緒還算是吻合，但是和周圍的情境卻有些抵觸。

大川然後又透露他還有更大的能量，可以一次就殺死百萬人，但他從來沒說過這個秘密，只跟麥克阿瑟將軍分享過。他說他可以和麥克阿瑟一起用這個神力把地球變成天堂，在那個天堂裡，所有的人都是兄弟，宗教也歸於統一，如果麥克阿瑟不相信，他也不會去企圖說服對方——去連結上帝的意志——但如果麥克阿瑟同意這個計畫，美國和日本就可以在七月四日（美國國慶日）聯手統治世界。但是首先，大川說，必須先任命他為天皇。

他的論點經常讓人覺得滑稽、好笑。

我祖父問大川是否曾經有過任何「幻覺」。大川略帶惱怒地糾正我祖父，「那是啟示」。他說他在坐牢時把這些「啟示」都記下來，然後再回頭去讀，讓他足足笑了兩天，所以他確信自己已經變成全球頂尖的幽默大師了。我祖父要大川進一步說明他的那些小插曲——那些啟示。大川說當他閉起眼睛時，會看到一些如夢般的景象，但那些景象與他並無關係，他在其中並無角色，只是一個旁觀者。

我祖父也問及大川為何在法庭中拍打東條英機的腦袋。大川說因為他愛東條，所以才想把他殺掉，這樣就可以不讓東條的家人因為審判而受辱。他說他實際上已經把東條殺掉了，他承認東條現在還活著，但他在「主觀上、象徵意義上」已經殺掉東條了。

大川的這個說法，似乎已經跨越了深刻與荒誕之間的朦朧界線。一會兒之後，大川又說了他入院之後，發生在他身上的另一個怪異故事。他說麥克阿瑟夫人來探望他，而且帶了一萬名女人來照護他，讓他深為感動。我祖父在聽這個故事的時候，看到大川厚眼鏡片後的雙眼聚滿了淚水。

這些難道是有人教他怎麼做的嗎？我祖父很疑惑，或者，這就是精神失常的表現。

在我祖父幫檢控小組為大川做檢查的同時，一位名為內村佑之的日本精神科醫師也代表被告一方為大川作鑑定。內村是東京大學的醫學教授，他也注意到我祖父所發現有關大川的怪癖行為。大川的穿著近乎襤褸，說起話來（經常是英語）異常亢奮，當他的精神的穩定性出現問題時，幽默感就會突然由好轉壞。內村認為大川的行為反映出他雖然還有些自制力但卻正在急速消退，他把它稱之為一種「輕躁狂的狀態」。內村就大川的自大型妄想做了下述並不尋常的紀錄陳述。

「我得過三次諾貝爾獎，但因為時間太久遠，我已經不記得論文題目是什麼，我的腦袋裡也裝有原子彈的製造法」。

「我可以在水上行走，那其實並不困難，你只要把自己的身體變成真空就可以了，沒有一件事比耶穌在水上行走更容易了」。

「我大約在四十歲的時候，從甘地那裡學會了幻覺術，我可以看見也可以聽見耶穌和默罕默德在空中對我呼喚，我很想去，可是一旦去了，我就會死，也就無法再拯救國家，這就是為什麼我在腰際綁了一條線的原因，這樣我就沒法子去了」。

「我昨天問麥克阿瑟夫人，『媽咪，昨晚妳和麥克阿瑟來了幾次？』，然後她就責罵我道，『你這個壞孩子，你這個壞孩子』」。

「至於糧食問題，沒什麼好擔心的，因為中國有四億頭羊（指中國人），我可以過去把他們都幹掉，或者給他們吃氰酸毒藥」。

奇怪的是，當大川開始談論東京大審時，前述那種神經兮兮的講話就不見了，取而代之的是頗有見地的內容。「這個審判只是一種策略上的運用」大川說，「假定某人投擲的一個球落地了，我們可以看到球停住，但實際上它還會依慣性再滾動一會兒，戰爭也是一樣的情況，這不是一個普通的法庭，它其實是戰爭的延續」。

內村聽到大川說的那些話之後，也跟我祖父一樣不免起疑。當他考慮及那些話本身的荒謬，以及大川在說那些話時的認真態度，再加上大川本來就是眾所公認的知識份子，內村不能不思考大川說那些話「並不是開玩笑或者故意說的」。

我祖父在對大川的心理測試告一段落之後就接著展開身體測試。他在這一方面其實很內行——他的專業訓練是神經內科而非精神病學。他為大川量了血壓，然後取出聽診器按在大川的胸膛上。大川的心跳、呼吸都正常，但在某個地方出現高頻雜音，那是典型的主動脈瓣關閉不全癥狀。大川的心臟有問題。

大川周明的第一個重大異常癥狀出現在深層肌腱反射測試。大川坐在檢驗檯的一側，我祖父找到他左膝的深層韌帶，然後用一個小槌頭敲打，大川的左腿隨著敲打彈跳了一下，但反應不夠強勁，而且有點延緩。祖父隨即換到右膝再敲打了一下，這次完全沒有反應，我祖父再敲打大川的足跟腱，同樣毫無動靜。大川上半身肢體末端的反射是有反應，但是跟左膝一樣顯得微弱，他要求大川站立起來把雙腳靠攏，結果大川有些搖晃——這是肌肉缺乏彼此協調的所謂運動失調（共濟失調）症狀。

這種現象的一個可能的解釋出現在我祖父腦中。

他於是為大川周明作了眼睛的檢驗。他用一個小電筒觀察大川的瞳孔，發現它們的形狀不太規則，而且對於光線的反應不太正常：沒有在光線照射下縮小，只在我祖父要大川注視他由遠而近進入後者視界的指頭時，稍微收縮了一點——這就是醫學上所謂的「視力調節」。當我祖父觀察到這個異常現象時，他先前的直覺此刻已經逐漸變成堅定的想法。

祖父再為大川做了幾個進一步的檢驗——胸部X光、心電圖、驗血、腰椎穿刺——然後將檢驗結果送往醫院化驗室做確認。

一九四六年五月十一日，我祖父在打字機前坐下，準備撰寫他為東京大審就大川周明所做的行為能力檢測報告。他的腦袋中千頭萬緒。他當然還在為自己似乎永遠沒完沒了的軍旅生活而憂慮，但此刻卻還有別的事情讓他覺得煩惱，那天是他的三十二歲生日，也是連續兩年無法和太太及還是嬰兒的兒子一起過的生日。他那只見過爸爸一次的兒子小哈瑞才剛剛十三個月大，跟太太結婚五週年的紀念日也快到了，他的太太患了缺碘性甲狀腺腫大，無法自己照顧孩子，於是給紅十字會寫信，希望他們能幫忙把先生弄回美國。在那個情況下的我祖父可能還真的希望為大川周明寫檢驗報告這回事可以讓他分心一下，不用一直困擾在自己的煩惱裡。

然而，這件事也很難不讓他的思維飄向自己的家。家，他當年在瓦特・佛立曼神經內科週末小診所的上課筆記還放在家中，雖然他已經不再需要翻閱它們，但他還是會永遠保存著。他不需要任何筆記來回想當初在華府的聖伊莉莎白醫院如何隨身帶著瘧蚊，去治療那些和大川周明此刻有同樣症狀的病人。他也不需要筆記去回想醫學院時代所學、有關梅毒的五句打油詩：

有個來自孟買的年輕人
以為所患的梅毒已經好了
可現在又得到脊髓癆
孩子又有脛骨增生
他還以為自己是五月皇后

我祖父再一次檢視所有的線索，它們都指向一個答案。性病。

你稱它為滑稽也好，機智也好，甚至於有見解也好，那個被大川周明稱做「啟示」的東西，在醫學上是被稱為「妄想自大狂」。不管你怎麼稱呼它，妄想自大就是你會看到、聽到根本不存在的事物。肌腱反應過慢或者根本無反應，瞳孔異常不規則，對光線無反應。實驗室的結論也讓證據更加明確：瓦瑟曼及孔恩梅毒測試呈陽性反應，脊髓液測試結果呈黃金曲線。每一樣測試結果都確認了各自所代表的病症，集合在一起就更確定了醫學上的可能性。

我祖父在紙張的題目部分打上「診斷書」三個字，然後開始打字撰寫報告。

大川周明患了腦梅毒。

就醫學名詞來說，我祖父將之稱為「第三期梅毒」，有時也被人稱作「麻痺性早發癡呆症」。一個人如果患了梅毒而不就醫，在鼠蹊部產生的外部癥狀會慢慢自行消失，但梅毒菌卻會在同時通過身體進入腦部，在那裡轉化為小的螺旋體菌開始一點一點嚙食腦髓，造成心智退行，最後還可能導致死亡。那時距離大川周明宣稱得病的時間已有大約二十五年了，可是那並不重要，那種病症發展的過程經常都要幾十年。大川周明「發瘋」的時機確實顯得太偶然，但他的發病過程卻再正常不過了。

如果說我祖父對大川周明病情還有些沒把握，那就跟一直有的「詐病」傳言有關，「我必須承認，儘管證據已如上述，但確實還有可能性存在，亦即這些導致麻痺性癡呆診斷的證據，仍然有可能是病人裝出來的」。

妄想自大狂和運動失調症的種種病徵，都有可能在調教下假裝。驗血以及瓦瑟曼及孔恩測試也都有可能產生錯誤結果。至於深層肌腱反射，至少在理論上而言都可以予以抑制。但這麼大規模的欺騙，可能需要一位日本醫學專家挖地道進入巢鴨監獄，神不知鬼不覺地教導大川周明怎麼做，然後還要串通化驗室的技術員幫忙作假。而這所有的這一切，都必須在美國人設立的醫院、美國人管理的監獄中完成。

即便是不排除這種可能性，我祖父對自己所受過的醫學訓練，還是深具信心。其中最重要的一點，就是大川周明的瞳孔不會在面對光線時收縮，而僅僅是有「視力調節」的反應，這就是根據一位十九世紀眼科醫生所取名的「阿吉爾．羅伯森瞳孔」（Argyll Robertson pupil）。這位醫生發現了「阿吉爾．羅伯森瞳孔」是麻痺性早發癡呆症的特有癥狀，這個判別方法至今都為所有的神經學家所遵循，更重要的是，這個癥狀無法經由人力操作而造假。

我祖父在報告中寫道，「這個案例的主要診斷就是：第三期梅毒」。他對這個病症作了一些描述之後，就開始進行另一部份：對大川周明是否有行為能力接受審判而提出意見。他先前與法律行為能力有關的經驗讓他相當不好受，那是他的母親，他日後每次面對神經錯亂案例時，母親的甜美臉龐就會浮現眼前。現在，連他的母親都回家了，除了他以外，每個人都回家了。

我祖父在報告中打著，「就本案例的主要診斷來說，我認為病人已經失去分辨對錯的能力，也無法為自己提出辯護」。他在檢驗報告中建議立即將大川周明送醫，接受瘧疾熱療法。他在報告上打上自己名字、階級以及醫院神經精神病科主任的職稱，然後把報告的最後一頁從打字機抽出，簽上自己的名字。

三天之後，他收到期待已久的解除海外任務的命令。在紅十字會的敦促之下，陸軍以「家有困難」為由讓他解除職務，還特別允許他搭乘飛機盡速回家。我祖父搭乘的飛機在加州降落，轉搭的火車駛到猶他州時正好碰上鐵路大罷工，他只好想其他的辦法，這麼一來，他又變成了「分遣兵」——與單位分開而必須自己想辦法回部隊。他當時必須趕去紐澤西州的迪克斯堡辦理退伍手續，於是就跳上一架往東飛的軍方郵務機，飛機經過賓州的時候碰上雷電風暴，真是把他嚇出一身冷汗。我祖父事後回想自己已經等退伍等了那麼久，真不應該去冒那個險。當時也許是因為他信任那位駕駛員的專業，但也有可能是在軍中的最後那段日子裡，他已因承受太多壓力而喪失了做出更佳判斷的能力。

那架飛機要降落很多地方送郵件，每到一個地方，我祖父就發電報給他的太太，「又延遲了，但很快就會到家」。

為被告一方做檢驗的內村醫師也得到和我祖父一樣的結果。因此東京大審審判方也一致同意，被告大川周明不具有受審的行為能力。與此同時，由於三六一駐地醫院不具備提供瘧疾熱療法的能力。軍事法庭於是在一九四六年六月四日批准將大川周明轉往東京大學附屬醫院，但主審法官韋伯拒絕將大川周明從被告名單刪除，因為「也許在審判的過程中，他有復原的可能」。

大川在六月十一日抵達醫院，當天就接受了瘧疾熱療法的療程。接下來的幾個星期，醫院裡精神科部門的一位醫生幫大川接種瘧疾，直到大川開始發燒，利用發燒的熱度殺死正在攻擊大川腦部的螺旋體菌，然後在身體組織受到太多損壞之前，再用奎寧把瘧疾趕走。起初，大川對瘧疾熱療法的反應並不很好，他的食慾不振，身體也愈來愈衰弱，醫生有點擔心他無法撐完整個療程。

大川在治療的過程裡顯得很亢奮，醫生必須對他施用鎮定劑才能順利進行治療，感覺上好像他那鎮定沈思的哲學家部份，跟他的熱情愛國志士另一部份，正在彼此爭鬥。

根據當時醫生所做的報告，瘧疾熱療法在八月間就已經完成，但大川的精神狀況並無多大改善，他變得魯莽又有暴力傾向，常常於夜間在醫院的大廳內叫囂，擊破玻璃窗，有時還闖進別的病房，把裡面的病人打一頓。內村醫師當時也是東京郊區的松澤精神病醫院院長，他認為松澤醫院的安寧環境對大川較為有利。當年八月二十七日，在國際軍事法庭的允准之下，注射了強力鎮定劑的大川被轉往松澤醫院。

接下來的幾個月，大川的精神病徵也一直持續著，並無多大改變。一位曾經造訪松澤精神病醫院的記者寫道，大川說他透過窗戶的鐵欄杆可以看到外面的玉米、稻米、馬鈴薯及茄子田，也說每天早上都有一群農夫聚集在窗下，向他這位「世界上最偉大的人」致敬。他的太太兼子有天在院方允准下來探望，沒想到突然遭到攻擊，大川抓住她的頭髮，並且鎖住她的咽喉。大川認為發生在他身上的每一件事，都是她害的。

大川是單獨被關在醫院西側的病房裡，也受到嚴密的監管，但他所稱的「啟示」也一直未曾間斷。兩眼發光，頭戴白色頭包，身穿綠色斗蓬的先知默罕默德來找過他。明治天皇和他兒時的偶像西鄉隆盛都出現過。英皇愛德華七世和美國總統伍德羅．威爾遜（Thomas Woodrow Wilson）的靈魂也來拜訪他。大川顯然認為他可以積極地跟他們交流，而且這麼一來，他的英語就可以說得更好了。

到一九四六年末，他的健康狀況開始好轉，頭腦也開始變得清楚。他在十月間完成了五百頁有關統一全球宗教的手稿。內村醫生讀了這個手稿並將之形容為「美得令人欽羨」。在大川開始復原之際，他也不斷強調自己其實無須住院，同時宣稱他在行為上的異常，是因為在巢鴨監獄牢房裡讀佛經而進入一種「宗教狂喜狀態」所致。到了年底，去探視過他的人都認為他已恢復正常。

一九四六年十二月七日，一位記者寫道，「他（大川）的情況大有改善，當你跟他單獨談話時，除了少數的一些狀況，你很難相信眼前的這位，就是那位曾經震驚全世界的瘋子」。

十二月上旬，由於檢控小組內一些成員對於大川不具受審的行為能力抱持懷疑態度，他們提出動議要大川周明接受另一輪精神病檢測。檢控官法蘭克．塔文勒（Frank Tavenner）檢視了我祖父所提出的報告，企圖找出大川可以接受審判的線索，當他讀到「他（大川）說話前後連貫，對問題的回答也都沒有離題」時，特地在這兩行字下劃了紅線註記。負責在巢鴨監獄詰問大川的休．賀姆也向塔文勒確認，他當時從大川口中得到的招認都是可靠的。另外，根據我祖父的陳述，大川的長期記憶並無問題。

就在主審法官韋伯批准重新檢視大川接受審判的行為能力之前，出現了一個國際先例。一九四五年十月，針對納粹戰犯的紐倫堡大審做出了判決，韋伯在東京大審的法庭上指出，他們也許必須比照紐倫堡大審所採取的行動，來作為決定大川周明命運的參考。他當時在腦中已有兩個紐倫堡大審的案例。

第一個是德國的工業及軍火企業大亨古斯塔夫．克虜伯（Gustav Krupp）[1]。當紐倫堡大審檢控單位送達對克虜伯的起訴書時，他們發現他已衰老得連接受起訴書都有問題了（根據紐倫堡大審歷史學家羅伯．科納特〔Robert Conot〕的說法，克虜伯當時已「說話顛三倒四，全身癱瘓，像嬰兒一樣包著尿布，只有能力偶而飆出一兩句髒話」）。大審當局經過考量之後，決定將克虜伯從該次大審中除名，但還保留對他的起訴，以備將來他的精神健康情況改善之後，再將他交付審判。

第二個案例是魯道夫．赫斯（Rudolf Hess）[2]。赫斯在遭關押期間就顯示出有偏執狂的跡象，在審前接受詰問時，也顯現出有失憶現象，紐倫堡大審開審之後，他的記憶急速惡化，但有關於他所得病症的診斷，卻似乎根據評估者的國籍而出現不同的結果。

對德國人恨之入骨的俄羅斯人，完全不接受赫斯可能精神失常的說法。一名英國的醫生指出，「在嚴格的意義上」赫斯並未發瘋，但他的記憶喪失確有可能影響到為自己辯護的能力。美國醫生認為赫斯喪失記憶過於誇大，而且被利用為一種辯護策

1 譯註：古斯塔夫．克虜伯在一九〇九到一九四一年間掌管德國克虜伯重工，他和他的兒子阿爾弗瑞德在第一次世界大戰和第二次世界大戰中掌管該公司為德國戰爭機器生產了幾乎所有類型的武器，其中包括U型潛艇、戰艦、加農炮、火車、鐵道砲、機關槍、汽車、坦克等等。

2 譯註：魯道夫．赫斯是納粹黨的副元首，生於埃及的亞歷山大港，二戰後判處終身監禁，最後於柏林施潘道軍事監獄內的小別墅上吊自殺，不過當時赫斯的脖子上有繩索多次纏繞過的跡象，而且勒痕呈平行狀，因此有不少人認為赫斯的死並不單純。

略。代表美國擔任紐倫堡大審法官的羅伯・傑克森（Robert Houghwout Jackson）則認為，赫斯的喪失記憶根本就是「自願的」。

所以赫斯無法免除起訴接受審判，他最後被判無期徒刑。

內村醫師為大川周明作的第二次評估，結論與前次是一致的。他相信經過瘧疾熱療法的療程之後，大川周明從麻痺性早發癡呆逐漸康復的情況相當不錯，他的精神病徵雖然已不像過去那麼嚴重，但還並未完全消除。大川偶而還會聽到一個「聲音」——根據內村的報告，那個聲音有「像上帝一樣有權威性」——告訴大村要去讀佛經或者可蘭經。根據內村的看法，就算是大川恢復了分辨對錯的能力，他依然可能去根據「那個聲音」來做判斷而非根據自己的自由意志。因此，內村認為大川依然缺乏「接受審判必須具有的各項能力」，根據內村的估計，大川還需要一到兩年的醫療照顧。

不過美國方面的醫生表示無法同意。三六一駐地醫院的賀伯特・波辛（Herbert Posin）及威廉・史威克（William Schweikert）兩位中尉醫官表示他們認知大川的判斷力確實輕微受損，他的幻覺也依然存在，但大川外在態度上的自若和頗有可觀的智力表現，卻讓他們印象深刻，「我們跟他進行討論時，不管觸及什麼主題，他說起話來都十分合邏輯、有條理」。對大川所做的神經測試，只顯現出輕微的病徵，他的瞳孔依然對光線無反應，但大部分的深層肌腱反射能力已經恢復。化驗室的結果則並不一致，瓦瑟曼（Wasserman）測試結果呈現陽性反應，但孔恩（Kahn）測試則是陰性。他們認為大川的病已經進入緩解階段，因此可以出庭受審。

波辛和史威克做出的結論是，「我們認為犯人（大川）具有瞭解對他所做指控的能力，也有足夠的智力及判斷力採取合理的步驟來為自己做辯護」。

一九四七年四月九日，主審法官韋伯在中午休庭午餐時對前述的分歧意見做了些思考。之前他曾經表示過如果出現分歧意見，他會指定另一位精神科醫師來打破僵局。現在，他準備自己來承擔這個工作。雖然大川的案例和赫斯很相像——行為能力方面有爭議以及有詐病的疑點存在——但韋伯顯然認為大川的案例更像古斯塔夫．克虜伯。韋伯在跟其他法官商量之後，宣布法庭無法滿足於大川已經恢復判斷力的說法。大川因此被正式剔除出受審的行列，不過但書是一旦他完全復原，就必須根據已有的罪名或任何其他罪名被起訴、受審。

大川的辯護律師大原信一對法庭所做的決定感到有些意外。他在一九四六年下半年曾去松澤醫院探視大川，他認為大川看起來滿好。「就醫學觀點來說，他（大川）也許還未完全復原」大原事後指出，「不過就法律層面來說，看起來他確實有能力做出判斷」。大川對自己被豁免受審之事頗感困惑，他有次對前來探望他、來自巢鴨的佛教僧侶花山信勝表示，他其實很期待能回到審判庭。花山指出，「他的心智方面看起來都沒問題」。

大川也仔細閱讀了波辛和史克威的報告，希望能對整件事做進一步的瞭解，但卻愈讀愈迷糊。一位曾經在那段時間探視過大川的家庭友人就指出，大川保存了一份美國人做的報告，當他去探訪時，大川就拿出那份報告，先用英文朗讀，然後再用日文解釋給他聽，「他告訴我他一切都很好而且很想回去法庭接受審判，只不過他們不讓他回去」這位朋友說道，「他告訴我，『我也許曾經對這個審判庭做過批評，但我是真的想回去受審』」。

一九四七年五月，大原信一要求佔領軍當局允許大川周明從松澤醫院移回自己的家，由他的妻子負責照管，因為內村醫生相信大川如果回到位在神奈川的「安靜、隱私、平和的環境」的家中，將會更有利於他的病情改善。檢控小組的法蘭克．塔文勒則大為不滿，他指出根據第二份美方的醫學檢驗報告，大川已經復原或很快就要復原了，因此唯一能保證大川能夠儘快重回審判的方法，就是繼續拘押他。有最後決定權的麥克阿瑟屬下的法律部門也持同樣看法，他們認為東京大審軍事法庭雖然讓大川周明免於正在進行的法律程序，但卻沒有取消他的「戰犯嫌疑人」身份。所以大川就繼續留在松澤醫院，大部分的時間他都花在將可蘭經翻譯成日文的工作上。他手上並沒有可蘭經的阿拉伯文版本，但他有英文、德文、法文及中文版，大川就根據這些版本逐句比對，研究它們所代表的意思，一點一滴地翻譯。去探病的朋友看到大川的病房中堆滿了這些書，都說大川周明又恢復了從前的樣子。

大川周明雖然不在法庭上，但他的影響力卻在。被告辯護律師團在做總結辯論時，就多次提起他的精神狀態，企圖推翻檢控方起訴被告的理由。譬如說辯方律師指出大川所提供有關九一八事變的訊息，根本就是「一個瘋子思想家自相矛盾的陳述」。至於控方，則繼續對大川的「發瘋」提出質疑——在他們的總結辯論中將大川的發瘋描述為「真的或是騙人的精神狀態」。

一九四八年十一月，經過前後大約兩年半的時間，東京大審終於落幕，十一位法官裡的八位支持主要意見書裡所陳述的「日方被告共謀發動侵略戰爭」。荷蘭籍法官採取部分不同意見立場，指稱日本發動戰爭固然是種罪行，但並非主要意見書裡所提到的理由。法國籍法官採取完全不同意見立場，他認為東京大審沒有把日本天皇也當成戰犯審判，本身就是個重大缺陷。

印度籍的法官拉拉達賓諾德・帕爾（Radhabinod Pal）則發出最強烈的不同意見，他指稱東京大審根本就是個「勝者正義」。他撰寫的不同意見厚如一本書，長達二十五萬字（英文）——比主要意見書還長得多。他跟大川周明一樣，認為東京大審虛假、虛偽，是一個「形式化的復仇行為」，因此所有的被告都應該被判無罪。帕爾也提出一些不錯的觀點，例如他認為日本的這些「軍國主義罪犯」根本不可能一起共謀，因為其中很多人互相都不認識，「這個故事編得有些離譜，也許應該放在希特勒系列作品中」。

不管怎麼說，只有主要意見書可以在法庭宣讀。雖然大川周明在審判中缺席了，可是最終的判決卻等於是以他為中心而決定了其他人的命運。軍事法庭對第一條起訴罪名的判定——日本早自一九二八年起，就已企圖在東亞取得軍事上、政治上、經濟上的領導地位——就直接點名大川周明是日本這個野心的始作俑者、煽動者。

「其實在一九二八年之前，大川這位原先列名被告，後來因為精神狀況而被免除審判的人，就已經公開呼籲日本應該藉由威脅或者在必要時使用武力，向亞洲大陸擴張領土……他也預測為了達到前述目的，東方與西方終究必須一戰，而日本會是東方這一邊的領導。他在鼓吹這個計畫的時候，受到日本陸軍參謀本部的鼓勵及協助。這個計畫的前述目標，實質上就是我們在起訴書中所定義共謀的同一目標。我們在檢視那些事實時，注意到共謀者後來所做的許多宣告，也都是那項計謀所揭櫫的目標。而這些目標都跟大川周明早年所宣告的並無二致……因此這個共謀確實存在，一直到日本在一九四五年戰敗」。

從這個判決可以很清楚地看到，如果大川當初留在被告名單中而繼續受審的話，他將會像其他被告一樣被定罪，而且很可能被處以絞刑。對他的辯護律師大原信一來說，這麼一位重要的被告為何一直沒有被帶回法庭受審，是一個相當難解的謎團。東京大審結束後幾十年，大原曾經就他擔任大川周明辯護人的經驗寫了一封信給朝日新聞。他在信中提出自己的疑問，亦即為什麼負責起訴大川的檢察官休．賀姆沒有企圖增加對大川做其他的起訴就離開了日本，「他是因為大川的精神病而停止行動的嗎？或是還有其他的原因？」大原在信中問道，「到今天為止，我們還無法就此事做出判斷」。

有個理論是這樣的：檢控單位之所以不願意讓大川重回審判，是因為他們不願意把一個知道這麼多的人放回證人席。如果大川被傳喚作證，他也許會當庭舉出美國在東亞侵略歷史的例證——而且是用英語說出來。就像他終其一生都在挑戰西方，大川也會當庭戳破東京大審的自相矛盾之處。舉例來說，根據軍事法庭對「違反人道罪」所下的定義，理論上美國也應該因為投下原子彈而被判有罪。又如菲律賓籍法官德爾芬．哈那尼拉（Delfin Jaranilla）曾經被日本皇軍強迫參加巴丹死亡行軍[3]，在任何一個正常的法庭，哈那尼拉都應該要迴避，不能擔任審判法官。與此同時，西方國家譴責日本的帝國擴張主義，但法國人、荷蘭人、英國人不也都在企圖重新重建太平洋地區的殖民統治嗎？

雖然前述有關檢控方不願大川出庭受審的說法有點陰謀論的感覺，卻並不符合國際軍事法庭的真實情況。因為東京大審根本不會允許辯方做出那類辯護，或者是讓辯方提呈他們自己想要提出的證據，法庭在出現疑義時通常都偏向控方，對於亞細亞主義是對付西方帝國主義合理手段的說法，法官更是都一概駁回。因此前述的理論並不成立：亦即檢控方根本無須阻止大川周明出庭發出法庭不讓他發出的論點。此外，如果檢控方不希望大川接受審判，從一開始不要起訴他，不就好了。

大川最後不再遭提控的最可能原因，就是到了東京大審結束之前，人們已經厭煩了戰後的司法審判。佔領軍當局原先確實有計畫再舉行更多審判——譬如紐倫堡大審之後，接著又有十二次審判——但日本戰犯並未像納粹戰犯那樣吸引西方的注意，因此東京大審結束後，沒有人還有精力再做另一次審判。一家報紙在一九四八年晚期就寫道，「老實說，公眾有興趣的並不是審判的過程而是判決」。另一方面，戰後的政治情勢也改變了。東京大審結束之前，美國在面臨俄羅斯與中國勾肩搭背的情況下，發現自己必須拉攏日本做為盟友。一九四八年十二月還被羈押在巢鴨監獄內的十九名尚未定罪的甲級戰犯嫌疑人，後來都獲得釋放，有不少還進入日本的戰後政府裡服務[4]。

一九四八年十二月二十三日，七名遭判死刑的日本戰犯走上設置在巢鴨監獄外的絞刑台。大川周明躺在松澤精神病院的病床上思考這這些人的命運。幾星期前，他已經完成了可蘭經的翻譯，現在有充裕的時間可供思考。他第二天早晨醒來，發現已經降過雨，天空仍然佈滿了雲。他打開了自己的日記本，把死去同志的名字一一列上，「無論是好是壞，他們已經在世界歷史上留名」大川寫道，「你們已經像堂堂男子漢一樣做出了貢獻，安息吧」。

3 譯註：巴丹死亡行軍是第二次世界大戰中著名的戰爭罪行與虐待俘虜事件，與新加坡大屠殺、南京大屠殺並稱為日本在二戰期間的遠東三大暴行。

4 譯註：獲釋的甲級戰犯岸信介就出任第五十六、七屆內閣總理大臣。岸信介舊姓佐藤，有「昭和妖怪」之稱，他的胞弟佐藤榮作曾任總理，外孫安倍晉三則為現任總理，號稱「一家三宰相」。

當天下午三點，他接到了可以獲釋的消息。一星期之後，大川獲得自由離開醫院回家了。

從離開家庭到上戰場，我祖父的一生似乎都在為他對大川周明那次的精神分析做準備。所以當我在他的回憶錄中讀到他堅持「我對自己的醫學素養以及對麻痺性癡呆的診斷有絕對的信心」時，我的心中沒有絲毫懷疑。但為了進一步確認，也是因為我受到那種實事求是的遺傳基因影響，我帶著祖父的那份報告去拜訪了艾爾伯特．斯坦卡德（Albert Stunkard）醫師。斯坦卡德醫師應該是唯一一位意見能夠比較接近我祖父的人。他是在一九四六年中期，我祖父離開日本不久之後抵達東京，出任三六一駐地醫院以及巢鴨監獄的精神科醫師。斯坦卡德曾經數次前往松澤醫院探視大川周明，他也可能是東京大審期間最後一位見過大川的美國人。

我去見他的時候，斯坦卡德已經快九十歲，但還是每天通勤去他位在賓州大學醫學院的辦公室。我在三十街的車站下車之後，冒著寒雨沿市場街走了一小段路去到斯坦卡德的辦公室。斯坦卡德坐在辦公椅上接見我，在我們長達四個小時的交談中，他幾乎沒有站起來過，而是靠著雙腿推動有輪子的椅子滑來滑去。他穿著一件配有銅扣的西裝外套，卡其色長褲，黑色網球鞋，還有就他的年齡而言，讓人印象頗為深刻、像雞冠一樣聳起的白髮。他說話的聲音大概只比喃喃耳語高出三度。

我取出我祖父的檢查報告交給斯坦卡德，他則拿著那份報告滑向被稱做「清晰影像」的投影機。他的視力已經不太行，所以必須靠投影機來跟上我的解說。接下來的四十五分鐘，我高聲朗讀，他則看著投影機投射出來的圖片。斯坦卡德相當專注，有時我停下來做些筆記，他就會催促我趕快繼續解說。他的助理帶來了他的午餐——一份椒鹽捲餅三明治跟一罐百事可樂——結果他連碰都沒碰。由於他很熟悉那些精神病的專有名詞，有時還會搶先幫我完成我尚未唸完句子。

斯坦卡德表示，他認為我祖父的評估「非常正確」。他指出，如果一位病人的瓦瑟曼和孔恩血清檢驗結果是陽性，再輔以那位病人有類似「死亡之吻」那樣宏大的幻想，「那大概就是你做出（精神病）診斷所需要的所有東西了」。斯坦卡德也特別指出，那一段時間還沒有出現能遏制梅毒進入第三期的盤尼西林，所以麻痺性早發癡呆並不罕見，也不會讓人稱奇。就他所知，瘧疾熱療法可以用來做具體治療而不會進一步傷及腦部，所以大川周明日後的復原也是可以期待的。即使對大川腦部的傷害不能逆轉，也至少可以做到停止繼續受創。

我說，「我感到有興趣的是，很多人事後認為大川是裝病」。

他說，「我知道他們會那樣想」。

「您麼想呢？」我問道，「他們那樣想，難道不可信？」。

「沒錯，我不認為那樣想是對的」他答道，「那是帶有幻想症狀的典型麻痺性早發癡呆症，也可能伴有記憶及判斷誤謬的病徵」。

「所以你不認為那是裝得來的？」

「我不認為裝得來，而且他（大川）不會知道該怎麼裝」。

離開之前，我們也談了一些斯坦卡德去松澤醫院探望大川的往事。斯坦卡德對佛教很有興趣，所以他跟大川說了（用德文）些宗教的事。在日本的時候，斯坦卡德有時會到一間寺廟，從早上四點直到晚上十一點靜坐冥想。他所專注的問題類似「什麼是無？」。在佛教的意義上，「無」即是「空」，也就是什麼都沒有。斯坦卡德辦公室的門上就有一幅旗幟，上面畫著一個厚重的黑圈，那就代表了「無」。

走回火車站的時候，雨已經停了。我看到路邊的標誌上畫著一個圓圈，心中突然有些想法。我祖父就像是個「無」：沈默寡言，極重隱私，有些難以捉摸但又透露出足夠的東西讓人想探知更多。

以大川周明的精神評估報告來說，我讀給斯坦卡德聽的臨床評鑑代表了「所有」

的事，跟著診斷而來的行為能力判斷則是「無」。那是一道哲學、情緒及道德的黑暗鴻溝，把醫藥的自然科學和人類的實踐法則作了區分。但不是每個人都對這條鴻溝會做出同樣的詮釋。譬如說一九四七年對大川做的第二次精神評估，美國人說他已經清醒到足以分辨對錯的程度，但內村醫師則認為他正好是瘋到無法分別對錯的程度。

斯坦卡德曾經提到日本被佔領期間一個常為人提起的說法：給他們一個公平的審判，然後把他們都吊死。這就是人們期待中盟軍會做的事——只有勝利者有懷疑的權力——但我祖父並不是這樣的人。他對大川所做檢驗評估的其中一部份並未列入報告中，按照其事實，這一部份也許僅僅是將臨床瘋狂和無行為能力劃上等號。也許這一部份是透過理性的角度來審視大川的身體素質，然後做出他已無法接受審判的判斷。又或者這一部份讓他想起自己的母親因為瘋狂而免除於謀殺指控，導致他認知自己的存在就是「瘋狂並不等同於罪孽」這個信念的見證，並且不管對我們所具有的傳統公平觀念會造成怎樣的衝擊，而做出心理疾病應該得到治療而非懲罰的結論。

我並不是說我祖父對大川的行為產生了同情心，我也不是在暗示他對大川精神狀況的判斷有任何錯誤。我只是在說，在他做決定的過程裡，就像在他人生一樣，有一個特別的節點，將永遠是個「無」。

我和東條英機的孫女約在澀谷區一間旅館大廳的茶座見面。在日本，你和別人碰面時的第一件事就是交換名片。東條由布子遞上的名片有點出乎我的意料，名片上印的圖像是卡通的女人、小孩和一隻小狗昂首闊步地走在萬里無雲的草地上。她通過翻譯千秋告訴我，「這是個理想的家庭」。一會兒之後，她翻開一本名為《閉口不言：東條英機家人在戰後的生活》（祖父東條英機「一切語るなかれ」）的書，裡面有張全家福照片，拍攝的日期是一九四一年十月十八日，當時東條英機剛搬進總理官邸後不久。她指著照片中站在東條英機身旁的小女孩，「我那時才兩歲」。

東條由布子身材苗條、體態優雅，有著像圖書館員一樣的嫻靜舉止。女侍過來招呼時，她點了一份大吉嶺茶。那位女侍也頗善體人意，雖然我在坐在茶座裡卻點了一杯咖啡，她還是誇獎我的「謝謝妳」日文發音很準確。其實由布子和她還滿相像的。不過東條由布子更像她的祖父——特別是那對杏眼。我希望知道她所記得的大川周明在東京大審時拍打她祖父腦袋的事。

「我聽到一個傳言，指稱他（大川）太聰明了，所以他不想在法庭上發言，這就是為什麼他會被送去醫院的原因」她說，「當時的傳言就是那樣，他太聰明，所以不說話。如果他說話的話，恐怕就會對美國不利，所以他們（美國）才會想到把排除在審判外」。

我問她，「妳什麼時候聽到這個傳言？」。

「法庭開審之後就聽說了，一直到審判結束」。

我們點的飲料送上來了，由布子在她的茶裡加了很多牛奶跟糖，所以我也心安理得跟著照做。我問她，「你們在大審期間也都這麼說？」。

「是的，在那個時候」她說，「沒人知道他是真病還是假裝」。

那個傳言其實有不少漏洞，所以稱不上是個陰謀論。但我很快就發現，由布子還滿能接受那些有關戰爭及東京大審的非常規觀點。在我們的討論當中，她指出美國領導人是故意睜一眼閉一眼讓珍珠港事變發生，所以他們才有藉口參戰（羅伯特・史蒂尼特〔Robert Stinnett〕在他於二〇〇〇年出版的《欺詐之日：有關珍珠港事變和羅斯福總統的真相》〔Day Of Deceit: The Truth About FDR and Pearl Harbor〕中就提出這個觀點，但歷史學家基本上都抱持懷疑的態度）。

她也堅稱麥克阿瑟在一九五一年告訴美國國會，日本是為了自衛才參戰（麥克阿瑟當時的說法是——日本發動戰爭的原因「大體上是為了自身的安全」，和「自衛」有相當大的差別）。她也建議重新檢討東京大審的結果，修正日本教科書的內容來反映日本自身對那段歷史的解讀。她堅定地認為，日本參戰的目的是要解放亞洲。這個立場和大川周明所稱的「上天所賦予的使命」不謀而合。

聽任一個人為發動戰爭者辯護，並不是件容易的事。對某些人來說，東條由布子可能有點瘋狂（一位駐在東京的記者就稱她為「日本的歷史修正主義運動已日益壯大，也再次開始撕裂亞洲，東條由布子就是其中的毒草之一」）。不過經由我們之間的對話，我發現她對於過去所發生事情的許多觀點，都出自於她對家族的強烈敬重、愛護之心。她出版了一本有關她祖父的書，因為她想讓大家也知道東條家族這一方的說法。她送了一本給我，不僅親自簽了名，還蓋上東條英機的私人印章。很顯然的，她一直隨身帶著那顆印章。她也成立了一個組織，專門尋找戰死在太平洋戰場的日本軍人骨骸，然後運回日本，「因為如果東條英機還在世的話，他也會那麼做」。

「每次人們談到東條英機，他們都說他多麼殘忍，是一個戰犯」她說，「但我媽媽告訴我，我祖父並不是他們說的那樣，他是一個品德高尚值得尊敬的人，我們都應該以出生在這個家庭為榮」。

但我們所知道的是，由布子衷心相信麥克阿瑟贊同那場戰爭，或者羅斯福總統私下希望有那場戰爭，那是她在面對一個有缺陷而她又不得不去愛的人的時候，一種無意識的表現。如果我們停下來好好思考一下，陰謀理論只是個讓充滿困惑的世界能夠合理化的一種方法。要想保持一個健全的心智，我們常常需要拒絕那些會為自己帶來麻煩的資訊。如果我們囫圇吞棗接收所遇到的所有互有抵觸的訊息，這種混亂將會很快地就把我們逼瘋了。看到一個人否認我們認為無可否認的事，或者是擁抱我們認為不應該擁抱的，確實令人相當沮喪，但我想我們都會承認一點，亦即經過某一節點之後，現實和觀點之間其實已經無法予以區分。與其客觀地過濾所有的事情，我們會更傾向於通過直覺、本能或是我們自己想要的想法去看待它們——並不是因為我們不理智——我是說大多數的我們——而是我們非常理智地想要從這個令人困惑的世界裡，得到那個難以捉摸的東西——答案。

我開始相信，這就是為什麼我們焦著於大川周明還有他在東京大審所表現出的瘋狂狀態的原因。這也代表了二次大戰所展現出來既奇妙又可憫又令人費解的瘋狂。當人們看到大川拍打東條的腦袋時，他們不僅僅看到他們想看到的，他們其實也看到他們必須看到的，而且必須承受其所帶來的後果。那些確信大川發瘋的嚴謹科學家們看到的是理性觀察勝出。那些大川的忠誠追隨者看到的是大川所堅持的信念並沒有錯，所以也沒什麼好隱瞞。那些有點洩氣的日本愛國者看到的是大川為了保住美國的面子而尷尬的幫忙掩飾。那些好管閒事的知識份子看到的是天才想要保持自己偉大的形象，還是有所限度的。喜好批評西方者看到的是大川在全世界的面前故意做出一種姿態。日本一般大眾看到的則是那個令人起疑的時機，正如同他們也不相信自己的國家會突然發瘋。那些情報人員看到的是邪惡敵人的欺騙本質。我們都各自看到可以幫助我們承擔起我們所製造出來的這個世界悲劇的某一部分。這其實有一點像東條由布子所做的事——在名片上放一張晴空萬里的照片。

當天我們分手之前，我和由布子又再談到那個巴掌事件。這次她倒笑開了——以一種她說不可能在審判當中採用的方式。她說由於她祖父頭實在太光禿禿，所以大川那一掌拍下去，一定會發出又響亮又清脆的聲音。她也提到有人從大審的紀錄影片中剪裁出大川拍打東條腦袋之後那尷尬的靜悄悄三秒鐘鏡頭，然後放上網路。布由子說道，「大家都似乎很喜歡把這個簡短的片段拿出來反覆觀賞」。看起來，這個事件永遠都會有人繼續辯論下去，我也相信是這樣。

第十二章

東方和西方的魅影

喔，東方是東方，西方是西方，兩者絕不相會
直到天地交會於上帝的寶座前
但那裡既非東又非西，無疆界、種別亦無生育
強者來自地球兩極，在此對面相持不下

——魯德亞德．吉卜林（Rudyard Kipling），《東方與西方民謠》，一八八九年。

東京大審結束之後，美國中央情報局曾經跟蹤大川周明多年，許多中情局探員一直認為大川周明躲過了應得的司法制裁。一九五〇年代早期，消息來源告知中情局大川周明意圖藉「大亞細亞主義」之名來激起第三次世界大戰，同時也在策劃軍事行動把法國趕出印度支那。一九五三年在中央情報局內部散發的一份簡報中指出，許多人還是懷疑大川周明是裝瘋，簡報中的「發瘋」兩個字是用引號框起，感覺上是撰寫備忘簡報者根本就認為沒（發瘋）這回事。

大審之後，大川周明確實曾經活躍了幾年，只不過他所做的事並不像中情局想的那麼神話。他造訪全日本各地的農村，鼓吹恢復日本往日的輝煌農業，他在演講中提

及一種利用空氣中「潛在電力」來種稻的怪異方法。他也偶而會批評日本的新憲法——根據另一位中情局消息來源，大川周明把新憲法描述為美國強加於日本——但總的來說，他的目標是從無到有建立一個安定的新日本，從播種開始，把那些壞掉的歲月犁開，再重新栽種。

他也不時就法庭上難以忘懷的那一天，以及跟著而來的發瘋事件發表一些說法，但他的敘述通常都缺乏一致性。大川在戰後出版的一本自傳中就承認，他在審判時確實感覺自己有一點錯亂，不過他把整個事情描述為無法解釋的神奇事件。他的書中也從未出現梅毒、麻痺性早發癡呆或瘧疾熱療法這些字眼。大川在書中寫道，造成他生病的根本原因無法辨別，他也不記得任何跟他的復原有關聯的事。

他在書中寫道，「我的精神病是通過一種令人費解的方法治好的」。

一九五二年秋天，東京日日新聞的一名通訊記者在大川位於郊區的家中給他做了採訪，問他對當年那記巴掌還有何記憶。大川對那位記者表示，他當時是被那個法庭鬧劇惹火了，「也許我在那一刻是有點錯亂」大川說，「但我很清楚那時自己做了什麼」。他說每一個為他做過檢查的精神科醫師都說他「心理上沒有任何問題」。為了証明自己的說法無誤，大川還拿出美國方面作的第二份精神病檢查報告——我祖父離開日本後，美國方面在一九四七年做的報告，也就是那份指稱大川可以出庭受審的報告。那位記者問大川，既然他有出庭受審的行為能力，為什麼又不回去法庭接受審判呢？大川說他不知道但他有套理論：也許是因為檢控方擔心他會在法庭上戳穿「盟國的錯處」，所以「他們把我當成是個瘋子，目的只是要我閉嘴」。

一九五七年春天，當時大川已經七十歲，兩眼視力幾乎已經完全喪失，從他年輕時代就跟著他、非常具有標誌性的那副眼鏡，也已經沒什麼用處了。當年五月底的一場支氣管炎，讓他躺在床上一病不起。當他察覺最後的日子漸漸來臨時，他回顧了自己的一生，心中感受相當平和：

「身處世界歷史發生偉大轉折的時代，我有幸出生於這個日升日落的國家。在這長達七十年的一生，悲傷、愉悅、憂戚、歡樂，像是成千上萬的情緒波浪，無止境地在我心中那片海洋上起伏，但在我內心深處，我一直是泰然自若的」。

一九五七年十二月二十四日上午十一時四十分，大川周明離開了人間。

戰爭結束之後，我祖父在一個退伍軍人精神病診所兼差工作，負責治療那些苦於戰後精神創傷的退伍軍人，另一方面則在軍人復原法案的協助下學習精神心理分析[1]。當時祖父一家在華府住下，到一九五〇年代早期，家庭成員已擴充為五人。

完成心理分析的學習之後，我祖父把住家的一間側房改為有獨立出入口的辦公室，開設了一間小型私人心理分析診所。這段時間裡，他也在主要的醫學期刊上發表學術論文，在國際醫學集會上發表演說，也是華府一家醫學院的教師。他終於變成了曾祖父所希望見到的一名醫生。

他的醫生事業大概在一九六〇年代早期達到最高點。那時他出任了兩年華府精神分析學會主席的職務，他的任期正好跟甘迺迪總統任期重疊，在那段期間，家裡的人經常會看到一輛黑色的四門轎車停在街邊，四周還有威風凜凜、面色凝重的安全人員。於是孩子們都在揣測，我祖父的病人中一定有哪位華府的大人物。他們當然也常常問大人這個問題，只不過從來沒有獲得答覆。

曾祖母算是長壽但卻一直苦於精神病。發作的時候，有時就自己熬過去，有時我祖父或是他的兄妹會帶她回家照應，有的時候情況真的太嚴重，他們就會送她去醫院或療養院。她在一九六九年時又被送回長島治療，後來就死在那邊。很多年後我出生

1 譯註：軍人復員法案通常被稱為美國軍人權利法案。美國為了安置第二次世界大戰後的退伍軍人而在一九四四年通過此法案，給與退伍軍人各種福利。這些福利包括了由失業保險支付的經濟補貼，家庭及商業貸款，以及給與高等教育及職業訓練的各種補貼。

了。我的名字是因她而取，但從來沒有人跟我說過她那痛苦的一生。

孩子們都離家出外發展之後又經過很長一段時間，祖父母終於決定要搬去另一間較小的公寓，也就是在那個時候，我祖父把戰時的來往信件一把火燒了。他的這個決定卻複雜化了另一個決定。一九九〇年代晚期，我祖父決定動手寫做為一個戰場精神科醫師的回憶錄，我的阿姨也從旁協助了一段時間，她和祖父做了一系列的談話錄音，希望能為回憶錄的某些部分注入更多的感情、細節。然而，他們之間的談話最後不但無用而且沒完沒了：我的阿姨先提出問題，然後我祖父會以一貫含蓄保留的態度做出乏味的回答，我祖母則在一旁偶而加油添醋插個嘴，讓祖父跟阿姨的對答得以繼續下去。有一次，我祖父突然停了下來，祖母跟阿姨才發現他正在想辦法辨認出窗外的那隻鳥。除了記憶錄中有關大川周明的那一部份，我認為祖父根本就是心不在焉。

我祖父確實很想分享他所知道的故事。他在回憶錄中寫道大川周明當然會在他生病的這一部份說謊，因為很少人會爽快地承認自己得過梅毒。一九九六年秋天，他曾經將自己為大川做檢查的摘要投寄給新英格蘭醫學週報的編輯，而且很顯然地也寄給了美國醫藥協會期刊，但對方均無反應。

他在信中寫道，「我（對大川發瘋之事）從來沒有任何懷疑」。

祖父晚年得到老年癡呆症，已經不可能發表他所知道的故事，也無法再說出那些戰爭通信中可能包含的秘密。他在二〇〇七年十月過世。在他的葬禮上，大家能談到的都是，一個終其一生靠著腦袋過活的人，沒想到最後卻失去了神志。次年秋天的揭幕石儀式上，猶太教士根據習俗將一塊石頭放置在祖父的墓碑上，說是能夠防止死者鬼魂逃脫，讓靈魂能夠就地安息。教士說像丹尼爾·賈菲這樣學科學的人，不會在意這種鬼魂之說，但他還是把石頭放上去了。

我曾經就撰寫本書多次去華府蒐集資料進行研究，也和我的父親去到祖父視為神聖的小私室，取下那把祖父從日本帶回來的武士刀，將刀鞘、刀柄及刀刃都拍照做紀錄，然後將那些照片上傳到我的電腦裡，再轉傳給一位知名的日本刀鑑定家。對方同意好好檢視一下那些照片，然後會告訴我他發現了什麼。

我們把那把武士刀放回去之後，我可以感覺到父親還意猶未盡。我父親有一個本事，就是在他想提出一個嚴肅的建議之前，表情會很明顯地變成既僵硬又羞怯，還帶有一點神經質。所以我就問他倒底在想些什麼？

「這個嘛，我們現在對曾祖母有更多的瞭解了」他說，「那麼你是否至少能告訴我，他的檢驗結果是對的？」。

終於來了。這個我一直不想公開回答的問題。在那個當口，我知道因為我質疑他父親的智慧，所以有點傷到他的感情。

武士刀座的旁邊有一張我祖父穿著制服的照片。他是在一九四六年五月二十七日正式離開軍伍，從紐澤西州的狄克斯堡基地回到布魯克林，和他的妻子及十三個月大的孩子重新會合。當時的故事是這樣的：那個小傢伙不願意接受這個「新傢伙」進入他的生活。小傢伙說道，「他不是我爸爸」，然後指著相框中我祖父那張身著戎裝的照片說，「那才是我爸爸」。

這個場景就如同一個隱喻，象徵著我們家族所不知道的我的祖父。而且，永遠都不會知道。在家人的心目中，他一直是個崇高、受尊敬、若隱若現的巨大形象，但他的沈默寡言，卻讓他在自己的生命中成了一個配角——他在舞台上的短暫現身，逼得我們不得不通過想像來揣摩我們和他的關係。由於我們欠缺足夠細緻入微的資訊，所以我們當然也無法提供出來：於是一句精彩的話就讓他變得精彩，一個深刻的見解就讓他成為有見解的人，與其用疑問來淡化他的精彩與深刻見解，我們寧願讓他的沉默沉澱為一種永恆的完美。

他拒絕談論他生命中的種種，倒使得我們可以任意揮灑來創造他的傳奇。以那個在華府的重要人物病患來說——就是那個在甘迺迪總統執政期間，不時坐著有安全人員護衛的黑色轎車來到祖父診所的人——他的孩子還是會常常聚在一起討論那究竟是誰，他們互相的對話通常是這樣：

「我認為那就是（甘迺迪）總統本人，不然還有誰會有安全人員護衛？」。

「我們並不知道那就是安全人員」。

「也許是第一夫人（賈桂琳）」。

「或者是瑪麗蓮·夢露[2]」。

「如果是她的話，我一定認得出來」。

「但你確定那是個女人？」。

「我幾乎可以確定那是個女人」。

「也許是羅伯·甘迺迪[3]呢？」。

2 譯註：瑪麗蓮·夢露據傳是甘迺迪的地下情人之一。

3 譯註：羅伯·甘迺迪是第三十五任美國總統約翰。甘迺迪的兄弟，美國人常以他的英文縮寫RFK稱呼他。曾任美國司法部長、紐約州國會參議員，為現代美國自由主義的標誌性人物。他曾參與一九六八年美國總統選舉的民主黨黨內初選，但在同年遭到刺殺。

「我很確定那應該是成『請隨便填一位參議員的名字』的太太」。

「為什麼參議員的太太會有兩名安全人員保護？」。

「也許那只是她的私人保鏢」。

由於我祖父過世以後，我的父親和叔伯們遵囑把診所的病人記錄也都燒毀了，所以前述的辯論也根本無解。不過我還是要給他們一點獎勵，因為在我祖父即將過世之前，他們做了最後一次努力，希望從我祖父口中套出一些話：

「爸爸，我們知道以前有一個名人常常來我們家」。

「哦……有嗎？」

「對呀，我們還看到有安全人員一起來，我們知道你見到了某位大人物」。

「哦……是嗎？」。

「你真的沒見過什麼有名的大人物？」。

這時，我祖父就會睜開眼睛，嘴角一撇，露出一個裝扮鬼臉的微笑，然後搖搖頭。

我的叔叔有次告訴我，沒有先偷窺一眼就把我祖父的那些記錄燒掉，「是我們所做過最光明正大的事」。有很長一段時間，我認為我叔叔的意思是，尊重一位把自己人生記錄燒掉的人的最好方法，就是燒掉他想保護的那些人的紀錄。可是我後來又想，他們是不是想去找另外的理由，一個也許他們都不瞭解的理由。也許，他們把那些記錄燒掉，並不是要保護我祖父的病人的隱私，也不是尊重我祖父最後的心願，而是要維護整個家族為我祖父所塑造出來的形象。換句話說，他們那樣做，並不是出於一種非理性的擔憂，害怕已經遠去的祖父從天上看著他們，而是出於一種完全可以理解的擔心，亦即他們害怕會發現一些東西，可能將迫使他們必須改變從前所堅信不疑的事情。也許是我祖父在華府的日子裡，根本就沒見過什麼大人物。也許是我祖父根本就不是過去曾經搖搖欲墜家庭的堅定支柱。也許是，光想到就會讓人打個寒顫，我祖父根本就是個普通人。就如同日本人會看見他們必須看見的大川周明，我們家族成員也會看見他們必須看見的丹尼爾·賈菲。我們可以注視著那把日本武士刀直到永遠，然後看到的每一個細節都在對的位置。甚至於當那位鑑賞家已經寫回信給我，指出那把武士刀的鑲邊太新，不像是傳統的日本武士刀，刀鐔——刀柄底部的金屬護手——看起來也怪怪的，刀身也太過扁平。他也告訴我當年日本被佔領時，有很多人製作假武士刀賣給盟軍士兵，雖然他很不願意說，但還是要告訴我，我祖父很可能是買到了一把假刀。

我對我父親說，「他當然是對的」。我知道他會鬆了一口氣，因為我也是。

大川周明的墳地在目黑區，他的墳墓跟他的人一樣，都讓我覺得好奇。他的葬身之處——不僅僅是墳墓、墓碑而已，還有一座紀念塔——位在一株備受日本人喜愛的國家象徵櫻花樹下，正對著大川在戰前的革命同志北一輝之墓。感覺上那是一個滿好的安排，因為大川是個戰犯嫌疑人，北一輝則因在起義中扮演的角色而遭國家處決。櫻花那時已經開了，粉紅色的花瓣飄落在他們的墳上，好像是要給攜手共赴永恆的兩人一個死後之吻。帶著我和千秋找到大川墳墓的老管理員大橋告訴我們，人們對於大川和北一輝的興趣在戰後逐漸衰退，但最近一段時間又開始熱絡起來。他說，「現在年輕人也會到這裡來，社會已經變了不少」。

這種對於大川看法的改變，也讓我想起在研究東京大審那個改變他命運的事件時，我所注意到的一些事：精神錯亂，似乎也會隨著時間而改變。猶太移民曾經只是因為自己是猶太人而發瘋，但在他們逐漸適應新的環境之後，他們或多或少都正常了。腦葉切除手術專家瓦特・佛立曼是神經錯亂者的救星，然而他的手術技術相對魯莽，似乎本身也有點錯亂。美國兵員在戰鬥中受到精神創傷，是因為他們的神智本來就不夠堅強，然而戰場上的壓力如果足夠大，每一個人都有可能崩潰。日本人瘋狂到引起美國人用原子彈去炸他們，然而冷戰開始之後，他們又搖身一變成為美國對付另一個全新瘋子國家的最佳盟友。大川的瘋狂則隱身於個人信念、經過編纂的記憶乃至於醫藥檢驗意見的大花簾幕之後，讓人看不清。他的瘋狂歷史也像是個由各種看法所組成的一個無止境纏繞的線圈。

辭枝的櫻花如雨般飄落，我想起我祖父，想起他還住在華府時每年都期盼著春季，那時日本當年致贈給華府的櫻花都將盛開。他也許不會同意瘋狂是一種主觀性、具彈性、有一點受到環境左右的東西，因為那意味著發瘋並不真實，但他從小就知道瘋狂是多麼真實的一件事。我想不透的是——我多麼希望時光倒回，所以我可以親口問他——瘋狂究竟是在什麼節點之下才變為真實。如果你能準確抓住大川周明的血清讓瓦瑟曼檢驗呈現陽性反應的那一刻？是那時變為真實的嗎？是在伊瑟．賈菲第一次崩潰和第二次崩潰之間變為真實，只不過我們沒察覺到？又或者是真實了，然後又不真實，然後又真實了？我很想知道這些有關瘋狂但彼此似乎又互相衝突的不同面向——起伏不定的感受和清楚明白的醫學定義——是否其實並非那麼無可調和。我並不是說發狂這件事無法予以理性探究，但它確實已經很接近難以理解的程度。

我曾經在我祖父葬禮後跟人分享過對他記憶最深的部分，就是有次他帶還是青少年的我去華府甘迺迪藝術表演中心看歌劇浮士德（浮士德是歐洲中世紀傳說中一位著名人物。可能是巫師或占星師，學識淵博，精通魔術，為了追求知識和權力，向魔鬼作出交易，出賣了自己的靈魂）。歌劇結束剛落幕，他就起身離座衝向舞台，我也只好緊隨其後，心中納悶著我們是否是要擠到前面，以便能在演員出來謝幕時看得更清楚，然而演員重回舞台時，祖父並未停步，觀眾都起立鼓掌時，我們兩人橫切過第一排直直走向劇院側邊的出口，我還記得不小心踩到一位穿著高貴婦人的腳，換來一個當時讓我頗覺受傷，至今仍然記憶猶新、充滿厭惡的白眼。當我們走出表演中心並上車之後，我問他我們為什麼要「逃走」，他若無其事地答道，「等一下會塞車」。

我一直認為那個故事很準確地描述了我祖父的個性：深思熟慮到了走火入魔的程度，聰明到感情已經無用武或是根本多餘的地步。那也並不意味著他就沒有柔軟的一面——如果是這樣的話，他也不會去看歌劇了——但那確實意味著他能輕而易舉地把它壓抑下去。也許他費盡力氣要讓這個世界更加理性化，正是因為如果不那樣做的話，他知道這個世界就會變得不理性。當你能搶在觀賞歌劇的所有觀眾之前離開停車場，或是摧毀那些記錄了自己在日本曾經崩潰的信件之後，或是對你童年時所遭受的創傷絕口不提，抑或是把發生在你身邊的所有事情都沉澱成冷靜、不帶感情的物件，你就更能控制自己的生命，你也會接受有時還真的沒有什麼好說了。

大川墳墓紀念塔的後方有一個木架，裡面排放著長條形的木「塔婆」[4]，風勢增強之後，塔婆在架上搖動而發出聲響。就像我曾經放了塊石頭在我祖父的墳上一樣，我也放了塊石頭在大川的墳上，最好是把他們兩人的靈魂分隔開一會兒。奇怪的是，有很長一段時間，我認為他們兩人是合為一體的。其實在他們的一生當中，只曾經共同待在一個房間裡大約半小時而已，結果我似乎比他們還想知道他們的相會究竟是什麼樣的景況。

我祖父看完電影後，經常三句話就可以總結心得。不管是東方對抗西方、精神錯亂對照神智清明、真正的歷史還是你想要的歷史，有時候，這兩個人還是不曾會面比較好。我們往山下走的時候，塔婆在風中發出的聲音也漸行漸遠，漸行漸遠，然後慢慢聽不見了，我也忘了它們確實曾經在那裡存在過。

4 譯註：木製長條經文板，供養死者之用。

致謝

當你寫了一本關於一個從來不說話的人，以及另一個說外國話的人的書，你會有一大堆的人要感謝。首先應該感謝的是我祖父丹尼爾・賈菲的三個孩子——我的叔叔哈瑞・賈菲、我的姑姑伊芙琳・史瑞伯還有我的父親馬克・賈菲，感謝他們一路以來的支持。他們並不見得喜歡我寫的每一個字，但他們知道並且尊重我必須要把它寫出來。

我要特別感謝大阿姨席薇亞・阿布蘭斯和大伯母葳爾瑪・賈菲。沒有她們那些生動的記憶、塵封的文件以及誠心的分享，我不可能完成這本書。

接著我要謝謝那些通過見面、電話或郵件大方提供時間、文件的許多退伍軍人及其家屬，讓我能順利完成針對本書的許多研究工作。他們是：哈洛德・伯格、卡洛・戴維斯、里查・戴維斯、克拉娜・哈斯布洛克、小威廉・希爾、史坦・賀夫、強恩・凱利、雷蒙・李、洛曼・馬希斯、裘伊・曼尼基力、華倫・米勒、羅伊・彼得曼、琴恩・彼得曼、伯特蘭・夏夫勒（並向卡洛・夏夫勒特別致意）、肯恩・湯瑪斯、伊芳・湯瑪斯、路席安納．特威切爾、席爾維雅．瓦克斯曼（並向麥克．瓦克斯曼特別致謝）、小法蘭克．威廉斯（特別感謝邦妮．迪爾嘎多以及山托斯．迪爾嘎多盛情招待）、以及安．伯雅羅，瓊恩．霍爾希——第九十七步兵師師長霍爾希將軍之孫——讓我有機會接觸到有關第九十七師師部的許多珍貴資料，因此要特別致謝。

我祖父的同事華倫．波蘭、里查．瓦格曼和艾蘭．卡特拉夫都提供了有關我祖父的專業能力以及個性方面的具體描述。第九十七師歷史學家布魯斯．賀紹爾在我剛開始寫作計畫時，給了有關該師非常有用的指引。烏娜．葛吉斯基對她父親詹姆斯．瓦維索爾醫師的記憶也很有用。瓦維索爾就是那位戰前在魯登療養院照顧伊瑟．賈菲的醫師。瑞貝卡．史瓦茲．葛林跟我討論了她那有關二次大戰精神病的論文，這個論文至今仍然是精神病領域內相當強的學術分析。

對巢鴨監獄有很深入研究的比爾．巴瑞特，以及在三六一駐地醫院服務的傑克．馬洛里都幫了很多忙，如果沒有他們，我對當時被佔領的日本不可能會有完整的認識。我也將永遠欠艾爾伯特．斯坦卡德一個人情，他跟我一起檢視我祖父對大川周明所做的評估，同時也分享了他在巢鴨監獄以及三六一駐地醫院服務時的回憶。

許多學者幫助我去瞭解大川周明的一生及工作，我對他們有無限的感激。在美國的有希梅爾．艾伊丁、伊瑞．侯塔和尤馬．托塔尼。在日本的有史溫．賽勒和克里斯多佛．史匹曼（使用英文的部分）、粟屋憲太郎、石田雄、加藤健四郎、松本健一、大川賢明、大塚健洋、佐藤優、東條由布子、臼杵陽以及山本哲朗（部分或全部倚賴翻譯）。我如果對大亞細亞主義有任何錯誤的詮釋，那都算我的。但如果我做出了任何還不錯的見解，那都是前述人等的功勞。

至於為我的研究工作提供協助的各圖書館、檔案室、資料庫職員實在太多，無法一一致謝，但其中有幾位必須特別提起。我會永遠感謝維吉尼亞大學法學院圖書館法蘭克．塔文勒特別收藏室的喜西麗雅．布朗和伊莉莎白．萊德勒，紐約市檔案局的肯恩．卡伯，美國陸軍醫藥歷史辦公室的山德斯．馬博，美國精神病協會的蓋瑞．麥克米蘭，奧斯卡．戴特．賀姆精神病學歷史圖書館的黛安．里查森，紐約公共圖書館韋特海姆讀書室的傑伊．巴克斯戴爾，他很大方地一次、一次（又一次），允許我延長待在裡面的時間。

日本全球夥伴暨社會科學研究委員會基金中心給了我安倍新聞從業員獎助金，讓我能去日本為本書作長時間的研究工作，偉大的日本學者吉拉德．克蒂斯給了我相當寶貴的意見，《火線下的行為》（Conduct Under Fire）作者強恩．葛魯斯曼也在我動手寫作初期，就告訴我如何去寫一本與日本相關，以及親人在軍中服役的書。我也很幸運，找到兩位既聰明又可靠的翻譯，分別是在日本的北藤千秋以及在紐約的喬福．瓦寧。

我也要感謝考林．哈里森、吉姆．宏恩菲徹和凱爾西．史密斯三人，這個寫作計畫從開始到完成都仰賴他們的專業協助。另外一位是山姆．佛立曼，只要我還繼續寫書，他都將是我要感謝的人。另外就是潔寧，她是我所知道唯一聽到檔案研究，眼睛就會亮起來的女孩，我感覺自己非常幸運，她的支持一直未曾動搖。

譯後記

翻譯不是件容易但卻是很值得的事

梁東屏

接連受手遠足文化委託翻譯了兩本有關日本在二次大戰時相關作為的書，一是二〇一七年九月出版的《種族戰爭：白人至上主義與日本對大英帝國的攻擊》，另一就是這本《逃離東京審判：甲級戰犯大川周明的瘋狂人生》。

翻譯，對我來說從來就不是容易的事。

最早接觸到翻譯，是一九七〇年代曾經幫紅極一時的《音樂與音響》雜誌翻譯有關搖滾樂的文章，時間不長，因為我不久之後就離開台灣去了美國。但由於我本來就對搖滾樂很有興趣，所以做起來感覺滿好。

再次接觸到翻譯是一九八三年在紐約市走投無路，進入當時的《美洲中國時報》擔任送報員，同時以按件計酬的方式，幫《美洲中時》編譯組翻譯文章，其中有很大一部份是有關汽車修護，這也是我很有興趣的部分，前後做了大約一年的時間，直到《美洲中時》於一九八四年十一月收攤為止。

一九八七年回到台灣正式進入中國時報，遠東圖書公司找到我幫他們翻譯《南韓——下一個日本》。這是我第一次翻譯整本書，所以做得很認真，但卻沒料到是一次不好甚至讓我很沮喪的經驗。因為我交稿之後，遠東圖書公司的核稿編輯對我的那份翻譯稿的審核，已經到了吹毛求疵要求我逐字譯出的程度。

我對翻譯的理念一向就是必需要讓中文讀者能讀得懂。不然幹嘛要翻譯，去讀原文不就好了？

中國近代著名翻譯家嚴復提出的翻譯理論就是「信、雅、達」。這個又稱「三難原則」的翻譯理論出自於嚴復譯著「天演論」中的「譯例言」，原文是：「譯事三難：信、雅、達。求其信已大難矣，顧信矣不達，雖譯猶不譯也，則達尚焉」。可見得嚴復也認為「達」最重要。難道不是嗎？譯筆再真實，文字再優雅，如果讀起來不順暢甚至讀不懂，有意義嗎？

我就這樣跟遠東圖書公司起了爭執，甚至跟他們說我寧願不要翻譯費用，也不會按照他們的意思去改成我自己都讀不懂的字句。最後，那本書還是出版了，但我也因此而對翻譯有了排拒的心理，沒有再接過任何翻譯工作，直到遠足文化總編輯郭昕詠去年找到我，希望我幫忙翻譯《種族戰爭》。

老實說，我如果還在工作，可能不會答應接下。但我當時已經退休，雖然還有幾個專欄在手上，畢竟時間比較多，就答應下來。沒想到竟是一個十分艱難的工作。

最主要的原因就是原作者吉拉德．霍恩（Gerald Horne）敘事的邏輯有點混亂，經常有舉出的例證與他想印證的事風馬牛不相及的現象，作為一個譯者，我就必需更花心思修飾文字把兩者聯繫起來（也正因為是要顧及『信』的原則，不能任意改動他的敘事）。

另外一個就是，吉拉德．霍恩很喜歡用明明是很通俗，大家一看就知道意思，但你卻作夢也想不到還有另一種解釋的字。我常常就會因為這樣「明明就懂」的字而「卡到」，怎麼解釋也解釋不通，只好再去翻查字典，結果發現原來還有你完全不可能聯想到的另一種解釋。

就這樣一路跌跌撞撞還拖過了截稿時間，才把這本厚如磚塊的《種族戰爭》翻完。我也確信，能把《種族戰爭》翻完，應該沒有其他的翻譯工作能再難倒我了。但坦白地說，交稿之後心中還是相當忐忑，會不會又被退回要我修改呢？如果是的話，我相信我這輩子不會再接任何翻譯工作了。結果沒有，《種族戰爭》很順利出版。

感謝遠足文化讓我恢復信心，也感謝《種族戰爭》讓我翻譯《種族戰爭》及《逃離東京審判》，使得我對日本在第二次大戰中的作為，有機會作了另類思考。

如所周知，日本在二戰期間確實發動了侵略戰爭，日本皇軍的鐵蹄確實蹂躪了亞洲大片的土地，這也是生活在大中華圈裡的我們從小所接受到的資訊，也是我們的共同記憶。我們學會了對日本人的仇恨，學會了咬牙切齒地說「日本鬼子」。但除此而外，那場戰爭就沒有其他的意義了嗎？

《種族戰爭》的寫作背景是日本佔領下的香港，《逃離東京審判》寫的是日本泛亞主義意識形態大師大川周明如何在東京大審上「突然發瘋」，拍打坐在前面的另一甲級戰犯被告東條英機腦袋，之後被判定精神分裂而逃過審判的故事。

在《種族戰爭》中，我們可以確認日本的確犯下了滔天的戰爭罪行，也可以確認日本所說，他們肩負著從白人至上主義者手中解放大東亞的使命，其實就是其遂行戰爭的藉口。但與此同時，亞洲地區的許多特別是受西方殖民的國家，卻實實在在是因為日本發動了戰爭而覺醒，他們發現自己不是理所當然就要被白種人統治、壓迫、剝削，他們發現跟他們一樣被白種人蔑視的日本人，居然可以把白種人打得落花流水。這些受殖民的國家後來先後起而爭取獨立，確實都跟日本發動戰爭而給他們的「啟發」有關。這些，我們在《逃離東京審判》中所敘述印度民族主義者跟大川周明交往的故事中也都可以看到。

《逃離東京審判》的作者艾瑞克・賈菲是為大川周明作精神鑑定並且判定他精神分裂的美國軍醫丹尼爾・賈菲的孫子。他的寫作動機很顯然是要為他的祖父平反，因為連美國中央情報局都認為大川周明是為了要逃避審判而裝瘋，在日本侵略戰爭下受害最深的中國人民更是這樣認為，並且以此嘲弄大川周明（其實就是日本）是一個懦夫。

但同樣很明顯地，艾瑞克・賈菲並非為了要平反而平反，他對這個案件作了廣泛而且公平的研究，甚至於我們可以這樣確認，他是在獲得了明確的證據，證明了他祖父確實做了正確的診斷，才動手寫了這本書。

簡單地說，他證明了任何人在特殊的情況下都有可能精神分裂，他證明了大川周明當天上庭時正好到了那個臨界點，最重要的是，他證明了大川周明那時在生理上的一些病徵，是不可能偽裝的。艾瑞克・賈菲並未在書中做出任何結論，他只是把事實臚列出來，讓大家自行判斷。這也是他可貴的地方。

歷史確實很弔詭，很多時候是由勝利者來寫。但還好我們有一些鍥而不舍的追求事實者。吉拉德・霍恩是這麼樣的一個人，艾瑞克・賈菲也是。

我們何其有幸，可以讀到這兩本書。

國家圖書館出版品預行編目 (CIP) 資料

逃離東京審判：甲級戰犯大川周明的瘋狂人生 / 艾瑞克．賈菲著；梁東屏譯．-- 初版．-- 新北市：遠足文化，2018.08--（大河；31）
譯自：A curious madness : an American combat psychiatrist, a Japanese war crimes suspect, and an unsolved mystery from World War II
ISBN 978-957-8630-65-9(平裝)

1. 大川周明　2. 日本史　3. 戰犯　4. 第二次世界大戰

731.2788　107012341

大河 31

逃離東京審判
甲級戰犯大川周明的瘋狂人生

A Curious Madness: An American Combat Psychiatrist, a Japanese War Crimes Suspect, and an Unsolved Mystery from World War II

作者——艾瑞克・賈菲 (Eric Jaffe)
譯者——梁東屏
編輯總監——陳蕙慧
總編輯——郭昕詠
編輯——徐昉驊、陳柔君
行銷總監——李逸文
資深行銷企劃—張元慧
封面設計——許晉維
排版——簡單瑛設

社長——郭重興
發行人兼
出版總監——曾大福
出版者——遠足文化事業股份有限公司
地址——231 新北市新店區民權路 108-2 號 9 樓
電話——(02)2218-1417
傳真——(02)2218-1142
電郵——service@bookrep.com.tw
郵撥帳號——19504465
客服專線——0800-221-029
Facebook——https://www.facebook.com/saikounippon/
網址——http://www.bookrep.com.tw
法律顧問——華洋法律事務所 蘇文生律師
印製——呈靖彩藝有限公司

初版一刷 西元 2018 年 08 月
Printed in Taiwan

Published by arrangement with the original publisher, Scribner, a Division of Simon & Schuster, Inc.